创新·投资·并购·转型·创业 **必读**

数字化时代的

十大商业趋势

10 MEGA
BUSINESS TRENDS
IN THE DIGITAL AGE

朱晓明　宋炳颖
倪英子　任轶凡　李蕊　　著

上海交通大学出版社
SHANGHAI JIAO TONG UNIVERSITY PRESS

内容提要

在数字化互联网时代,前所未有的不确定性挑战着曾占据 GDP 过半的传统行业,新技术、新思维冲击着原有的经济形态和商业模式。站在时代的转折点,你该如何面对未来?答案是,趋势超越优势,思维引导战略。只有敏感觉察和精准把握未来趋势,才能站在风口飞起来,才能成为全球竞争的赢家。书中的十大商业趋势如下:

趋势一:大数据——从碎片化数据到大数据;趋势二:云计算——从离线计算到云计算;趋势三:平台——从单边市场到单边市场 + 双边市场;趋势四:移动互联网——从 PC 互联到移动互联;趋势五:软件定义一切——从软件定义硬件到软件定义一切;趋势六:外包、众包——从小而全、大而全到外包、众包;趋势七:需求驱动——从供应驱动到需求驱动;趋势八:长尾市场——从规模经济到长尾市场;趋势九:数字金融——从传统金融到数字化与互联网金融;趋势十:O2O 模式——从纯线下、全线上到 O2O 模式。

十大商业趋势向我们展示了一幅令人振奋的画面:数据可以挖掘,资源可以共享,信息趋于对称,从而成本得以降低;长尾可以捕捉,蓝海可以抢滩,企业借以整合,从而市场得以重构。

本书读者为企业家、创业者、投资者、政府官员等。

洞悉未来商业趋势,精准把握创新机遇,或许你就是下一个成功者!

图书在版编目(CIP)数据

数字化时代的十大商业趋势/朱晓明等著. —上海:上海交通大学出版社,2014(2016 重印)
ISBN 978 - 7 - 313 - 12431 - 9

Ⅰ.①数… Ⅱ.①朱… Ⅲ.①商业经济−经济发展趋势−研究−世界 Ⅳ.①F731

中国版本图书馆 CIP 数据核字(2014)第 292780 号

数字化时代的十大商业趋势

著　　者:朱晓明　宋炳颖　等
出版发行:上海交通大学出版社
邮政编码:200030
出 版 人:韩建民
印　　制:上海颛辉印刷厂
开　　本:787mm×960mm　1/16
字　　数:296 千字
版　　次:2014 年 12 月第 1 版
书　　号:ISBN 978 - 7 - 313 - 12431 - 9/F
定　　价:56.00 元

地　　址:上海市番禺路 951 号
电　　话:021 - 64071208
经　　销:全国新华书店
印　　张:18
印　　次:2016 年 10 月第 6 次印刷

吴敬琏 教授

著名经济学家
中欧国际工商学院（CEIBS）宝钢经济学教席教授
国务院发展研究中心研究员

　　滥觞于 20 世纪 50 年代的信息革命，终于借数字技术的大突破，在世纪之交汇成了大众创业、万众创新的滚滚洪流。在这个数字化的新时代中，新理念、新技术、新产品、新商业模式不断涌现，五彩缤纷，使人目不暇接。数字化催人奋进，企业稍一懈怠，就会从巅峰坠入谷底。即使传统产业，也需要与移动互联网这一宏大无比的社区相连接，既传承既往的优良传统，又与时俱进，把生意做到全球去，开创新的生机。如何在这样瞬息万变的世界里把握现在和瞻望将来，是一件很费周章的事情。感谢朱晓明教授和他的团队爬梳剔抉海量信息，总结出数字化时代的大数据、云计算、平台、移动互联、软件定义一切、外包众包、需求驱动、长尾市场、数字金融、O2O 模式等十大商业趋势，既精确又生动地为我们描画了这个时代的全景图。

　　因此，不论是为了得到认知的愉悦，还是为了把握盈利的商机，这都是一本十分值得一读的书。

刘 吉 教授

著名战略学家
中欧国际工商学院(CEIBS)名誉院长
中国社会科学院原副院长

  这是当下数字化与互联网时代商业发展、战略应对的专著,十分难得,非常及时。

  中欧国际工商学院院长、管理学教授朱晓明博士凭借深厚的理工学科功底、丰富的商业企业和政府部门从基层到领导岗位的实践经验,以及近十年在中欧国际工商学院教学与研究的经历,使这本书既有理论深度,又有学术创见。

  作为一名国际商学院的教授,值得提及朱晓明教授勤奋、认真、严谨的治学态度。该书的数据都来源于详尽的企业调研。特别应当赞赏的是书中援引的案例、阐述的观点新之又新,都值得学界、政界、商界的同仁一读。

前 言
Preface

ICT(Information Commanication Technology)革命是一个"服务业的故事"……ICT 导致服务业效率大幅提高是与服务业的转型同步进行的。

——《中国增长模式抉择》(2013 年版),吴敬琏

我们占据的位置并不重要,重要的是我们要去的方向。

——霍姆斯(O. W. Holmes,1841—1935)

2014 年 10 月 22 日,中欧国际工商学院迎来了丁肇中教授讲演"大师课堂"。这位 1976 年获得诺贝尔物理学奖的华裔科学家在开讲时说:"这是我第一次走进商学院给 MBA、EMBA 上课。"其实这也是中欧第一次请来诺奖物理学奖得主做演讲。丁教授在演讲中说,物理世界既可远眺银河系甚至更远(10^{25} 米),亦可探细微于夸克(10^{-17} 米)之中。从辰宿列张到细入毫芒,人们对客观世界的看法随着时间的改变而改变;从基础研究到应用技术,科学金字塔的底部在不断拓展,应用在不断增多。

虽然丁教授讲的是对物理世界的认知与应用,但其理却同样适用于商业世界。自有劳动分工与市场交易以来,人类探索与改变商业世界的脚步从未停止。从宏观趋势到微观组织,从经济规律到经营策略,从科技创新到模式创新,人们对于商业世界的认知水平不断提高,商业应用更加多元。

今天的数字化与互联网时代,恐怕是历史上商业竞争最激烈、变化最快、创新最多的时代了。新思想、新模式、新业态不断涌现并与时俱进。商学院要因时而变,帮助企业家们从本质上认识数字化时代的商业趋势,把握创新机遇。这也是我们将这本书起名为"数字化时代的十大商业趋势"(以下简称"十大商业趋势")的初衷所在。

怎么认识数字化时代的商业趋势呢?我们还须原原本本地去学习大师们的著作,比如吴敬琏的《中国增长模式抉择》、熊彼特的《经济发展理论》、德鲁克的《管理的实践》等,并结合自己的商业实践进行认真的学习、思考与把握。

这本书的前身是中欧国际工商学院朱晓明教授及他的研究团队为学员上课而编撰的讲义,如今,至少有十个班次的学生听过这门课程。从讲义变成著作看似是一件不太困难的事,然而真正下笔却发现远不如想象中容易。一是课堂上讲义可以辅之以 PPT、视频及音频,老师如能娴熟把握、精妙演绎,便可抓住学生的注意力并打动他们。但写成书却不得不把这些辅助手段搁置一边,需要特别注重以观点、内容和逻辑本身来吸引读者,并尽量使用生动的语言和鲜活的案例。二是课堂上的讲义是要"由厚变薄",把经过提炼与浓缩的精华"拎出来"讲给学生听,而书稿则是要"由薄变厚",把一个观点的来龙去脉、背景渊源、案例佐证等等"展开来"写给读者看。"厚""薄"的转换需要做大量工作。三是科技创新、数字化技术以及商业模式的发展变化很快,我们希望能把最新的内容、最新的动态添加到著作中,更好地论证我们要阐述的趋势与观点,因此需要对书中提及的商业时事与案例保持持续追踪、搜集与及时更新。

写作过程是一次智力与体力的全心投入。看到这本书付梓出版,付出的努力终见成果,我们都十分欣慰。希望本著作不仅是商学院的教学用书,还能成为企业家创新、投资、并购、转型、创业的续修之学。

目 录
Contents

7　趋势七:需求驱动

绪论 数字化改变商业世界

公元前3200年,苏美尔人发明了楔形文字,人类掀开了自身文明史上的光辉一页。公元6世纪,中国人发明了印刷术。到19世纪,人类认识了电和磁,信息技术(IT)得以飞速发展。20世纪90年代,万维网的出现使20万台计算机接入全球互联网。2012年,绝大多数普通民众已经拥有了移动电话,移动互联网以迅猛之势向前发展。2013年,云计算、云存储得到广泛应用。2014年,全球70亿人口中有将近30亿成为网络人口。

如今,空间与时间已不再能够阻隔人与人交流沟通的愿望,社交平台将世界上每个角落的人连接到一起。新浪微博5亿用户,微信5亿用户,QQ 8亿用户,脸谱(Facebook)12亿用户。新浪微博网站一天的信息量,就超越了《纽约时报》60年发布的总和。全球最大的视频网站YouTube,一天上传的影像可以连续播放98年。

伴随着数字化技术的快速演进与发展,伴随着海量信息几乎无成本的全球流转,伴随着人与人、物与物、人与物等等囊括一切的链接,我们有理由预见,新时代已经来临,又一轮立体的、全面的激烈变革就在眼前,每个人、每个企业、每个行业、每个国家都无法置身事外。

柯达:留不住自己的精彩时刻

柯达,一个有着130多年历史的黄色巨人,曾经创造了多个"第一":它是影

1

像行业、胶卷市场"辉煌的第一",在中国的销售网点一度多达 8 000 个;它也是拥有数码摄影的核心技术 CCD(Charge Coupled Device,电荷耦合装置)的第一。在胶卷时代,柯达曾是绝对王者,占据全球 2/3 的市场份额;最鼎盛的时期在全球拥有超过 14.5 万名员工,地位相当于今天的苹果或谷歌。但是起于胶卷的黄色巨人今天终于留不住自己的精彩时刻,成为影像行业出局的第一。

说起来,柯达与笔者很有缘分,当年我在金桥开发区做第一任开发公司总经理时,曾说服柯达将其中国总部入驻浦东金桥。世事难料,从胶卷相机到数码相机竟只是转瞬一变。2001 年 APEC 在沪举办,记忆犹新的是柯达"热升华"技术打印出的影像赠品绚丽缤纷、红极一时。柯达破产,发烧友、上下游企业均难解其惑:缘何"拥有数字化却败于数字化?"

导致柯达英雄末路的原因有多个,但最根本的原因是数字化技术日新月异,柯达却没有因时而动。在今日"数码相机＋手机相机"的年代,人们越来越习惯于把照片存储在电脑、Pad 或手机里,更注重电子相片能随时随地地浏览,或用微信、微博等社交网络实时分享,或用 iPhoto、Photoshop 等软件处理图像,或用 iMovie 等视频编辑软件让电子相片更生动,甚至从二维走向三维。这是一个什么样的年代? 这是一个数码摄影的软件消费需求更为普遍、更加强烈的年代,拍照多半成了自娱自乐或与人分享的过程。

遗憾的是,柯达没有在这次革命中适时进行转型,而是躺在自己胶片时代的昔日辉煌上止步不前,最终被数字化革命颠覆。

摩托罗拉:移动互联风行的出局者

1969 年 7 月,当美国宇航员尼尔·阿姆斯特朗(Neil Armstrong)漫步月球时,说出了那句流芳百世的名言:"这是我个人的一小步,却是人类的一大步。"阿姆斯特朗能向全人类发回电视信号和历史性的宣言,依靠的正是摩托罗拉的无线设备。

曾几何时,摩托罗拉就是无线通信的代名词。自摩托罗拉于 1928 年创立,它在技术上开创了 IT 和通信行业无数个第一:1943 年发明了第一个手持双向对讲机;1956 年推出了第一款寻呼机——"摩托罗拉寻呼机,随时随地传信息";1973 年发明了第一款手机"大哥大"——"手握大哥大,分明是老大";它更是全球第一款商用手机、第一款 GSM 数字手机、第一款智能手机的开拓者。可以说,摩托罗拉是 20 世纪信息产业领域的领导者,是模拟移动通信时代的绝对霸主。

2007 年苹果公司的 iPhone 进入手机市场,将手机厂商之间的竞争,从硬件竞争提升到了生态系统竞争的层面,改变悄然发生。基于 iOS 平台的软件开发工具包(SDK)向全球开发者开放,使苹果公司汇集起全球个体的聪明才智,开发出了多样化应用软件 App 以满足市场的软件需求。从此,摩托罗拉所面对的竞争对手已从主打硬件彻底演变成"iPhone+Appstore"的商业生态系统。

在低端市场,摩托罗拉则受到 OEM 厂商、山寨机厂商等的巨大挑战。特别是台湾联发科技股份有限公司将手机芯片与手机软件平台预先整合在一起,出品的手机解决方案基本达到 60% 以上的完工率,手机厂商只需稍作加工就可以迅速推出新品。通过采用联发科的整体解决方案,山寨机厂商靠价格与速度蚕食了摩托罗拉的低端市场。

如今,摩托罗拉由一个曾经的通信技术的领航者,蜕变成不折不扣的出局者。这个昔日巨人,在 2011 年 1 月被分拆为摩托罗拉解决方案公司和移动公司。2011 年 8 月 15 日,移动公司被 Google 以 125 亿美元收购。2014 年 2 月又被谷歌以 29 亿美元的价格卖给了联想。

领航者最终却成了出局者,我们在感慨万千的同时,禁不住思索这究竟是为什么?

数字化的商业世界瞬息万变

柯达和摩托罗拉的遭遇告诉我们:即便是数字化时代的"先驱",也会成为数字化时代的"先烈"。不思变革、最终落败的绝不止以上两家。发生颠覆性巨变的,也绝不止相机和手机两个行业。

诺基亚、黑莓从巅峰坠入谷底,落得被变卖的结局,让人扼腕叹息。微软、英特尔、惠普、雅虎被硅谷苹果、谷歌、亚马逊、Facebook 新四强取而代之。被京东步步紧逼的国内实体店霸主们的业务从 2009 年开始不温不火,从昔日辉煌走向英雄暮年的落寞。高德地图、百度地图抢了车载导航的饭碗,腾讯微信动了中国移动、电信与联通的奶酪……那些转身慢的企业,即便是庞然大物、资金充裕,也会难逃劫数。

消费者从走街逛店到超市血拼再到淘宝网购,生产者从批量生产到一对一定制再到 3D 打印,沟通工具从固话通话、传真、文件图像传输到无线通信、电邮、微博、微信,支付工具从现金、银行卡到电子钱包再到鲜为人知的量子货币,大众媒体从报纸、广播、电视到门户网站再到各种自媒体,存储工具从移动磁盘、光盘到 U 盘再到云存储……各行各业,包括传统的广告业、教育业、零售业、酒店业、服务业、医疗卫生行业,等等,都将不同程度地遭遇数字化大潮的冲击,越来越多的行业将成为数字经济的一部分,依赖于数字经济的发展。

数字世界在削弱传统商业模式的同时,也给几乎各行各业创造了新生的机会,新的商业模式不断涌现,令人目不暇接。"快公司"倍受青睐,"轻公司"脱颖而出。从早期的门户、搜索、B2C、B2B、C2C、P2P 和 SNS(社交网络),到团购、微博和 LBS、O2O 等方兴未艾,新热点不断涌现。飞机机舱可能是一等一的国际社交平台,火锅店可以是最好的指甲店,咖啡馆是 VC 集聚地,银行等待区域可以是小型书店。行业与行业之间的界限变得模糊,行业门槛不断降低,"跨界打劫"无处不在。

过去,在产品经济时代,一提到基础设施,便是"铁、公、机""路、桥、隧""水、电、气"。但当下,软件的基础设施"大(数据)、云(计算)、平(台)、移(动互联)"也许变得更为重要。我们将其概括为四句话:产品不分高低,数可逢生,未来,无数而不生;行业不分贵贱,网可助胜,未来,无网而不胜;服务不分你我,云可终成,未来,无云而不成;需求不分远近,移可求深,未来,无移而不深。"大、云、平、移"绝不是花样时代的别出心裁。在今天,打造一个更好的硬基础设施+软基础设施,已变得刻不容缓、时不我待。

总之,数字化提供了某种前所未有的可能性,把旧有的经济和社会形态中的某些因素激发出来,既潜藏了无数企业被颠覆、被冲击的巨大风险,也蕴含着无数企业发力、蜕变的机会。这是一个一切都可以重塑的时代——产业格局正在被重塑,商业世界主体的认知与思维正在被重塑,整个世界都在被重塑。

被互联网教导与重启的市场主体

达尔文说:"生存下来的物种不是最强壮的,也不是最具智慧的,而是最能适应变化的。"为数字化时代带来最大变化的是什么? 毫无疑问,是互联网!

互联网不仅仅是一种新技术、新革命,还是一条全新的跑道,是未来所有行业、所有企业、所有组织的新运行平台和操作系统。互联网时代或许将完成整个人类商业和社会的全面数字化,并将深刻改变人类的生活方式、生产方式、社会方式、商业模式乃至思维模式。

波士顿咨询公司(BCG)的研究显示,如果把互联网当成一个国家经济体,它的经济体量仅次于美国、中国、日本以及德国,可位列全球第五。20国集团的互联网经济在2016年之前的五年期间将以每年10%以上的速度增长,发达市场互联网经济将以每年8%左右的速度增长,而在发展中经济体中,互联网经济的年均增长率将是发达市场的两倍以上,平均达到18%。预计到2016年,互联网经济总共将为20国集团的GDP贡献4.2万亿美元。

在这样的互联网数字化时代,人们可以通过互联网满足包括购物、社交、娱乐、阅读等在内几乎所有的物质和精神需求。尤其对于"宅"一族、网络新生代来说,对于互联网的依赖已经像空气、食物和水一样成为生活必需品。

在这样的互联网数字化时代,供给的充沛、思想的丰饶越发普遍,需求的多元化、时间的碎片化成为常态,长尾、众包、创客成为时尚新名词日渐流行,用户体验和口碑越发重要,精准、互动、社群营销悄然兴起。一个全新的图景正在我们面前展开:空间的价值在逐渐丧失,时间的价值在逐渐提升;有形要素的地位在下降,无形要素的地位在上升;中心在消解,等级在崩塌,权威在淡化,个性在崛起;企业家、就业者、消费者都被裹挟进互联网的大潮中,被影响,被教导,被改变。

正如唐·泰普斯科特所言,"失败者创建的是网页,而胜利者创建的则是生机勃勃的社区。失败者创建的是有墙的花园,而胜利者创建的则是一个公共的场所。失败者的创新是在公司内部进行的,而胜利者的创新则是和用户共同进行的。失败者精心守护他们的数据和软件界面以防被盗,而胜利者则将资源与每个人共享"[1]。

于是,在互联网时代,用户思维、迭代思维、平台思维、免费思维、分享思维大行其道;创建共赢互利的生态圈,而不是单打独斗,得到了前所未有的重视;开放包容的理念渗透到社会的各个方面,去组织化、去结构化、去中间化的思潮将兴起勃发。于是,生产者和消费者合二为一的 Prosumer,他们的需求与声音被全世界认真倾听;不用在特定地点上班、为自己工作、为兴趣付出成为越来越多人的工作样态;车库文化、咖啡馆文化、草根文化在世界的不同角落生根开花。

如果用一句话来定义互联网的未来,那就是"任何人、任何物、任何时间、任何地点,永远在线、随时互动",这便是未来的互联网!有的研究报告提到,今天我们能连起来的东西还不到1%,如果连接的东西翻100倍的话,这将是怎样的概念?所以未来的互联网有潜力把所有的人、所有的物,通过任何你能想象的方式,在任何时间和地点连接在一起,每个市场主体必须要为这样的未来做好

---

[1] 参见《维基经济学》,中国青年出版社,2007年10月出版。

准备。

第三次工业革命:东方争雄

18世纪从英国发端的技术革命是技术发展史上的一次巨大革命,它开创了以机器代替手工工具的时代。这场革命发端于工作机的诞生,以蒸汽机作为动力机被广泛使用为标志。1870年以后,科学技术的发展突飞猛进,各种新技术、新发明层出不穷,并被迅速应用于工业生产,经济得以迅速发展,这就是第二次工业革命。当时,科学技术的突出发展主要表现在三个方面,即电力的广泛应用,内燃机和新交通工具的创制,新通信手段的发明。

在前两次工业革命中,都是西方领衔科技创新、商业模式创新,并因此称雄世界。今天我们迎来了数字化革命,也被称为第三次工业革命或第三次科技革命。电子计算机的发明与通信设备的快速普及,推动了科技、经济、社会与文化的变革,其关键词是数字化革命与新能源革命。这一次,史无前例地,东方与西方差不多站在了同一条起跑线上。

"铁匠在啤酒中撒下眼泪,悲叹自己没有办法在铁路时代卖马蹄,但是这并不会使他们的马蹄更受欢迎。那些学习变成机械师的铁匠才会保住自己的饭碗",科幻小说家柯瑞·道特罗如是说。毫无疑问,处于第三次工业革命中的中国企业家正是"那些学习变成机械师的铁匠",他们正在主动放弃低成本的优势,走上转型与创新之路。

淘宝赢过eBay,腾讯QQ打败MSN,百度战胜Google,成为世界级的互联网企业。即使有人认为他们的胜出有天时地利的因素,但谁也不能否认这也是他们凭着对中国市场的深刻洞察力,真刀真枪、生拼实力的结果。2014年美国时间9月19日上午,阿里巴巴正式在纽交所挂牌交易。截至当天收盘,阿里巴巴股价暴涨25.89美元报93.89美元,较发行价68美元上涨38.07%,市值达2 314.39亿美元,超越Facebook成为仅次于谷歌的第二大互联网公司。

小米动员 100 万的粉丝一起参与研发、推广和制造手机的全过程,成功运用互联网思维叫板苹果和三星,只用了四年多时间估值竟达 160 亿美元。2014 年它的市场占有率达到 14%,以 2 个百分点的优势超越三星电子(12%)首次荣升榜首[1]。

当亚马逊在日本图书市场一家独大以致日本其他图书电商纷纷倒闭时,当当网却在今年二季度中国 B2C 图书交易市场高居榜首,市场份额领先第二名亚马逊(中国)15 个百分点。

奇虎 360 将 80% 不愿付费杀毒的网民作为目标客户,通过免费,迅速占领了中国市场中最为庞大的安全软件份额,并成功地将用户资源转换为广告资源,2013 年市值高达 109.71 亿美元。

还有快捷酒店管家,10 个人干了 18 个月,估值千万美元。最近一年,58 同城、汽车之家、去哪儿网都纷纷上市。80 后的陈欧几年时间内便成功地将聚美优品登陆美国证券交易所……

如今,中国互联网企业千亿级的公司已有 3 家(BAT),百亿量级的互联网公司则有 10 多家。全球市值最高的四家互联网公司里,有两家来自中国——阿里巴巴和腾讯。再加上不少创业公司开始悄然出海,**中国互联网企业已不再偏安一隅。**

美国红杉资本主席迈克尔·莫里茨撰文指出,"阿里 IPO 之后,将使其成为世界排名第五的最具价值 TMT 公司(技术、媒体和电信公司)。30 年前,排在前50 位的 TMT 公司几乎全部来自美国,但今天,美国的份额下降到了 66%,而中国公司则从 30 年前的微乎其微升至如今的 10%。互联网权力格局将重新洗牌。**技术世界的权力平衡正从美国倒向中国。**"

2014 年 11 月 19 日至 21 日,**首届世界互联网大会在浙江乌镇举行**。这是

---

[1] 根据美国市场调研机构 Canalys 最近公布的数据。

中国首次举办如此大规模的世界互联网盛会。即使在全世界范围内，这样规模和层次的互联网大会也是第一次。参会的1 000多名嘉宾来自世界120多个国家和地区，是世界互联网领域举足轻重的人物，很多是世界顶尖互联网公司的负责人。美国《侨报》评论称，"中国正以令人惊叹的速度和力度进入移动互联网时代。或许，有多少大佬参加大会，有多少新共识达成，都不是最重要的，**重要的是全世界看见中国互联网的方向在哪里**"。

马云在上市招股书中致投资者的信中写道："过去十多年，我们一直以中国因为我们发生了什么变化来衡量我们的成就感，**未来，我们将会以世界因为阿里巴巴发生了什么正向变化来衡量我们是否是真正的成功**。"不仅仅是阿里巴巴，中国的创业者群体正从"弄潮儿"走向成熟，他们将和其他国际巨头一起站在第三次工业革命的潮头，在同一个竞技场里一较高低，共同创造数字化时代的辉煌。

商业趋势：世事难料也可测

这是一个趋势超越优势的时代。面临新技术革命中无数新选择，企业家不能再墨守成规，简单地在老的商业模式上开发利用新的增量业务，而要勇于破除旧的商业模式，再造新的商业模式和服务。做到这一点，必须要对未来趋势有深刻的洞察力。

斯蒂芬·贝斯特和道格拉斯·凯尔纳在《后现代转向》中指出："后现代转向的结果是分散、不稳定、不明确以及不可预测的。"有趣的是，这段对后现代文化的描述却真实地反映了今天的数字化商业世界。

想想看，一个没有在银行中干过一天活的电商马云做起了阿里金融；一个没有当过一天保险公司业务员的马明哲经营了一家颇有影响力的保险公司；一个没有在汽车行业有过任何从业经验的马斯克生产了名噪一时的特斯拉……屌丝逆袭、跨界创新的精彩故事似乎每天都在发生，世界充满了前所未有的可能与选择。如同纳西姆·尼古拉斯·塔勒布描述的黑天鹅事件一样,不确定性从未像现在这样如影随形地伴随我们左右,甚至可以说已经成为当今时代的常态。

然而,面对不确定性,人类并非无所作为,而是可以进行有效的管理。正如管理大师德鲁克所说:"不确定性包含确定性,未来既是不可预测的也是可预测的。不可预测的是未来的精确图景,可预测的则是未来发展的大趋势。"

在传统理论与模型中,配第—克拉克定理、库兹涅兹产业结构理论、罗斯托的主导产业扩散效应理论、钱纳里工业化阶段论、霍夫曼工业化经验法则、刘易斯拐点等可以预测一个国家或地区的产业结构变化;华西里·列昂惕夫的投入—产出模型、瓦尔拉斯的一般均衡模型、索罗经济增长模型、哈罗德—多马经济增长模型、卢卡斯经济增长模型、罗默经济增长模型等则被用于宏观经济预测。那么,数字化世界中的产业变革与商业趋势该如何预测呢?

目前,我们所了解的三大定律——摩尔定律、吉尔德定律、梅特卡夫定律,更多地被用来预测 IT 产业及网络的发展速度与价值。摩尔定律指出,微处理器的性能每隔 18 个月提高一倍,而价格下降一半。按照吉尔德定律,未来 25 年主干网带宽将每 6 个月增加一倍,其增长速度超过摩尔定律预测的 CPU 增长速度的 3 倍。梅特卡夫定律则宣称,网络价值随着用户数量的平方数增加而增加。但仅仅了解这三个定律,对于把握快速变化的数字化商业世界趋势是远远不够的。

当代计算机芯片的发明人之一,卡佛·米德(Carver Mead)曾说过,我们应该听听技术的话,去探寻它试图告诉我们的信息。巧合的是,被视为网络文化的观察者、预言家及发言人的凯文·凯利(Kevin. Kelly)也同样提出"想象一下技术需要的是什么,我们就可以想象出我们未来的路"。无数事实向我们证明:科技创新开启模式创新!

对于个人和公司而言,数字世界可能是有史以来最激进的事物。如果他们不想被年轻的新公司超越,就不得不学习新的游戏规则,而且学习速度要足够快。商学院无疑是企业家继续学习的最佳选择,更应该承担起肩负指引学员判断商业趋势之重任。

今天的商学院,应改变传统高等院校的办学思路,把自己看成一个平台,坚持开放和服务最大化的理念;应把商学院的学员视为管理知识的"生产消费者",将他们对未来产业趋势的把握、管理的实践和对商学院的具体诉求变成商学院案例编写和教学服务改进的一部分,与教授的理论知识结合起来;应帮助学员更深刻地认识数字化时代商业世界的不确定性和复杂性,更具前瞻性与战略眼光地把握未来商业趋势,让其能从不可预知的未来中获益,拥有更多赢的机会,避免因盲目跟随而陷入同质化竞争的红海中。

十大商业趋势概览

1974 年获得诺贝尔经济学奖的哈耶克发表获奖演说的题目是"知识的伪装"。他在评价人类知识的局限性时说:"随着科学知识的增加,我们高估了自己理解构成世界的微妙变化能力,也高估了我们对每个变化的重要性做出判断的能力。"但即便如此,我们仍然努力尝试看清这个不确定性更大、变化更快、信息更多的世界,在商海中占得先机。希望本书能提供一个关于商业趋势的全景式描述,让大家借此重新开始思考新的商业逻辑,这是我们写作这本书的出发点所在。

本书中,商业十大趋势包括以下领域:

- 趋势一:大数据——从碎片化数据到大数据;
- 趋势二:云计算——从离线计算到云计算;
- 趋势三:平台——从单边市场到双边市场+多边市场;
- 趋势四:移动互联网——从 PC 互联到移动互联;
- 趋势五:软件定义一切——从软件定义硬件到软件定义一切;
- 趋势六:外包和众包——从小而全、大而全到外包、众包;
- 趋势七:需求驱动——从供应驱动到需求驱动;

- 趋势八:长尾市场——从规模经济到长尾市场;

- 趋势九:数字金融——从传统金融到数字化与互联网金融;

- 趋势十:O2O模式——从纯线下、全线上到O2O模式。

其中,趋势一至趋势四:用大、云、平、移呈现了数字化时代基础设施的变化趋势,同时也描述了产业发展重点变化的趋势;趋势五:分析了数字化时代软件将是最强生产力的趋势;趋势六:揭示了生产组织方式变革的趋势;趋势七:展现了经济发展驱动力变迁的趋势;趋势八:预见了企业对市场群体关注重点变化的趋势;趋势九:剖析了金融模式变化的趋势;趋势十:从纯线下或全线上模式的利弊得失切入,表明O2O模式为众多企业商业模式最佳选择的趋势。

结语

一个千帆竞渡、万马奔腾的时代已经拉开了帷幕,一个赢者通吃的时代已经向我们逼近,商业重启的大门从未像今天这样敞开过。数字化能改变商业世界?答案是肯定的。有人会问,数字化能不能改变商学院日复一日、年复一年讲述的那些商业理论呢? 我想,答案也是肯定的。

在数字化时代,唯一不变的是变化本身。

1 趋势一：大数据
——从碎片化数据到大数据

大数据的核心就是预测。大数据将为人类的生活创造前所未有的可量化的维度。大数据已经成为了新发明和新服务的源泉。

——《大数据时代》

数据将成为一切行业中决定胜负成败的根本因素。最终，数据将变成人类极为重要的自然资源。

——IBM

2014 年 4 月 4 日，国内某机构预测泰山将成为周末全国最拥堵的景区，第二天中央电视台发布的全国景区人流量排行榜中，泰山果然高居首位。是谁做了如此准确的预测帮助游客避开旅游的高峰呢？是百度！百度使用大数据建立了旅游预测模型，并以此预告全球主要景区游客人数。有研究表明，百度的预测数量和全国景点实际旅客数量相比，准确率高达 90％以上。

更加令人称奇的是，2014 年巴西足球世界杯，百度通过大数据成功预测德国队将夺得冠军，而在对世界杯其他赛事的预测中，仅有巴西对荷兰的那一场判断错误，准确率高达 93.7％。百度又是如何做到的呢？它搜索了过去 5 年内全世界 987 支球队（含国家队和俱乐部队）的 3.7 万场比赛数据，同时与国内外数据供应商进行合作，导入博彩市场的预测数据，建立了一个囊括上万名球员和上亿条数据的预测模型。

此外，百度推出的疾病预测产品，目前可以就流感、肝炎、肺结核、性病等四种疾病，对全国每一个省份以及大多数地级市和区县的活跃度、趋势图等情况，进行全面的监控。未来，百度疾病预测监控的疾病种类将从目前的 4 种扩展到 30 多种，覆盖更多的常见病和流行病。用户可以根据当地的预测结果进行有针对性的预防。有趣的是，百度还基于海量的作文范文和相关数据的搜索，成功地命中了 2014 年全国 12 套高考作文题目的关键词。

大数据就像一根神奇的魔棒，让人可以足不出户，预知天下，可以运筹帷幄，决胜千里。那么，到底什么是大数据？大数据是如何演变而来的？大数据的价值到底在哪里？又该如何挖掘大数据的价值？

初识大数据

大数据的本质

业界曾将大数据的特点归纳为 4 个"V"：第一个是 Volume，数据体量巨大。从 TB 级别，跃升到 PB 级别。其次是 Variety，数据类型繁多。如前文提到的网络日志、视频、图片、地理位置信息等等，都可以纳入大数据来源范畴。第三个是 Value，商业价值高。以视频为例，在连续不间断监控过程中，可能有用的数据仅仅有一两秒。最后一个是 Velocity，处理速度快。

但在互联网时代，与传统数据相比，大数据真正的本质不在于"大"，而是在于背后跟互联网相通的一整套的新思维。[1]

---

[1] 参见阿里巴巴总参谋长曾鸣的观点，http://i. wshang. com/Post/Default/Index/pid/33960. html。

● 在线。首先大数据必须是在线的，在线的意义并不是放在磁盘里，而是随时能调用，马上能计算的。

● 实时。大数据必须实时反应。淘宝网被使用时，十多亿件商品、几百万个卖家、上亿名消费者之间的无缝匹配，必须瞬间完成并呈现出来。

● 全貌。它不再是样本思维，而是一个全体思维。人们要的是所有可能的数据，一个全貌。

大数据的应用亦不同于传统的数据应用。这种差别可以体现为三个方面：

有意识 vs 无意识。传统的数据应用中，数据采集者必须预先知道要达成的目标，从而主动去收集这些数据。每家企业的计算能力与成本不尽相同，数据保留的时长、数据的选用标准也各不相同。而数据提供者会有意识地参与或拒绝。比如公司进行某项市场调研活动，可能会有80%的受访者拒绝，另有20%的受访者也许会要求某些补偿。但大数据不同，原则上，数据采集者不会做事先区分，任何人上任何一个网站，做任何事情，都会被自动记录下来。对于数据提供者而言，这完全是一个无意识的、自利的行为。你上淘宝网是为了买东西，上微博是为了看信息，上百度是为了搜索，不过你为了自己利益而触发的每次点击都是一个数据来源。

单向 vs 双向。传统的数据分析都是单向输入，即先假定一个目标，然后拿到搜集好的数据，分析行为，最后判断测算是否准确。而大数据则是你在通过数据获取价值的同时，也在为创建新数据"贡献"力量。这是一个双向互动的正循环过程，双方都给对方贡献了数据价值。

事后处理 vs 高速同步。传统的数据应用一般都是事后处理，数据处理速度也因不同的使用人而异。而大数据的应用却截然不同，需要高速同步处理。要让大数据提供更大的数据价值，它的反应速率就要越高。比如说谷歌搜索，你输入一个关键字看到的结果，跟一个小时以后再输入同样的关键字得到的结果，很可能已经不一样了。因为它已经把一个小时内全球所有的点击重新计算了一遍,然后把信息做了结果优化再反馈给用户。所以大数据反馈的速度越快,它所创造的价值就越大,结果就越好,用户参与也会越来越多。

大数据的演变

其实,早在1980年,著名未来学家阿尔文·托夫勒(Alvin Toffler)就在《第三次浪潮》一书中,将大数据热情地赞颂为"第三次浪潮的华彩乐章"。而"大数据"真正成为互联网信息技术行业的流行词汇,却是最近几年才开始的。形象地了解大数据技术演变的最好工具便是世界知名科技预测企业Gartner(高德纳)的HYPE CYCLE(技术成熟度周期,或称技术成熟度曲线)。

该公司两位高级研究员写了一本书,名为《Mastering the HYPE CYCLE》(中译名为《精准创新》,2014年10月第一版,曹雪会、任轶凡等译)。朱晓明教授在中文版序中这样写道:技术成熟度曲线是一条双坐标曲线,所以从形态上讲它是一条二维曲线,倘若你闭目沉思片刻,或许你会明白,它其实可以被看作一条类三维曲线,这第三维就是"两年之内"、"二至五年"、"五至十年"、"十年以上"的度量。对此,Gartner的释意为预测某项科技创新进入主流市场所需的年份。技术成熟的周期的横坐标分为五个阶段,分别为"技术萌芽期"、"期望膨胀期"、"泡沫破裂谷底期"、"稳步爬升光明期"、"实质生产高峰期";技术成熟度周期的纵坐标则是市场对科技创新的期望值。Gartner每年下半年都会更新并发布"新兴技术成熟度"曲线。如果在网上搜索到这条曲线,可以看到2011年、2012年、2013年三年中该曲线上"大数据"的位置:2011年、2012年大数据处于"萌芽期";2013年"大数据"进入"期望膨胀期",视觉上几乎已是"登顶",这意味着大数据技术的市场期望值攀至顶峰。这跟大众的感知非常契合。三年前,提到"大数据"时,人们往往还很陌生,甚至有人闻所未闻;两年前有些人开始有所耳闻;而去年与今年(2014年)几乎路人皆知了。

当然,大数据不是孤立存在的,它的演变发展需要更廉价的存储空间、更迅捷的联通性和基于"云计算"的处理模式。物联网传感器和数据采集技术正在生产越来越多的数据,日新月异的软件和分析工具在把原始数据转变成有用信息方面发挥着必不可少的作用。这些在后面的章节中也将有所阐述。

大数据的价值

海量数据是金矿银矿,但不是金银财宝

银行、保险公司拥有海量数据,政府、学校、医院拥有海量数据,电商、媒体拥有海量数据,但是海量只是前述 4V 中的第一个 V。

美国互联网数据中心指出,互联网上的数据每年将增长 50%,每两年便将翻一番,而目前世界上 90% 以上的数据是最近几年才产生的。物联网、云计算、移动互联网、车联网、手机、平板电脑、PC 以及遍布全球各个角落的各种各样的传感器,无一不是数据的来源或者承载的方式。同时,它们在某种程度上也是承载数据的一种方式。全世界的工业设备、汽车、电表上有着无数的数码传感器,随时测量和传递着有关位置、运动、震动、温度、湿度乃至空气中化学物质的变化,也产生了海量的数据信息。

大数据要求人们在海量数据中挖掘事物的特征和发展规律,以快速捕捉到有价值的信息。而这是传统科学家和传统科研方法难以做到的。形象地说,海量数据只是金矿银矿,但还不是金银财宝。

有一组来自麦肯锡的调查,能够说明大数据的价值和作用。大数据在美国医疗服务业创造的财务价值,目前每年高达 3 000 亿美元;这一数值在欧洲则达到 2 500 亿欧元;在全球个人位置数据服务方面,大数据创造的财务价值目前在 1 000 亿美元以上;在终端用户的使用方面,大数据创造的价值达到 7 000 亿美元。以美国为例,大数据给美国零售企业带来的净利润增长率在 60% 以上;在

制造业,大数据使产品的开发及组装成本降低 5%,运营成本降低 7%。上述"成就"也许还只是在大数据尚未充分应用的情况下的统计结果。

读到这里,你一定会饶有兴趣地发问:将海量数据这一金矿银矿转变成金银财宝的冶金炼银之术是什么呢?

数据挖掘:新的商业竞争力

数据挖掘(Data Mining)正是将海量数据这一金矿银矿转变成金银财宝的冶金炼银之术!

运营商拥有用户通信相关数据,从语音到短信再到位置,数量之大超过任何一个互联网巨头,但它们却很难有效利用这些数据;与之类似的是政府部门和软件企业,它们空有海量数据,却只能任其"沉睡"。这是因为大数据利用的难点在于数据挖掘的技术。

数据挖掘是从大量的、不完全的、模糊的、随机的、实际应用的数据中提取潜在有用的信息和知识的过程,可以帮助决策者找寻规律,预测趋势,防范疏漏,等等。数据挖掘是一门交叉学科,涵盖数据库设计、人工智能、机器学习、统计学、模式识别、高性能计算等专业领域。从数据的收集到存储到清洗,再到脱敏、归类、标签化、结构化,以及最后的建模分析、挖掘利用,需要服务器集群、数据利用模型和数据处理算法来保障(见表 1-1),然后才是挖掘出来的结果的包装与呈现。

表 1-1　数据精准挖掘的四大数学工具

模型类别	模型原理	模型特点	应用领域
决策树分析	根据不同的重要特征以树型表示分类或决策过程	● 简单、直观、易上手 ● 不需要专业知识	生命周期管理
聚类分析	根据数据的相似性进行分类	● 无需事先给出标准 ● 具有探索性 ● 稳定性弱	客户分类

（续表）

模型类别	模型原理	模型特点	应用领域
逻辑回归	选取多个变量 通过回归方程设计变量权重 最终预测事情发生的概率	● 能解决复杂问题 ● 模型精准度高 ● 结果可解释性强	精准营销 信用评级、风险控制 生命周期管理
神经网络	在逻辑回归的基础上 有自学习能力 能不断改良优化的模型	● 具有可学习性 ● 容错率高 ● 可解释性弱	金融防欺诈

资料来源：《大数据精准挖掘工具》，化学工业出版社，2014年3月第一版，吴昱著。

谷歌搜索、Facebook的帖子和微博消息使得对人们的行为和情绪的细节化测量成为可能，数据挖掘则使得在凌乱纷繁的数据背后为用户找到更符合其兴趣和习惯的产品和服务，并对产品和服务进行针对性调整和优化成为可能。

今天，只要你用PC上网或用手机浏览信息，你便在网络上"处处留名"了，性别、年龄、爱好、踪迹、信用等等被大数据刻画得一览无余——恭喜你已经成为数字透明人！或许你都不知道自己下一步要干什么，通过搜索引擎、电子商务平台、旅游网站上记录的你的浏览行为，你的行为习惯和喜好已被挖掘，产品经销商们可能已在为你张罗生日、餐饮、旅游、结婚、生子、购房、购车了，特价机票、婚纱、尿不湿、奶粉、海景房等广告也已为你设计好了。

这就是数据挖掘的价值，它正日益显现出对各个行业的推进力。根据国际知名权威机构IDC对欧洲和北美62家采用了数据挖掘技术的企业的调查分析发现，这些企业的3年平均投资回报率为401%，其中25家企业的投资回报率超过600%。

可以说，数据挖掘是大数据改变商业世界的入门钥匙。不过值得注意的一点是，数据来源的正确程度是能否有效进行数据挖掘的基础。直接应用来自网上的数据有时令人困惑：第一，身份的多重性，即一个人可能有多个账户。第二，多个人用一个账户进行搜索或成交。第三,用户是一般浏览还是有真实购买行为?因此在大数据的实际应用中,科学计算和商务应用存在差异,还有许多技术需要进一步研究。

数据挖掘的应用

助力金融机构

一些专家认为,金融机构精准的挖掘模型可以由多方面组成,如图1-1所示,涵盖风险管理、投资组合管理、消费模式预测、客户服务、投资交易等问题。客户分级模型、营销模型、流失客户群体模型、挖掘潜在客户模型等,是过去传统金融机构常用的模型。但在大数据时代,面对海量数据,运用决策树分类、神经网络、逻辑回归、聚类分析等数学工具,将会获得更精准、更有价值的结果,更好

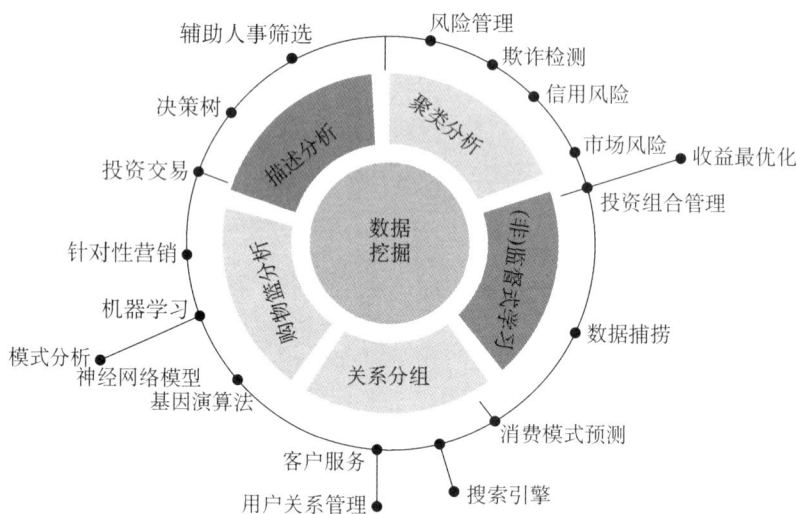

图1-1　银行精准数据挖掘分类

资料来源:上海数字化与互联网金融研究中心。

地帮助金融机构实现科学决策。中国工商银行(下文简称工行)是金融机构大数据应用方面的典范。

经过30年的发展,工行已经积累了超过数十个PB[1]的数据。这些数据存储在两类库中:数据仓库,用于存储结构化的信息;信息库,用于存储非结构化的信息。对于非结构化数据,工行除了用传统的文件形式保存外,根据需要存放到Hadoop[2]文件系统中。

工行对于这些数据的分析应用是随着大数据技术的出现和逐渐成熟而不断深入的。工行几乎各个业务、管理模块,都渗透进了这种应用。比如,它们已经对所有工行客户进行了信用评级。某些特定的客户在进行交易刷卡的一瞬间,就会收到一条短信,"您刚刚消费××元钱,请问要不要分期付款?"如果需要,客户只要回一条短信,刚才的消费金额就马上回到他的卡里,贷款就办成了,这个应用已经被打造成了一个产品——"逸贷"。这个应用的难点在于如何筛选客户。通过大数据技术的支撑,工行设计了一个筛选客户的模型,系统天天依据这个模型去动态增减客户。

工行每天有2亿笔交易,除了反欺诈,还利用各种模型对交易进行各类风险的监控,这些对硬件、软件的要求非常高。譬如,工行曾研发过神经网络模型用于防范欺诈交易。利用大数据技术自主研发了信用卡反欺诈系统。每天对数百万笔的境内外信用卡交易实时在线监控,运用欺诈风险评估模型(该模型含有数百个变量),在几十毫秒内判定是否为高风险交易,并实时阻断,因此计算能力和速度至关重要。为什么它能做到?因为它有1个开发中心、2个数据中心、6 000人的科技队伍和每年50亿以上的资金投入。

[1] PB是数据存储容量的单位,它等于2的50次方个字节,或者在数值上大约等于1 000个TB。TB是一个计算机存储容量的单位,它等于2的40次方,或者接近一万亿个字节。未来学家Raymond Kurzweil对PB的定义进行了延伸:人类功能记忆的容量预计在1.25个TB。这意味着,800个人的记忆容量才相当于1个PB。
[2] Hadoop是用于存储处理海量混合结构数据的分布式基础架构。

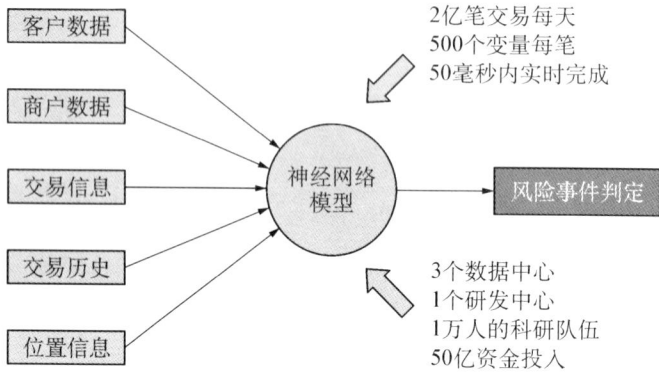

图 1-2　中国工商银行将神经网络模型用于大数据挖掘

资料来源：中国工商银行上海数据中心。

　　对于大数据建设和应用,工行未来将致力于三方面的改进:一是加强对结构化数据的运用。工行有400多万对公客户,4亿多个人客户,每天有2亿多笔交易数据。进一步强化这些结构化数据对业务运营的支持很有必要;二是要提高对非结构化数据的收集和分析能力;三是加强数据分析挖掘在客户营销、风险管理、客户服务等领域的应用。总之,工行利用大数据技术,力争要做到以下几点:①实现对多样化海量数据的快速实时处理及价值挖掘,通过对大数据的集中、整合、挖掘、共享,拓展业务领域,支持产品快速创新;②提升以客户为中心的差异化、个性化服务;③提高精细化管理水平;④支持精准营销;⑤加强风险防控能力,增强风险控制的实时性、前瞻性、系统性。

知识贴　　　　　　　**金融机构的数据挖掘模型**

　　1. 银、保客户分级模型

　　银行客户众多,资源有限,必然会将优质资源集中在核心客户上。办法就是给客户分类。在图1-3中,纵轴是客户信用卡业务的贡献度,根据信用

*数据仅作示例		全行范围贡献度（信用卡除外）					
		负	低	中	高	超高	总计
信用卡业务贡献度CLPM	负　<¥0	0.8%	5.4%	5%	4.3%	(1.3%)	16.8%
	低　¥0—100	2.6%	15%	19.7%	16.8%	4.3%	58.4%
	中　¥100—300	0.3%	2.5%	5.4%	6.1%	2.2%	16.4%
	高　¥300—1 000	0.1%	0.4%	1.4%	3%	1.3%	6.2%
	超高　>¥1 000	0%	0.1%	0.3%	0.9%	0.9%	2.2%
	总计	3.8%	23.4%	31.8%	31.1%	10%	100%

■ 5级客户　■ 4级客户　　3级客户　　2级客户　　1级客户

保护和增加全行范围的营收：

基于行内（不仅仅信用卡）关系，对客户提供差异化服务，使用这样的工具，可帮助业务部门开发相应的客户管理策略。

图 1-3　银、保客户分级模型示意图

资料来源：上海数字化与互联网金融研究中心。

卡刷卡金额，分成五类。横轴是除信用卡以外的全行范围的业务贡献度，包括理财、存款、保险、基金、贷款等，也将客户分成五类。很显然，纵坐标和横坐标都是负的即被评为最差的客户，而纵坐标和横坐标都是超高的，就是它的 A 类客户，即最好的客户。于是会出现四个倒 L 型和一个方块的 1、2、3、4、5 级客户。最优的客户只占 0.9%，有一个例外，带圈的那个因为银行卡业务贡献为零，所以不在一级客户中，考虑到全行各部门贡献度的平衡，可以被调至二级客户。这种分类有利于通过差别化服务，留住重点客户。如果你是贡献度最大的客户，打电话到银行去，这些银行马上就会告诉你最佳的选择方案，但如果你在银行分级系统中是一个不太受欢迎的人，银行对你的处理态度会有所不同。当然，这种客户评级，需要不同部门打破数据壁垒，建立数据共享平台。

2. 银、保营销模型

假设银行有 A、B、C、D 四种产品,其四种单价如图 1-4 所示,银行根据客户甲、客户乙在银行数据库里留下的经营行为或消费行为的数据,评估出客户甲、客户乙购买 A、B、C、D 四种产品的意愿分别是多少。然后根据产品价格乘以购买意愿得出每种产品对于客户甲和客户乙的产品价值,分别选择对其价值最高的产品推荐给他们。如图 1-4 所示,银行只需要向客户甲重点推销对其产品价值最高的 A(2.5 块),向客户乙重点推销对其产品价值最高的 B(3.6 块)。这就是所谓的精准营销。

客户甲:

产品编号	产品价格	购买意愿	产品价值	产品推荐
A	￥10	25%	￥2.5	√
B	￥12	10%	￥1.2	
C	￥3	15%	￥0.45	
D	￥5	30%	￥1.5	

客户乙:

产品编号	产品价格	购买意愿	产品价值	产品推荐
A	￥10	10%	￥1	
B	￥12	30%	￥3.6	√
C	￥3	80%	￥2.4	
D	￥5	50%	￥2.5	

* 数据仅作示例

图 1-4　银、保精准营销模型示意图

3. 银、保易流失客户群体模型

如图1-5所示，以虚线表示的排序组，依照预测的流失概率大小排序，流失可能性大的客户靠前排，1、2、3组；稳定的客户靠后排，8、9、10组。预测期(一年)过了之后进行统计，左图中可以看到第1组38%；第2组23%；流失比逐组降低，最后一组(第10组)几乎没有流失的客户。右图累计流失占比中前3组占到76%，前5组占到92%。这样，花50%的精力，就可以重点解决92%的易流失客户。

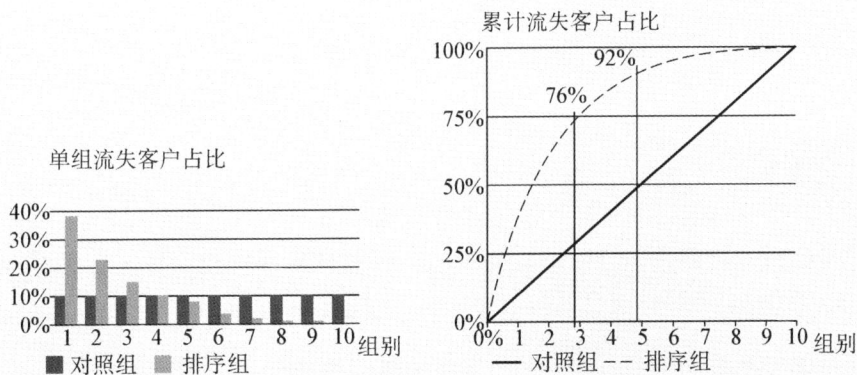

图1-5 银、保易流失客户群体模型

资料来源：上海数字化与互联网金融研究中心。

4. 保险挖掘潜在客户模型

保险公司会通过赠险的方式来营销保险产品。与前一个模型相类似，客户群体10等分，预测购买保险可能性较高的客户靠前排(见左纵坐标轴)。可以发现前3组的客户购买保险的比例高达70.5%(见右纵坐标轴)。这样，仅需花30%的精力，就可以将70%多的潜在客户转化成真正的客户。

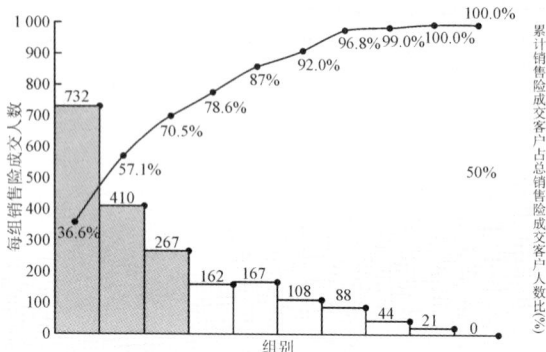

图 1-6　保险挖掘潜在客户模型示意图

资料来源：上海数字化与互联网金融研究中心。

医药行业大数据发力

传统抗肿瘤药物治疗多是基于肿瘤发生部位来选择化疗方案。然而，由于肿瘤的形成是基因突变的结果，突变位点又是随机发生的，所以不同的个体就有不同的突变类型。即使是对同种表现类型的肿瘤，应用相同的靶向药物，甚至相同的剂量和治疗方案，肿瘤患者个体取得的临床疗效和毒副反应都可能有天壤之别——这是传统抗肿瘤药物有效率不足30％的主要原因。

自 2003 年"人类基因组图谱"绘制完成以来，人们对于基因表达的了解逐渐深入，将基因表达与药物疗效联系起来的"药物基因组学"逐渐受到广泛关注。研究人员开始思考能否根据每位肿瘤患者不同的致病基因，选择不同的药物治疗方案，即实现"个体化精准治疗"。

要想实现肿瘤个体化精准治疗，就要通过基因测序技术找到患者自身特定的致病基因，这样才能通过药物抑制该致病基因的表达，从而控制和治愈疾病。然而，要想发现药物和基因的配对关系却并非易事，原因主要在于数据量的相对庞大。人类的体细胞中有 23 对染色体，每条染色体上都线性排列着一定数量的基因。多国科学家对人类基因组图谱的初步分析表明,人体共有约 3 万～3.5 万个基因。以 3 万个基因计算,如果两两组合有 4.5 亿次组合,三三组合有 12 万亿次组合,所以对"基因—疾病关联"的破解犹如在复杂电路图中找开关。这导致鉴定一群肿瘤标志物通常需要数年的研究,花费巨额资金——人类历史上第一个基因组测序曾耗资约 30 亿美元,大概用了 10 年时间,依靠 6 个国家共同完成。即使利用美国生命科学公司于 2005 年底推出的新一代测序仪,也只能将一个人的基因组测序成本降低到几百万人民币左右。

以肿瘤药物为例,通过对人类基因的分析,研究者会发现,每个肿瘤患者都有 23 000 个基因,但是随着外界的环境变化多达 10 万个。患者样本只要对一种药有 10 个敏感基因,我们就认定这款药非常符合这个人。也就是说我们会用 C_m^n 组合,m 取 10 万,n 取 10,算下来大概是 10 的 43 次方。这个数字大得难以想象。

将大数据精准挖掘模型与传统的计算模型做个简单的对比就可以一目了然。第一条路线,不靠精准挖掘模型,用 1 万个超级计算机对 1 000 名患者进行计算,要半年,也就是 26 个星期;但如果用精准挖掘模型,同样是 1 万台超级计算机,1 000 名患者,一个礼拜就可以做到。效率提高了多少呢? 26 倍! 现在有一家叫思路迪的企业正在做这件事情,其核心竞争力正是通过精准挖掘模型,把分析过程演化成很简单的可以解决问题的方案,计算结果只有 1 KB。现在它到美国去募集资金,很有可能成为中国生物医药制药方面利用大数据的一个先驱者(如图 1-7)。

阿里巴巴称雄的秘密武器:大数据

阿里巴巴称雄商业世界,正是赢在大数据。

阿里建立"大数据"的十年史。从图 1-8 中可以看到,阿里巴巴 2002 年的诚信通是搜集数据,2003 年的淘宝网、支付宝是在积累数据,后来的诚信通指数和企业贷款产品,都是建立在大数据应用基础之上的。

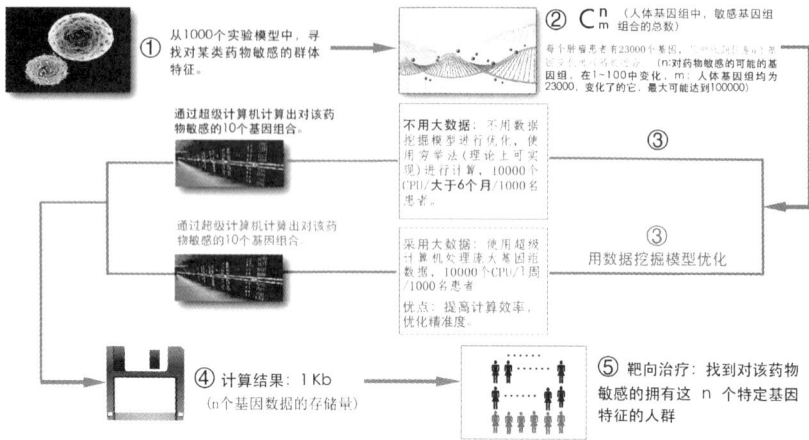

① 从1000个实验模型中，寻找找对某类药物敏感的群体特征。

② C_m^n（人体基因组中，敏感基因组组合的总数）

每个肿瘤患者有23000个基因，n：对药物敏感的可能的基因组，在1～100中变化，m：人体基因组均为23000，变化了的它，最大可能达到100000）

通过超级计算机计算出对该药物敏感的10个基因组合

不用大数据：不用数据形数据模型进行优化，使用穷举法（理论上可实现）进行计算，10000个CPU/大于6个月/1000名患者。

③

采用大数据：使用超级计算机处理海量基因组数据，10000个CPU/1周/1000名患者；优点：提高计算效率，优化精确度。

③ 用数据挖掘模型优化

④ 计算结果：1 Kb（n个基因数据的存储量）

⑤ 靶向治疗：找到对该药物敏感的拥有这 n 个特定基因特征的人群

注：1. 必须通过大数据，找到拥有特定基因特征的人群，服用某类药物，提高临床有效率；
　　2. 药物有效率高，可获得FDA "突破性治疗"政策，加速批准，提高药物开发成功率，延长专利期内销售时间；
　　3. 目前全球超级计算机主要的运算量为新药研发所用。

图 1-7　大数据为配合靶向新药开发的精准治疗提供高效、精准的服务

资料来源：思路迪。

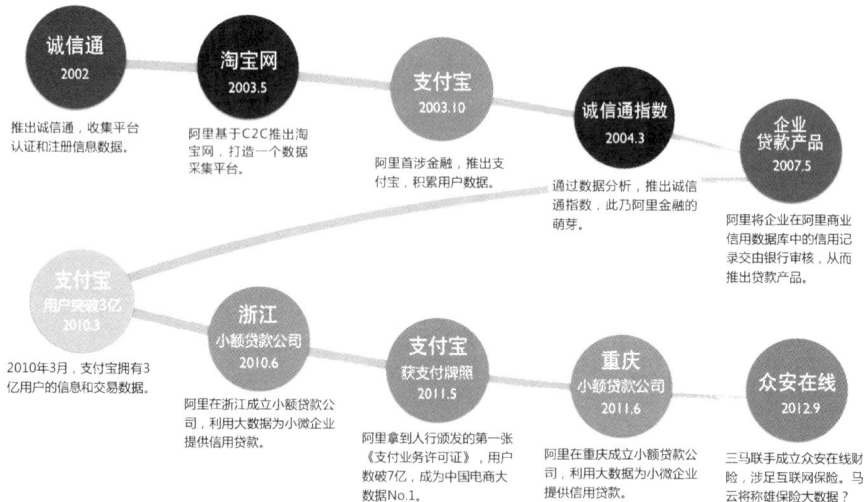

诚信通 2002　推出诚信通，收集平台认证和注册信息数据。

淘宝网 2003.5　阿里基于C2C推出淘宝网，打造一个数据采集平台。

支付宝 2003.10　阿里首涉金融，推出支付宝，积累用户数据。

诚信通指数 2004.3　通过数据分析，推出诚信通指数，此乃阿里金融的萌芽。

企业贷款产品 2007.5　阿里将企业在阿里商业信用数据库中的信用记录交由银行审核，从而推出贷款产品。

支付宝 用户突破3亿 2010.3　2010年3月，支付宝拥有3亿用户的信息和交易数据。

浙江 小额贷款公司 2010.6　阿里在浙江成立小额贷款公司，利用大数据为小微企业提供信用贷款。

支付宝 获支付牌照 2011.5　阿里拿到人行颁发的第一张《支付业务许可证》，用户数破7亿，成为中国电商大数据No.1。

重庆 小额贷款公司 2011.6　阿里在重庆成立小额贷款公司，利用大数据为小微企业提供信用贷款。

众安在线 2012.9　三马联手成立众安在线财险，涉足互联网保险。马云将称雄保险大数据？

图 1-8　阿里集团十年（2003—2013年）大变样靠什么

资料来源：上海数字化与互联网金融研究中心。

据阿里集团透露,到2014年,阿里数据平台事业部的服务器已积攒下了超过100 PB处理过的数据,约等于1.04亿个GB,相当于4万个西雅图中央图书馆580亿本的藏书量。淘宝和天猫每天仍然产生丰富多样的数据,沉淀了包括交易、金融、SNS(Social Networking Services,专指帮助人们建立社会性网络的互联网应用服务)、地图、生活服务等多种类型的海量数据,并在某种程度上打破了个人、商品、交易行为和银行之间的数据壁垒,成为阿里打造数据平台与产品的重要基石。

不仅如此,阿里具备大数据应用的完整生态链,从数据的生产、加工到应用均可以在阿里集团内部实现,其数据覆盖之广,积累之深,数据挖掘能力之强,使其能够轻而易举地为其用户建立一个细致的个人档案并进行精准的行为预测,从而实现数据价值的最大化。

2014年2月,马云在给阿里员工的内部信件中宣称:以控制为出发点的IT时代正在走向以激活生产力为目的的DT(data technology)时代,阿里未来十年的目标就是建立DT时代中国商业发展的基础设施,即"云端+大数据"。在马云眼中,阿里的大数据战略"不仅仅是技术的升级,更是思想意识的巨大变革"。

阿里金融靠"大数据"做小贷。阿里巴巴在2010年和2011年分别在浙江和重庆开了小贷公司。对于大多数银行和小贷公司来说,小微企业在资料审查、业务管理和风控方面的成本与大企业差不多,但是收益太少,所以造成了小微企业贷款难的问题。那么阿里靠什么做小额贷款呢? 还是大数据! 这个大数据至少由9个方面的数据组成:①卖家销售数据;②平台认证和注册信息;③心理测试结果;④信用评级;⑤历史交易记录;⑥婚姻状况;⑦海关进出口信息;⑧客户交互行为;⑨水电缴纳信息。此外,阿里小贷有特别吸引人的3个特点:按日计息、网络还贷、无需担保。无需担保的背后正是因为有大数据的支持。据中国电子商务研究中心监测数据显示,2013年阿里小贷的信贷服务步入高速增长期,新增贷款近1 000亿元。截至2014年2月,阿里小贷累计投放贷款已经超过1 700亿元,服务小微企业超过70万家,不良率小于1%。

神奇的淘宝指数。淘宝指数是一款中国消费者数据研究平台。无论是淘宝上的卖家还是媒体从业者、市场研究人员,都可以利用淘宝指数来了解淘宝搜索热点,查询成交走势,定位消费人群,研究细分市场。阿里靠大数据赢得了自身市场,但它同样也可以帮助企业获得市场,工具就是淘宝指数(见图1-9)。

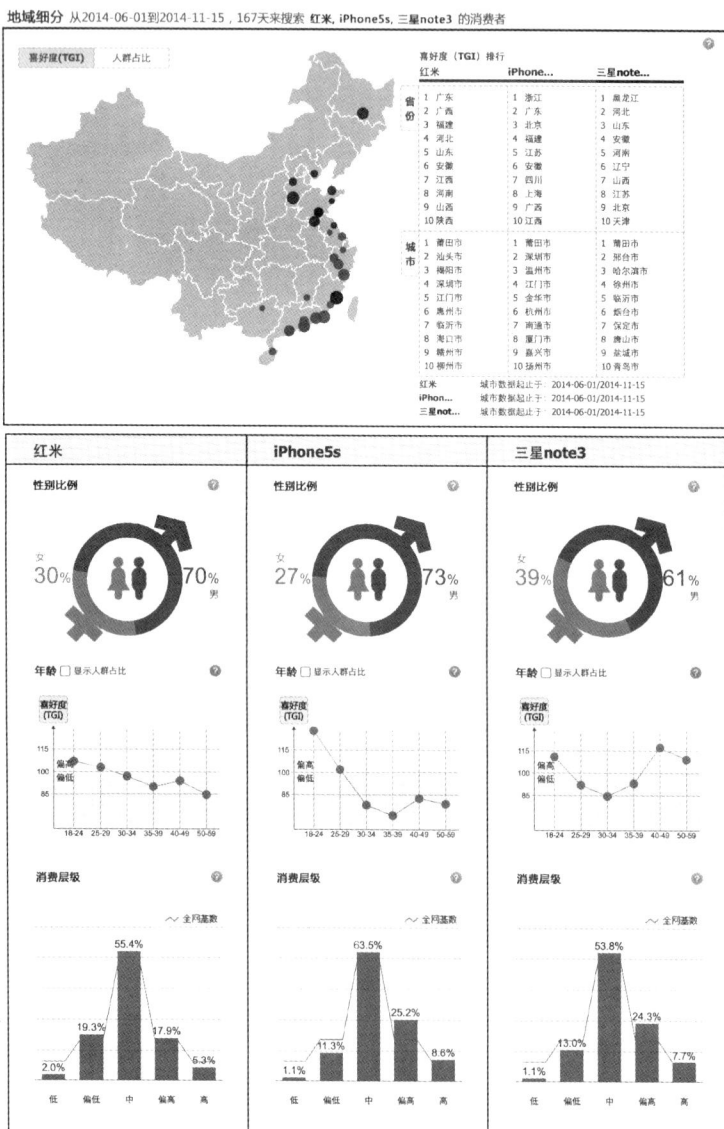

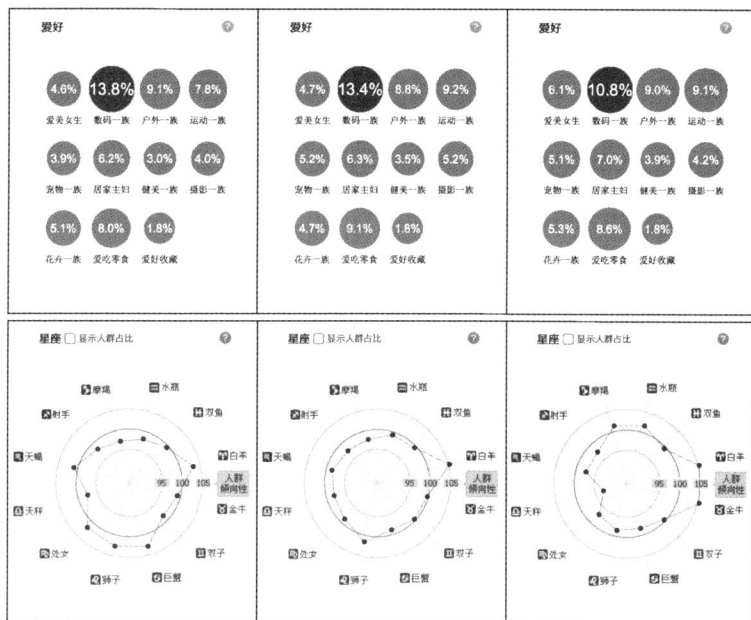

图 1-9 淘宝指数查询示例

资料来源:淘宝指数。

以当下比较火的三款手机小米、iPhone5S、三星为例,淘宝指数可以告诉我们这三款手机在最近 7 天和 30 天内的一系列数据对比,但也可以精确到过去某一时段。搜索指数和成交指数的比对可以帮助我们了解这三款手机的总体线上销售趋势;各省份大城市对三款手机成交的排行榜,则有助于我们了解这三款手机的地域细分和人群定位。淘宝指数甚至可以告诉我们这三款手机买家的星座和爱好、男女比例和年龄、买家等级、消费层次等等信息。像这类信息是非常有价值的,供应商完全可以据此判断下一个时期你应该供什么货,销售商则可以针对细分人群进行更精准的市场营销。但你能想象到吗,这样有价值的指数竟然是完全免费的!

⬤ 万千企业家：你离大数据究竟有多远？

媒体对大数据的热捧，似乎一夜之间拉近了企业与大数据的距离，但众多企业真正在应用大数据时却又感到力不从心：或缺乏高质量的大数据源，或找不到大数据与业务结合的突破口，或在收集、分析海量数据方面的能力还不足，或缺乏所需的数据挖掘人才，等等。基于以上问题，下面几点可能是企业家们在应用大数据时需要多加关注的。

大数据能帮你成功跨界创新吗？

Netflix（奈飞）原来是 DVD 的线上出租商，积累了大量的 DVD 租借者数据和租借者的需求行为信息。2013 年奈飞进行转型，自制了剧集《纸牌屋》，一时间风靡全球，被称为"白宫甄嬛传"。让我们看看它的成功与大数据有什么关系。早在 2012 年，奈飞对超过 3 000 万条的用户播放记录做了分析，预测了《纸牌屋》将很有可能受到热烈的追捧。果不其然，《纸牌屋》在上映的第一个月就带来了超过 4 800 万美元的利润。但是，它并没有因此而停下脚步，用户海量的反馈信息成了不可忽视的一座数据金山。通过数据挖掘，第一季播出后，导演收集了用户的海量信息，通过大数据分析用户的偏好和需求，完善甚至更改剧情的走向，造就了观众对第二季剧本的追捧。如此往复，大获成功。

奈飞成功跨界的故事告诉我们，对大数据的应用不仅需要技术，还需要在行业层面对用户的需求做深入了解，这是成功的关键！信息时代催生了海量数据的出现。大数据已经不再是一个单纯的概念，而是像空气一样存在于每个人的身边，每个人都是数据的制造者。也正是因为每个人都在通过不同的设备生产着数据，使得数据更多在"量"这个维度上不断膨胀。但是"量"的单纯膨胀却对企业真正了解一个用户的需求产生了极大的挑战：如何更好地理解用户在各个不同的场景下表现出来的不同需求？如何更好地理解数据融合后产生的价值？

简而言之,清楚自己要进入的业务,了解所进入行业的核心,分析用户数据,进行更多的跨企业、跨行业的数据交流和融合,还原用户真正的需求,在此基础上更好地利用大数据,或让老用户在新的场景中获得更便利的服务,或更精准地对新用户进行营销,让数据对用户有意义,才有可能成功实现跨界创新。

小企业如何"拥抱"大数据？

在大数据应用过程中存在的问题之一是数据使用方和拥有方的错位,即最需要数据的单位不拥有数据,拥有数据的单位却无法利用数据直接产生价值,数据交换又会存在数据安全、价值评估等方面的障碍。对于中小企业而言,这一问题尤其突出。

百度推荐是基于百度大数据技术推出的网站内容推荐工具。通过对网站不同访客推荐个性化的内容,提高内容的点击率和网站流量。通俗来讲,通过百度大数据的挖掘与分析,能够精确地刻画出网站访客的人群画像。以小说网站为例,百度数据显示,88%的小说人群年龄分布在10～29岁之间,受众多为新生代年轻人,他们热衷于"英雄联盟"、"穿越火线"、"地下城与勇士"等网络游戏,往往也是网购爱好者。

不少小说网站迅速嗅到了百度大数据的价值。他们利用百度大数据对网站用户属性和爱好的把握,有效地帮助网站优化内容运营,缩短网站"内容-用户"的路径,提升用户体验,并延伸或激发用户的需求,从而提升网站的流量和商业价值。除此之外,他们还利用百度大数据帮助网站进一步挖掘付费用户,通过有效的数据分析来决定和平衡用户免费与收费策略。数据显示,有的小说网站,如言情小说吧,在安装百度推荐小说专有样式后,流量增长了11.9%,用户平均访问页面数提升了17.8%。

这个案例对于那些没有平台部署能力又没有数据收集能力的中小企业有很

好的启发。它们可以利用政府、社交网络平台等第三方提供的数据进行全量数据分析,从而在短时间内对很多业务模型进行全量计算,降低对海量数据和复杂模型的依赖,通过实践反馈来验证和选拔有效的模型。"大数据"加"简单模型",可能要比"小数据"(部分数据)加"复杂模型"来得有效。围绕大数据平台进行拓展,做出自己的特色产品,不失为中小企业在大数据时代的获胜之道。

你拥有技术,但你拥有人才吗?

未来,大数据的应用会超越营销范畴,全面进入企业供应链、生产、物流、库存、网站和店内运营等各个环节。想成功地驾驭海量信息,公司就需要拥有相应技能的人才方能如愿以偿。这些人要知道如何管理数据,建立分析系统,并且帮助解读数据。未来,大数据人才将成为稀缺人才。

EMC 公司(一家美国公司,是云计算、大数据和安全 IT 解决方案的领导者)最近针对数据科学家的一项调查证实了这一点。共有 83% 的调查对象认为,新技术会增加企业对数据科学家的需求;64% 的调查对象认为,现有的人才供应量将满足不了需求。实际上,麦肯锡全球研究院(McKinsey Global Institute)2011 年发布的一份报告预计,到 2018 年仅美国就需要 14 万名至 19 万名具有"深度分析"经验的人才,以及至少 150 万名懂得使用相应工具分析大数据、作出合理决策的管理人员。

大数据时代不仅需要更多的大数据人才,而且对大数据的人才结构也相应地提出了挑战。以数据挖掘人才为例,目前行业里面的数据挖掘人才大致分为 3 类,呈倒三角的状态:第一类是软件工程师,就是我们平常说的 IT 技术人员;第二类是学术研究派,主要是高校的学者教授,他们专门做数学建模研究,精通算法模型;第三类是分析顾问,这类人一般业务经验丰富,同时又懂得 IT 技术和数学方法,知道怎么能够把实际业务问题转化为易于求解的数学问题(见图 1－10)。

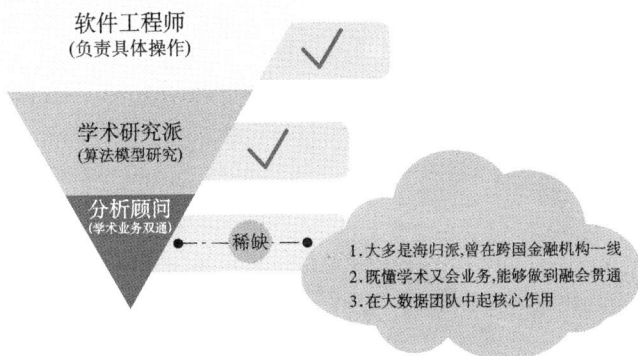

图 1 - 10　大数据的人才结构图

资料来源:上海数字化与互联网金融研究中心。

　　大数据方案的实现,必须由技术专家来完成,技术专家的能力也直接决定了企业所能制定大数据方案的深度和广度。传统的数据库应用开发,特别是商业智能应用开发人才,以及熟悉分布式存储的人才,即图 1 - 10 中的软件工程师和学术研究派是必不可少的。

　　但更重要的是,由于任何一种大数据方案都不可能适合所有的行业,因此,大数据的核心业务必然是一种扎根于特定行业,综合运用已有的存储、分析、挖掘、呈现技术,根据用户需求并融入行业特色技术模型的一站式大数据平台业务。大数据具有强烈的行业特征,导致既了解行业也了解技术各个层面的"分析顾问"成为目前最急缺的人才。

　　因此,对于企业而言,首先要明确企业的战略方向是什么,业务需要哪些大数据支持,然后再去寻找合适的大数据人才。比如需要大数据实现金融业务处理的企业,那么就需要了解金融行业和大数据应用平台 Hadoop/MapReduce 的人才。其次,根据自己的人才需求,采取一个再培训、招聘和外包的组合方案,来填补人才缺口。

结构化数据还是非结构化数据?

目前国内20%的大数据是易于统计使用的结构化数据(存储在数据库里,可以用二维表结构来逻辑表达实现的数据,如数字、符号等),80%是非结构化数据(所有格式的文档、报表、图像和音频/视频信息等)。例如,工行数据仓库有360多TB的结构化数据,非结构化数据59个PB,后者是前者的200倍。

由于非结构化数据处理起来难度较高,因此,多数公司基本上只分析结构化数据,而忽略了花重金保存下来的大多数非结构化数据。处理非结构化数据的基本思路就是"结构化"。以文档处理为例,系统可以在网上抓取、分析消费者的评论(正面的、负面的),甚至对用户行为做出预测。在图像识别方面,"谷歌大脑"经过充分的自学习,能够记忆并识别特定的概念。比如,给"谷歌大脑"看10 000张关于"猫"的图片,它就能判断并记住猫的特征,可以辨别出猫。类似的图像识别技术也可以用在卫星图像识别上。其他还有音频、视频等,大数据时代不只是数字化,更需要结构化。

表1-2 常用的结构化方法

类别	常用的结构化方法
文档	反向索引、关键信息检索、字段分析、词频分析、语义分析……
图片	图像识别、图形匹配……(如:车牌、人脸、形状……)
音频	语音识别、音频转化……
视频	图像识别:形状、色块、字幕…… 音频识别:语音转化、音频识别……

资料来源:上海数字化与互联网金融研究中心。

对于已经具备大数据部署能力的企业,未来可以采集、读取、录入社交媒体数据、网络日志、语音视频数据等非结构化数据,通过结构化使之可用,并实现数据的实时性,在此基础上与自己的用户建立互动联系,用"活"大数据,更好地挖掘大数据的价值。

结语

正如《大数据时代》引言中所讲,大数据开启了一次重大的时代转型。就像望远镜让我们能够感受宇宙,显微镜让我们能够观测微生物一样,大数据正在改变我们的生活以及理解世界的方式,成为新发明和新服务的源泉。更多的改变正蓄势待发,我们要拥抱大数据,让大数据成为赢得竞争的利器!

2 趋势二：云计算
——从离线计算到云计算

我们不关心消息去往何处……"云"为我们屏蔽了复杂性。

——凯文·马克斯(Kevin Marks)，前谷歌社交大腕

至于未来，我们会置身于"云环境"之中……从此，你不再真正拥有这些东西，你只需要一个访问网络的"入口"而已……你买的是访问权，而不是所有权。

——凯文·凯利(Kevin Kelly)

还记得《查理和巧克力工厂》吗？

那里有一台飞行机器，可以将巧克力豆吸到各个车间做成不同的巧克力制品；那里有受过训练的松鼠，会从好的坚果中取出果仁，并把坏的坚果扔到垃圾桶；那里还有一台传送机器，可以将巧克力直接传送到每家每户的电视屏幕里，人们伸手就可以拿到。

童话的世界总是那么奇妙，而科技的世界则善于将童话转变为现实。

正如海尔的张瑞敏所言，如果我们能够创新，现在就是最好的时代；如果我们不能创新，现在就是最坏的时代。当"云计算"携着社交网络、移动互联、物联网深刻改变着人们生活的时候，前瞻人士就已经嗅到，人们在工作方式、企业管

表2-1　BAT涉足的"云计算"领域

	基础云	能力云	资源云	程序云	个人云	备注
百度云	BAE 应用引擎（WEB＋App）、存储（海量、CDN、大文件）、数据库（关系型、分布式、KV）。类似 Google 的应用引擎的方式提供。在基础设施上进行二次封装，整合海量存储、大数据处理和分布式计算能力。	14 种：云消息、云推送、LBS、多媒体（语音、人脸、视频）、云众测、云检测、翻译、移动测试、终端适配、翻译、输入法、浏览器 SDK、社会化组件、个人云存储 PCS。这些能力是面向移动开发者的云。主要是将 Google 的应用引擎能力提供向移动开发者。绝大部分也是百度特有的技术。	百度移动 SEO、移动搜索联盟、移动地图、账号连接、移动统计。百度开放了百度流量、用户人口流量能力，用户流量是主要的流量基础，已经沉淀的地图、POI 图层数据、用户搜索行为的数据。	Frontia 后端开发框架、Clouda 开发框架、Site App 应用生成云、App Builder 轻应用云、Ueditor 网页编辑器和其他一些前端开发者产品均是帮助开发者快速低成本地开发应用。	网盘、通讯录、相册、文章、记事本、短信、手机找回、游戏、健康。个人云刚刚发力。上升阶段。	91 无线暂未整合完成。后应应该整合加强该能力和资源方面的云服务。
阿里云	云服务器、负载均衡，存储（关系型数据库、开放结构化存储、开放缓存、开放离线数据处理、CDN、云引擎 ACE（内测期）。以类似 Amazon 的虚拟主机的方式提供，使用体验与传统服务器类似。主要优势在数据存储和安全计算和安全方面。	云安全（云盾、云检测）万网、域名注册、备案、企业建站。云市场：阿里建立市场，吸引具备云服务能力的厂家入驻。涵盖云运维、建站、渠道营销、应用（网店、团购商店（卖家开发者的应用·如数据分析、云存储、营销推广、企业管理、办公软件）。阿里并没有自身特有的能力。而是将淘宝的思路延伸到云服务，"构建数据分享第一平台"。	阿里的用户、流量和数据开发出来的行为并不多。淘宝顾客没有纳入阿里云体系。被阿里收购的友盟也拥有大量数据，和阿里官网数据，从阿里云官网看似乎还未进一步整合。	收购 Phpwind 社区框架、Dubbo 开源服务框架、LVS 负载均衡、数据库连接池 Druid等。阿里是中国开源社区积极分子。传统的开源软件似乎并未被纳入阿里云体系。	浏览器书签、联系人、相册、信息、通话记录、便签与云。安卓端云 OS 竞争端后。比较晚期。量伏期，份额也很小。	1. 从产品看万网与阿里云整合已接近完成。 2. 友盟的数据分析不知道整合整体进度如何。

（续表）

	基础云	能力云	资源云	程序云	个人云	备注
腾讯云	云服务器、弹性WEB引擎、负载均衡、存储（关系、NOSQL、CDN）是百度或者阿里云的子集，还需要进一步充实。	云安全、云监控、个人云存储PCS。	社交广告、社交传播、云支付、QQ登录、用户信息、好友关系、增值数据、腾讯罗盘（数据分析）。主要是开放了用户数据和社交关系，进而开放了推广传播能力和数据挖掘能力。	收购Discuz社区框架、开源的iWeibo、JET、AlloyImage、图像处理。	微云网盘、微云相册、微云剪贴板	

资料来源：上海数字化与互联网金融研究中心。

理运营方面已经开始酝酿一场巨大的、颠覆性的革命。

2009 年 9 月,阿里巴巴集团在其十周年庆典上宣布成立子公司"阿里云",开始致力于"云计算"领域的研究和开发。

2011 年 8 月,腾讯宣布在上海建立华东"云计算"中心和电子商务基地。2013 年底,云平台作为一个部门应运而生,公司高层希望借助腾讯社交网络及已发展比较成熟的开放平台来专门推广"腾讯云"。

2012 年 3 月,百度正式对外发布百度云战略,推出了面向个人云存储的"百度云"和面向开发者的云平台等,正式进军"云计算"领域。同年 9 月,百度宣布将投资逾 100 亿元人民币建立"云计算"中心。

究竟是什么引得国内三大网络运营商(指阿里巴巴、腾讯、百度,简称 BAT)竞相"云端漫步"?"云"是什么,它的魅力又在哪里?

● "云"是什么?

美国作家尼古拉斯·卡尔(Nicholas G. Carr)曾在《IT 不再重要》(*The Big Switch*,2008)一书中写道:"如果说发电机是塑造 20 世纪社会的机器——使我们有了新的生活方式——那么互联网将是塑造 21 世纪新社会的机器……个人电脑时代即将让位于一个新的时代:公共计算时代。"

在卡尔笔下,虽然"云"的概念并未被明确提出,但其内涵已呼之欲出:"云"是一种公共服务。100 年前,农场主和工厂厂长关掉自己的柴油发电机,转而向墙上的插座索取电能。这个电能来自发电厂,并提供给所有公众,不管是用来照明,启动家用电器,还是发动工作母机。我们对"云"也可以这么理解,原来你通过传统方式收集信息,现在你可以转而向"云"取得你所需要的任何数据和可供参考的解决方案。"云公司"在全球设点不分昼夜地搜集数据和启动计算能力,不管是企业还是机构,都能像取得电能一样随时随地取得"云"的服务。亚马逊是提供"云计算"的一个典型案例。

亚马逊公司(Amazon)创立于 1995 年,目前已是全球商品品种最齐全的网上零售商和全球第二大互联网公司,是全球电子商务的成功代表。最初,为了有效支持庞大的网购并发用户访问量[1]和密集交易,尤其是在圣诞节等节假日期间,针对热销产品,亚马逊部署了大量的计算资源和存储系统。但是,这些为了满足高峰期需求而设计的系统,其运算能力在大部分时间里都是闲置的[2]。最初,亚马逊把这部分富余的存储服务器、带宽、CPU 资源租给第三方用户使用,先是一些个人开发者、程序员,后来是一些小企业,再后来是一些中型企业。随着租用者的增多,亚马逊专门成立了一个独立的子公司——亚马逊网络服务公司(AWS, Amazon Web Service)——对这些资源进行管理。自 2006 年起,亚马逊正式对外推出自己的"云计算"服务。

目前,亚马逊能够向企业用户提供 20 多种"云计算"服务,并制定了非常灵活的付费方式。很多初创型科技公司,在业务尚未成型、资金不足的情况下,非常愿意通过即付即用的租用模式在亚马逊平台上快速搭建和发布自己的产品与服务,而不必购买 IT 基础设施及操作系统。如今使用这项服务的公司已有数十万家,其中不乏流媒体视频巨头奈飞、照片分享网站 Instagram 等,甚至连美国国家航空航天局(NASA)也是亚马逊网络服务的用户。

据美国《商业周刊》(Businessweek)报道,美国投行太平洋皇冠证券公司(Pacific Crest Securities)的最新数据显示,2014 年亚马逊网络服务公司截至目前的收入已经达到了 50 亿美元。这意味着亚马逊来自其"云计算"服务的收入在一年内增加了 58%(2013 年该项收入为 31 亿美元)。在这份研究中,太平洋皇冠

---

[1] 并发用户数量是指在同一时刻与服务器进行了交互的在线用户数量。这些用户的最大特征是和服务器产生了交互,这种交互既可以是单向的传输数据,也可以是双向的传送数据。

[2] 亚马逊公司创始人和 CEO 杰夫·贝佐斯(Jeff Bezos)在 2006 年的一次采访中承认:"我们的系统能力优势只利用了不到 10%。"

证券指出，亚马逊云服务将持续强劲的增长势头，预计2015年会达到67亿美元。

尽管Dell、IBM和HP三大服务器制造商平均每季度在服务器上获得的营收分别为20亿美元、22亿美元和29亿美元，然而，越来越多的客户开始选择租用服务器，而非购买。如今，亚马逊平均每季度12.5亿美元的"云计算"服务收入已经使其具备了与传统服务器制造商一较高低的能力。

亚马逊的成功不仅是技术创新带动商业模式创新范式的成功，也是过去看起来"虚无缥缈"的"云计算"在商业实践中的成功。那么，到底什么是"云计算"[1]呢？

通俗地讲，就是通过互联网向用户提供的公共IT服务，如计算、存储、应用，等等。其实，早在2005年，比尔·盖茨在给微软公司内部员工的《备忘录》中就曾非常有预见性地描述过"云计算"的轮廓："下一场巨大的变革正等待着我们……互联网具有的宽广和丰富的基础，将会引发一个提供即时应用和体验的'服务浪潮'，它是旨在满足几千万或几亿用户需要的服务，并将戏剧性地改变提供给各类企业的解决方案的性质和价格。"如今，越来越多的IT分析家、行业和业务领导者相信"云计算"代表着互联网的下一个发展阶段，将为整个互联网行业带来革命性创新。

从2011年、2012年到2013年，Gartner的技术成熟度曲线上"云计算"各点所处位置的变化不仅验证了比尔·盖茨的预见，也说明人们开始更加理性地看待"云计算"，预示着"云计算"将要进入一个稳步爬升光明期。

---

[1] 根据美国国家标准与技术研究院(NIST, National Institute of Standards and Technology)的定义，云计算是一种使用户能通过互联网，便捷地根据需要从可分配的资源共享池中获取计算资源(如网络、服务器、存储、应用和服务)的模式，这些资源能被快速分配并释放出来，管理资源的工作量和与服务提供商的交互被减少到最低限度。(Cloud computing is a model for enabling convenient, on-demand network access to a shared pool of configurable computing resources (e. g. , networks, servers, storage, applications, and services) that can be rapidly provisioned and released with minimal management effort or service provider interaction.)

"云"新在何处？

"云计算"的核心词是"模式"。也就是说，不能把"云计算"单纯理解为一种新技术，它的本质是一种"模式"，一种新的 IT 服务模式。将计算能力变成一种服务交付给用户，这是"云计算"带来的最大创新。它包含三个关键词："通过互联网"、"可分配的资源共享池"、"根据需要"。可以简而概之为："一种新的基于互联网的 IT 服务的供给、消费和交付模式。"基于新的供应模式、消费模式和交付模式，"云计算"无论是从成本、开发实施时间，还是从访问灵活性、功能扩展性、弹性等方面，都取得了相对于传统服务的优势。

"云计算"体现了规模经济的价值。通过"云计算"，全社会可以低成本共享计算服务、存储服务和应用服务。这和电网发明人塞缪尔·英萨尔所信奉的公式一样：大规模等于高能量，也相当于单位成本的降低。正如上文所述，从传统 IT 服务到"云计算"服务，就好比从古老的单台发电机转向电厂集中供电，实现了即取即用、成本低廉的互联网愿景，大幅度降低了个人与企业应用互联网新技术的门槛与风险，并给整个生态系统提供了更多功能和服务，从而全面拓展了互联网服务的广度和深度。

"云计算"意味着集约、高效处理海量信息能力的突破。"云计算"和大数据就像一对连体婴儿，移动端、合作伙伴和用户个人的数据，均需要"云"来收集、存储和处理。要掌握大数据，一定要具备承载数据的开放的云。云的计算能力不仅是应对当今信息爆炸甚至泛滥问题的重要技术手段，也是大数据挖掘、移动互联网和物联网[1]等未来提速发展不可或缺的实现方法。以物联网为例，当信息

---

〔1〕物联网，即"物物相连的互联网"，是指通过射频识别（RFID）、红外感应器、全球定位系统、激光扫描器等信息传感设备，按约定的协议，把任何物体与互联网相连接，进行信息交换和通信，以实现对物体的智能化识别、定位、跟踪、监控和管理的一种网络。物联网的核心和基础仍然是互联网，是在互联网基础上的延伸和扩展的网络。

交换和通信从人与人之间延伸扩展到物与物之间,无论是海量数据的传输和存储,还是在秒级、毫秒级来对海量数据进行实时在线处理,都离不开"云计算"提供的强大技术支持。再以移动互联网为例,无论智能手机发展多迅速,它依然需要更小的 CPU 以保持轻巧。当应用程序被设计得越来越需要密集计算资源时,必将使其从开发到应用都极其依赖"云"上取之不竭的存储和运算能力。

"云计算"将会促进整个社会创新的速度加快。"云计算"大大降低了创建一个公司的成本,使创业创新公司专注于最能带来特色和竞争力的核心业务,并帮其快速地把业务扩展到全球范围去。基于"云"并面向开发者的工具简化了技术开发,不仅使创业公司的技术创新门槛降低,也使大公司的创新项目能像一个创业公司一样迅速启动,不受预算太大的限制,从而加快整个生态系统的创新。

更高的效率、更低的成本和更多有价值的资源,这是"云计算"蓬勃发展的内在动力,而廉价的宽带网络和电脑芯片效能的爆炸性增长也为"云服务"的快速发展创造了外部条件。"云计算"正以其资源动态分配、按需服务的设计理念,以低成本解决海量信息处理的独特魅力,受到全球范围内的重视。

表 2 - 2 "云计算"相对于传统服务模式的比较优势

	传统服务模式	"云计算"
成本	购买硬件和软件费用,维护费用,IT人员雇佣费用,成本高企	集中资源池的共享,成本低
开发实施时间	建设周期漫长,无法快速提供与部署	自动化、自服务
访问灵活性	公司内部	任何可上网的地方
功能扩展性	时间长,等待软件厂商的补丁和升级	时间短,新功能可以实时上线,更可结合手机等多种设备
弹性	按峰值规模建设,资源平均利用率低,应对业务突发情况差	按照时间和流量付费,动态调配,暗星收缩
类比例子	购买发电机自己发电	使用电网提供的电

资料来源:上海数字化与互联网金融研究中心。

● "云"的服务 DNA

我们再从"云服务"提供商的角度来解读一下"云计算"。上文提到过将计算能力变成一种服务,交付给用户,这是"云计算"带来的最大创新。发展到现在"云计算"已经呈现出三种不同的服务模式,可以形象地比喻成三朵云:SaaS(软件即服务,Software as a Service)、IaaS(基础设施即服务,Infrastructure as a Service)、PaaS(平台即服务,Platform as a Service)。它们的一个共同特性就是都可以通过瘦客户端[1],基于互联网,来完成原本需要大量存储或是运算资源的计算任务。

"云计算"产业才刚刚开始,未来的市场前景广阔,IaaS、PaaS 与 SaaS 模式都会有适用的需求市场。今后"云服务"的模式会很多,IaaS、PaaS 和 SaaS 服务也可能会相互渗透。但无论哪种模式,"云"的 DNA 首先是服务。虽然"云服务"的技术门槛很高,但技术不能解决所有的服务问题。对于"云服务"的提供商而言,除了要具有强大的研发能力,多年的数据中心构建和运维的能力与经验,更重要的还是服务意识。一切服务的提供和技术的创新都要围绕着客户的需求展开,要符合客户对服务的需求,服务交付的习惯,服务的体验,而不是简单的人机对接。谁能够打造更广泛的生态系统,谁能提供更好的客户服务体验,谁将具有最终的市场话语权。这一道理同样适用于"云服务"提供商。

---

〔1〕瘦客户端(Thin Client)指的是在客户端-服务器网络体系中的一个基本无需应用程序的计算机终端。它通过一些协议和服务器通信,进而接入局域网。瘦客户端将其鼠标、键盘等输入传送到服务器处理,服务器再把处理结果回传至客户端显示。不同的客户端可以同时登录到服务器上,模拟出一个相互独立又在服务器上的工作环境。与此相反,普通客户端会尽可能多地进行本地数据处理,与服务器(或其他客户端)的通信中只传送必要的通信数据。

知识贴   SaaS、PaaS 与 IaaS

SaaS:软件即服务

SaaS,是把原本需要本地安装的软件存放在云上运行,软件以服务的形式,采用多客户租赁(Multitenant)方式进行网络交付,把程序传给成千上万的用户。客户可以根据自己的实际需求,按订购的服务多少和时间长短为厂商提供的应用软件服务支付费用,且无需对软件进行维护。

最先实现在线化的应用程序是 CRM(客户关系管理,Customer Relationship Management),一个完全使用"云计算"SaaS 来为企业提供 CRM 服务的公司则是 Salesforce,因其口号"软件的终结",故在业内常被称作"软件终结者"。过去对于大部分公司来说,最害怕的就是销售人员的离职,因为一旦销售人员离开,客户信息、历史记录都没了。然而 Salesforce 将所有客户关系管理放到了云端,销售员都可以直接去云端查询客户互动信息,即使出差也能很方便地查询到各种客户资料。而公司的客户管理人员则可以通过查看每一个销售打了多少电话,和客户有多少互动,最后再看资源的分配和收入的结构是否匹配,做出如何分配资源的决策,提高资源利用效率。而且通过使用这一基于互联网的客户关系管理的业务架构,用户不需要购买、安装、调试设备和软件,只要登录即可使用,大大节省了 IT 支出。

最初 Salesforce 的客户以小公司为主,后来太阳信托、道琼斯、西门子、星巴克、戴尔等大公司都与之签约,使其成为全球 CRM 解决方案的领导者。到 2012 年底,Salesforce 拥有 14％的市场份额。从 Salesforce 刚刚公布的 2013 年财报看,公司有 30 亿美元营业收入,53 亿美元订单,2 500 亿数据中心交易量。其中企业"云计算"服务这一块 2013 年有 28 亿美元收入。在 2013 年 3 季度的时候,成为了第一个单季度收入突破 10 亿美元的"云计算"公司。

继其之后,"软件作为一项服务"的理念迅速得以流行并传播。不断有新公司把这种新模式用在不同种类的商业应用程序上,比如企业资源计划(ERP,Enterprise Resource Planning)、供应链管理(SCM,Supply Chain Management)、人力资源管理(EHR,Enterprise Human Resources),等等。可以说,几乎每一个传统的商业应用软件都可以通过 SaaS 这种模式进行交付。这些云上应用软件的集合,构建在基础设施层提供的资源和平台层提供的环境之上,通过网络交付给用户,形成了"云计算"系统中的应用层。

PaaS:平台即服务

PaaS 可以看成是 SaaS 的延伸。这种形式的"云计算"为用户提供软件开发、运行、管理和监控的环境,并通过网络把具有通用性和复用性的软件资源从供应商的服务器上传递给用户,使用户可以创建自己的应用软件并部署在供应商的基础架构上运行。对于用户而言,这一模式的优点主要在于平台提供的高级编程接口简单易用,开发、测试及运行基于同一个平台,能充分利用开放的资源来开发定制化的应用。不仅如此,由于 PaaS 提供强大而稳定的基础运营平台,以及专业的技术支持队伍,可以使应用程序的开发变得更加敏捷,能够快速响应用户需求的开发能力,并为最终用户带来实实在在的利益。从这个角度上,我们可以说 PaaS 的出现降低了 SaaS 开发的难度,并促进了 SaaS 的发展。

像微软公司在 2010 年 1 月 1 日正式上线 Windows Azure 平台。Windows Azure 主要是为开发者提供一个平台,帮其开发应用程序。Azure 服务平台使开发者仅需通过互联网接入使用服务,不需在自己的电脑上安装任何开发工具,便能够在原有的技能、工具和技术的基础上,使用微软全球数据中心的储存、计算能力和网络基础服务,进一步提高应用程序开发的灵活性和有效性。开发者也可以选择其他的开发工具或技术,然后通过 Azure 平台提供的通用互联网标准来创建应用程序，微软利用自己的数据中心来运转和维护这些程序。与之类似的有 IBM 公司在苏黎世和印度等地建立的"云计算"研究中心 RC2(Research Computing Cloud)，Google 公司的 Google AppEngine 平台，等等。

如今，有越来越多的企业开始关注 PaaS 这种新模式。上面提到的 Salesforce，也已不满足于在线 CRM 服务，开始向 SaaS 供应商的基础架构平台发展。它建立了一个软件开发平台 force 和一个交易平台 appexchange，使用它提供的语言 Apex Code，第三方开发者可以在 force 上自主开发一些附加功能模块(比如人力资源管理、项目管理)并通过 appexchange 交易出去。第三方可以通过这个平台获得盈利，他们的加入也会丰富 Salesforce 上可选的应用模块，从而建立起一个更大的产业生态圈，增强 Salesforce 的竞争力。

IaaS：基础设施即服务

IaaS，用户通过互联网可以从完善的远程基础设施中获得服务，包括虚拟化的计算资源、存储资源和网络资源，并直接在基础设施层上构建平台和应用。IaaS 是云服务的基石，相对于 PaaS 和 SaaS，IaaS 意味着高昂的资金投入和规模化的服务平台建设。在传统 IT 领域很强的公司在转型 IaaS 服务时遇到了很多困难，因为它们没有像互联网企业这样大规模计算的应用场景，也没有足够大的客户群。这也决定了 IaaS 参与者将从具备雄厚资金实力或相关资源背景的企业中产生，如电信运营商、电商企业甚至服务器生产商都有可能进入 IaaS 领域。

一个典型案例则是前面数次提到过的亚马逊公司。根据 Netcraft 的数据，到 2013 年 5 月，亚马逊有 15.8 万台联网计算机为 1 160 万家网站提供主机服务。其中，EC2 提供每 1 G 的存储收费仅 15 美分，服务器租用则是每小时10美分,目前已在亚马逊网络服务(AWS)涉足的全部9个地区市场中推出。纳斯达克和《纽约时报》则是S3服务的客户。纳斯达克将股票的历史交易数据放在亚马逊的"云计算"平台上。《纽约时报》则将4 T(1 T=1 024 G)的新闻报道放在亚马逊的"云计算"平台上,使用亚马逊"云计算"服务在不到24个小时的时间里处理了1 100万篇文章,累计花费240美元,远远低于使用自己的服务器所消耗的时间与费用。

● "云"在商业中

在工作中,你是否会经常遇到类似的情景:

公司的客户经理小杨远赴异地出差,在候机厅接到总经理的电话,要求他在两天内完成公司上个季度的报表数据分析。放下电话,小杨犯愁了,身边的电脑里未安装ERP,如果打电话回公司给自己的同事,短时间内又无法出具繁多的报表分析报告,如果ERP系统能够即时将经营数据推送到手机上就好了。

身为公司CIO(Chief Information Officer)的老张坐在办公室满脸愁容。公司的业务快速发展,业务流程经常发生重组变化,随之而来的,就是要求ERP系统能够快速地响应和适应这种变化。这不,IT部门年初才开发完成的一个业务流程,采用了不到三个月,就又要调整了,而且要求在一个月内上线使用。公司的IT硬件和人力现在都存在瓶颈,资源的缺乏无法很好地配合业务的快速增长和灵活多变的需求。年度IT预算十分严格,究竟是重新采购新的解决方案,还是耗费人力财力,进行硬件升级扩容和二次开发?

作为公司的IT工程师,面对公司灵活多变的业务需求和庞大的信息系统之间的矛盾,每天都因为各种二次开发遗留问题而疲于奔命。应对之道是什么?

"云计算"!

近年来,企业已经对"云计算"应用,特别是基于"云计算"的 ERP 显示出不断增长的兴趣。据 IDC 预测,2014 年,"云计算"软件市场规模将会达到 405 亿美元,这表示每年的增长率能达到 25.5%。

金蝶帮助企业抬头看云

伴随着移动互联网浪潮的兴起和八零后、九零后年轻人走上社会舞台,无论是消费者需求还是企业的内部运营都面临着全新的挑战。如何利用新兴技术重构与消费者的关系? 如何快速响应瞬息万变的市场需求? 如何提升内部的管理运营效率,实现企业的互联网转型? 颠覆传统的 ERP 模式,以"云计算"、移动互联、社交技术为基础,采用"云+端"模式创新 ERP 云服务,成为企业互联网转型的必然选择。金蝶的 K3Cloud 由此应运而生。

企业客户通过租赁金蝶的 K3Cloud,不再需要投入重金部署繁重的服务器,而是通过网络部署的 ERP 系统,开通即用,业务及财务人员无论在哪办公,都可以访问 K3Cloud,进行业务的运营管理,包括销售、采购、库存和委外业务,以及财务核算及财务报表的处理。企业在应用过程中遇到任何疑问,都可以随时得到金蝶总部的及时响应,不再需要设置专门的 IT 运维人员负责系统的维护和更新。对于企业而言,新的云服务模式恰如酒店式公寓,拎包即可入住,方便快捷,同时大幅降低了企业的 IT 投入,不用担心系统的安装、维护或服务器搬迁、损坏等任何问题,公司人员可以专心于各自的业务工作,以轻资产的方式经营。这对于那些业务与架构变化较快的公司尤其有价值,可避免因办公地点不时变动而需要搬迁电脑与机房的情况。

此外,K3Cloud 能够做到一次开发,多种设备通用,帮助企业轻松解决移动需求,随时随地使用 ERP。客户经理再也不用担心因为出差而无法即时响应业务需求了,仅凭一部手机就可以快速、便捷地处理各种业务。

用友乘云而变

传统软件供应商正在借云之势转型互联网平台商。用友集团是其中的先行军。用友在"云计算"领域进行了大量的投入,其中最主要的工作,就是用友云平台的规划和研发,以及围绕平台战略,推进用友业务的转型。用友平台战略的核心是,基于新型"云计算"及移动互联模式,把用友集团的所有(客户、应用、服务)资源聚合成一个核心,同时最大限度地聚合大量第三方服务等资源,形成一个高客户价值、亚洲最大、全球领先的企业云服务平台——用友云平台。

用友云平台将实现数据的聚合和统一。用友平台战略标志着用友现有的运作模式将发生巨大的变革。所有企业客户数据要集合到统一数据平台,所有应用系统、服务嵌入统一平台的服务,对客户的营销/销售/服务等基于用友云平台。

其中,企业级 App Store 将构成用友云服务平台的核心。作为直接面向市场终端用户的运营服务平台,用友云平台在产业链层面的合作主要体现在基础平台建设和运营能力建设两个方面,用友云服务平台将以 App Store 为核心,遵循平台运营商和独立服务开发商共同参与、共同获益的原则,大量发展云端应用与服务产品,力求将 App Store 打造成为有内涵、有利益、有口碑的服务品牌,实现云平台的良性发展。

阿里云幕后助力余额宝

余额宝的幕后推手是谁?答案是阿里云。2013 年 6 月 13 日,支付宝悄然上线类存款业务——"余额宝"。它做的事情,是把支付宝的功能与天弘增利宝货币基金的销售结合起来,其本质是货币基金的销售。但就是这样一个看起来很普通的余额宝,却让商业世界和金融世界都为之震撼。根据天弘基金季度报告,截至 2013 年 11 月 14 日,余额宝已有 2 900 万用户,累计吸筹超过 1 000 亿元,成为国内首只千亿基金。到 2014 年 3 月,累计超过 5 000 亿元,成为全球第四大货币基金。

承载 5 000 亿资金的余额宝,为超过 3 000 万的互联网用户提供货币基金理财服务,每秒处理 11 000 笔实时交易请求,140 分钟完成 3 亿笔交易数据清算,30 分钟完成传统银行 8 小时的清算工作。是谁帮助天弘基金完成了对天文数字的交易量处理的? 阿里云! 正是天弘基金的"入云",使天弘的系统能应对每天几百万的交易量,更能应对"双十一"上亿的交易量:当天余额宝赎回 61 亿元,支付 1 679 万笔,但并没有遇到太大的技术问题。余额宝还借助阿里云开发第二期基金直销系统,并对海量数据资源进行采集、应用和数据挖掘。这在过去传统模式下是不可想象也是无法实现的。

"云"在生活里

尼古拉斯·卡尔曾在《IT 不再重要》一书中这样描绘:"一旦'云计算'服务趋向成熟,放弃个人电脑的理念将更加具有吸引力。到那时,我们每个人都能使用网上丰富的软件服务,并可利用无限制的在线存储。我们还可通过不同装置(如手机、电视等)上网,而且我们会希望通过它们分享我们的数据和应用。把文档和软件锁在个人电脑的硬盘里,将成为一件不必要的麻烦事。"如今,卡尔的预言正在变成现实。

随着"云计算"这几年的快速发展,云服务离我们越来越近,不再像过去远在云端,可望而不可即。教育云、语音云、云政务、云存储、云安全、云社交……云的应用可谓千变万化。

云,就在我们身边,影响并改变着我们的生活与工作。

远程协作:云办公

随着"云办公"[1]技术的不断发展,现今的"云办公"应用,不但对传统办公文档格式具有很强的兼容性,更能通过网络浏览器的客户端进行专业文档的编辑与存储;还可以多人同时进行编撰修改,并通过移动互联网随时随地同步与访问数据,帮助外派人员彻底扔掉繁重的公文包。

以 iWork for iCloud 为例,由苹果公司 2013 年全新推出,支持各种操作系统(IOS、MacOS、Windows)与多款浏览器(Chrome、Safari 以及 Internet Explorer),同时 iWork for iCloud 可以和微软的 Doc 文件无缝融合,例如可以将电脑中的 Office Word 文档直接拖入到 Pages for iCloud 的页面中,加载之后便能够直接在当前网页中编辑。

有了 iCloud 版的 iWork,不管你使用的是 Mac 还是 PC 的便携式电脑,都可以登录浏览器,都可以通过网页端浏览器上网的方式在 iCloud(云空间)中储存与编辑文件,iCloud 会自动把你的文件同步到所有已关联的 iOS 设备(iPhone、iPad)和 Mac 电脑中的 iWork 应用中。当然,在 iOS 设备或者是 Mac 电脑上的 iWork 上新建或者编辑的文档也同样会同步更新到 iCloud 中。这样一来,你就有多种方式可以访问并编辑文档了。

想象一下这样一个场景:外出旅行之前,你只要上传文件到 iCloud,那么无论你旅行到任何一个地方,只要有网络,你便可以使用多种设备——手机、PC 或 iPad 等——查阅、编辑之前存储在云中的文件,再上传或直接同步到 iCloud。对于公司而言,它便捷的操作使所有的公司员工可以同时修改、编辑甚至批注存储在云上的工作文档。

---

[1] 广义的云办公指将政企办公完全建立在云计算技术基础上。狭义的云办公指以"办公文档"为中心,为政企提供文档编辑、存储、协作、沟通、移动办公、工作流程等云端 SaaS 服务。

全新体验:语音云

在传统通信计算模式下,语音的处理方式多是通过单个通信终端完成的,例如手机。在"云计算"技术背景下,语音的格式转换、辨别等操作完全在"云"端执行。语音云支持大词汇量连续语音在线识别,速度快,准确度高。iPhone 手机的 siri 技术能回答我们提出的问题,背后的智能系统便是语音云平台。可以说,移动终端加上语音云功能,不仅会让我们的生活更加便捷,也会带来更好的客户体验。

国内金融机构太平洋保险推出的"太平洋好声音",就是利用了语音云平台。这是一款智能的保险回访系统,它通过将标准化的语音植入系统,搭载现在最新的语音识别技术,即语音云来识别中文连续语音,就可以让太保业务员不用来到客户家中也可以办理回访服务。这不仅大幅提升了客户体验,也降低了电话作业成本。

在一些"眼忙手忙"的情况下,人们对语音云会有很大的需求。比如驾车的时候是不能多点触控的,语音云便有了用武之地。有一款 iVoka 语音云驾驶系统,当你将其植入到汽车中后,只要将自己的需求开口说出来,iVoka 就能智能识别话语并给出精确的反馈信息,在彻底解放双手并保障安全驾驶的同时,真正让你享受到丰富的汽车信息服务。它能听得懂你的指令,在云端点播歌曲,查询天气、股票、航班等新闻资讯;它拥有强大的路线导航功能,能根据语音指令搜索出合理的路线,查找出附近适合你品位的餐饮娱乐设施和旅游景点。比如,如果你一时兴起,想找到城市中各种好玩的地方,那就向语音云服务说出地点,它将通过云服务器从万千兴趣点中搜寻出目的地,并规划最直接、快捷的线路,启动导航,直达你所期望的地点。

总之,以移动终端为载体,依托语音云平台,只需要动动嘴,一切水到渠成。我们的生活将因此更高效便捷、丰富多彩。

海量空间：云存储

云服务带来的一个重大变革是从以设备为中心转向以信息为中心。设备包括应用程序只是来去匆匆的过客，昂贵的终端硬件设备会很快过时，迅速贬值！最有价值的是设备中的信息，必须长期保存。于是云存储应运而生。

简单来说，云存储就是将存储资源放到云上供人存取的一种解决方案，使用者可以在任何时间、任何地方，通过互联网连接到云上方便地存取数据。其本质是通过应用软件来实现存储设备向存储服务的转变。用户使用云存储，并不是使用某一个存储设备，而是使用整个云存储系统带来的一种数据访问服务。

百度率先开启个人云的 T 时代，2 T 免费赠送。它是面向个人的云服务，满足存储、同步和分享需求。可以存储数十万张照片，数十万首歌曲，数百小时的视频。除非你有存储大量高清电影的偏好，否则 2 T 的免费空间怎么都塞不满！

"云"的未来

云服务提供商，不仅提供所有网络基础设施及软件、硬件运作平台，还负责所有前期的实施、后期的维护等一系列服务，从而切实为用户带来价值增值。用户越来越希望能将自己的各类应用程序及基础设施服务转移到云平台上。因此以往的"是否"需要构建云能力这一问题已经变成如今的"何时"以及"如何"构建的问题。比如，有不少企业开始通过外包的方式打造企业自身的云能力，从而将发展战略的重心从对开发技术的依赖重新转移到管理自身业务流程及主数据的核心竞争力之上。因此，"云计算"开始受到业界的极大推崇，一系列基于"云计算"的平台和服务开始落地。

根据日前工信部电信研究院发布的《2014 年云计算白皮书》显示，目前我国公共"云计算"服务市场仍处于低总量、高增长的产业初期阶段。2013 年，我国公共云服务市场规模约为 47.6 亿人民币,同比增长 36%,远高于全球平均水平。虽然中国"云计算"服务市场规模总体较小,目前只占全球的 3%左右(美国独占 60%的市场份额),但潜在的庞大市场需求,将促使中国"云计算"产业日益高速发展。据清科研究中心测算,中国"云计算"服务市场规模正以年平均 50%的速度增长。预计到"十二五"末,中国"云计算"服务市场规模将达到 136.69 亿美元。

IDC 最新发布的报告预测,全球用于"云计算"服务上的支出在接下来的 5年时间可能会出现 3 倍的增长,其增长速度将是传统 IT 行业增长率的 6 倍。到2014 年,全球"云计算"将达到 420 亿美元的市场规模,占据 IT 支出增长总量中25%的份额。从 2009 年底到 2014 年底,"云计算"能为中国带来超过 1.1 万亿元的净业务收入。

可以说,国内"云计算"万亿市场启动在即,行业发展有望迎来黄金机遇期。与此同时,"云计算"将成为推动中国经济发展的新引擎。过去数十年中,IT 技

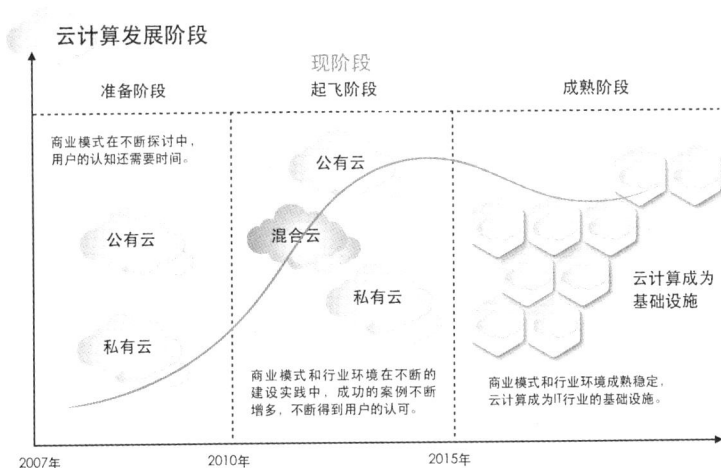

图 2-1 我们正处于"云计算"的起飞阶段,未来我们身边的云会越来越多
资料来源:Gartner,平安证券研究所。

术的进步极大地推动了中国经济的发展,"云计算"的引入更将进一步提高企业的信息化水平,带动传统产业的升级改造,有效调整经济结构,全面带动产业转型,还将孵化出许多新的产业,从而有力促进我国产业转型和升级。

但另一方面,新的模式诞生总会伴随着不同程度的质疑。对于云服务的质疑聚焦在其安全性上:企业无需自己建立数据中心,而是使用托管服务商,虽然这是大趋势,但公司的数据不放在自己的服务器上,这足够安全吗? 最初的成本是降低了,但长期来看 IT 成本会更高吗? 在 ITValue 社区针对 CIO 人群的一项调查中发现,有 19% 的企业已经在部署或应用"云计算",28% 的企业考虑近期部署"云计算",53% 的企业目前尚无部署"云计算"的时间表。企业关心的焦点集中在信息安全和隐私问题上。

知识贴　　　　"云计算"中的信息安全和隐私问题

"云计算"反映的问题集中在以下几个方面:

● 信息安全问题。有些数据是企业的商业机密,数据丢失关系到企业的生存和发展。

● 数据隐私问题。即如何保证存放在云服务提供商的数据不被非法使用。

● 与企业其他信息系统的集成问题,比如,能否保证关键业务的连续性。

● 实施问题。如现有系统迁移到"云计算"上的可行性、迁移成本和实施周期。

● 技术成熟度问题。特别是目前"云计算"仍缺乏统一的技术标准,尤其是接口标准,这为将来不同服务之间的互联互通带来了严峻的挑战。

对于使用公有云[1]的企业用户而言,最主要的顾虑集中在信息安全和隐私问题上。信息安全问题主要指少数情况下会产生的数据丢失。尽管多数公司说这是不可能的,但它确实发生了。亚马逊的EC2业务在2008年2月15日出现了一次大规模的服务中止,并抹去了一些客户应用数据(该次业务中止由一个软件部署所引起,它错误地终止了数量未知的用户实例)。对那些需要可靠和安全平台的客户来说,故障和数据消失虽然是小概率事件,但却是致命的。更进一步讲,如果一个公司依赖于第三方的云平台来存放数据而没有其他的物理备份,该数据可能处于危险之中。

如果说信息安全问题更多地与技术有关,隐私问题可能牵涉的领域更广。例如,2011年就连续发生两起信息泄露事件。3月,谷歌邮箱爆发大规模的用户数据泄露事件,约15万Gmail用户发现自己的所有邮件和聊天记录被删除,部分用户发现自己的账户被重置。4月,索尼的PlayStation网络和Qriocity音乐服务网站遭到黑客攻击。服务中断超过一周,PlayStation网络7 700万个注册账户持有人的个人信息失窃。事实上,一旦数据脱离内网被共享至互联网上,就无法通过物理隔离和其他手段防止隐私外泄。"云计算"的隐私泄露问题主要包括:

● 在未经授权的情况下,他人以不正当的方式进行数据侵入,获得用户数据。

● 政府部门或其他权力机构为达到目的对"云计算"平台上的信息进行检查,获取相应的资料以达到监管和控制的目的。

● "云计算"提供商为获取商业利益对用户信息进行收集和处理。

---

[1] 公有云(through internet):面向公众开放租售的大规模云系统。

目前,业界在"公有云"之外提出的"私有云"[1]和"混合云"[2]等部署模型,一定程度上缓解了公有云中可能出现的信息与数据泄露问题。理论上,私有云与公有云不同,不会受到网络带宽、安全疑虑与法规限制的影响,但并不是所有的企业都适合建私有云,在实践中仍存在有待解决的技术问题和成本问题,特别是担心花费大量预算和精力部署的私有云又很快被其他新技术替代。

鉴于此,结合公有云和私有云的混合云开始受到重视。在混合云模式中,使用者通常将非企业关键资讯外包,并在公有云上处理,但同时通过在企业内部建立私有云掌控企业关键服务及资料。德勤咨询公司 CTO 怀特(White)与副 CTO 布力格(Briggs)在《2012 科技发展趋势:IT 进步如何与数字化商务相匹配》的报告中指出,企业不应再纠结于公有云以及私有云的概念本身,由至少一套公有云与私有云共同组成的"混合云"才是必然趋势。

"云计算"服务提供商和用户之间的信息不对称,是用户从心理上对"云计算"安全与隐私问题存在隐忧的缘由。前文提及,用户出于"简化"的目的使用"云计算"服务,云对其而言就像是一个"黑匣子"。因此,用户自身几乎没有足够的资源,也缺乏相应的专业知识去全面洞察"云"中的细节。另一方面,云服务提供商出于自身商业机密和安全性的考虑,也无法将"云"中的关键信息全面呈现出来,从而会让用户有自己无法掌控的感觉。因此,尽管一个大的"云计算"服务提供商可能比一般的企业有更好的数据安全和备份的工具,然而,在任何情况下,即便是感知到的来自关键数据和服务异地托管的安全威胁,也可能阻止一些公司这么做。此外,服务提供商的诚信问题,与"云计算"运营相关的法律法规配

---

[1] 私有云(through intranet):企业独立拥有或独立承租的云系统。
[2] 混合云:由私有云和公有云的云系统共同配合而提供 IT 能力的混合型云系统。

套问题,技术本身存在的未知安全风险和漏洞问题,等等,都会加深潜在用户对信息安全的担忧。

结语

"云计算"发展迅猛,但无论是作为新技术还是作为新模式,都有待进一步成熟、优化与完善。云应用不会一夜之间发生革命,需要持续的逐步演进。云能力的构建也不是一蹴而就的事情,需要由内而外、从技术到业务的多重变革。对于个人和组织而言,可能要在很长的一段时间内面对业务分别存在于传统及云两种平台上的状况。但有一点我们坚信不移:未来,是属于云的。

3 趋势三：平台
——从单边市场到单边市场＋双边市场

当今世界范围内的竞争由过去的国家与国家、企业与企业、团队与团队之间的竞争,逐渐演变成联盟与联盟、系统与系统、平台与平台之间的竞争,大平台在竞争中的优势日益凸现出来。

——马可·扬西蒂(Marco Iansiti),哈佛大学

在互联网的驱动下,21世纪将是历史上人们通过平台战略全面普及商业行为的分水岭。

——《平台战略》

2004年1月1日,京东多媒体网(www.jdlaser.com)上线。2007年6月,京东正式启用全新域名(www.360buy.com),更名为"京东商城"。2008年第二季度,京东商城以18%的市场占有率首次坐上中国B2C网站的头把交椅。2010年12月,京东商城正式向品牌厂商开放,根据服务类型收取一定比例的佣金。京东商城为这些商家提供多种选择,商家可以利用京东的网站售货,借用京东的仓库存储商品,利用京东的配送团队给用户送货,甚至还可以通过京东完成支付。2013年,京东商城注册用户正式突破1亿大关,活跃用户数达到4 740万

人，完成订单额达到 3.233 亿。[1]

京东提出了"服务第一，价格第二"的口号。2007 年，京东提出"5 日售后服务"承诺；2008 年，京东搭建全国呼叫中心；2010 年，京东提出"全员服务"理念，在全国推出"售后 100 分"服务承诺。为了保证服务效率最大化，京东商城建立了自己的物流配送体系。2009 年，京东投资 2 000 万元建立快递公司，并陆续在全国范围内购地打造物流仓储平台。2010 年，京东在 18 座城市推出"211 限时达"服务，计划未来能将服务提供的城市增加到 50 座以上，并将自主配送比重提高到 90%，日订单交付能力达 300 万单。2012 年京东推出供应链金融，旨在使供应链体系的每一个环节都能满足合作伙伴相应的资金需求，并于 2014 年 2 月正式推出"京东白条[2]"的个人消费金融业务。

京东商城是一个典型的平台企业。与之相比，消费者去门店购物，银货两讫，这种交易就是一种单边市场。而平台构建了另一种商业模式：链接两个（或更多）特定群体，为他们提供互动的空间与机制，在使关联方增值的同时，实现自身利益。对于平台的研究通常是在"双边市场"的内涵下进行的，这里的双边市场牵涉到产业经济学、区域经济学、信息经济学、交易成本理论，其运作模式与特点亦大不同于单边市场。

⬤ 平台的催化剂——互联网

作为商业化的物理平台，有古代的集市，也有近半个世纪以来十分流行的购物商城。其实，企业天生具有缩短其与用户间距离的内在冲动，人与人之间天生具有链接、沟通的内在需要，而这种冲动与需要，以平台为载体，借助互联网得以

---

[1] 参见京东年报。
[2] 这是一款面向个人用户的信用支付产品，京东将在线实时评估客户信用，白条用户可选择最长 30 天延期付款或者 3—24 个月分期付款等两种不同消费付款方式，最高可获得 15 000 元信用额度。

最好的实现。学者或者业内人士往往把以实体空间为主要载体的,称为平台1.0,如园区、购物中心、交通枢纽等,而将基于网络和 IT 技术形成的虚拟空间,称为平台 2.0,如社交网络、银行卡、操作系统等。

表 3-1　学术界对于平台的定义

2007	徐晋	平台本质上是一种空间或场所,既存在于现实世界,也存在于虚拟网络空间,它引导、促成双方或多方客户之间的交易,并通过收取适当费用努力吸引交易者使用该空间和场所,最终实现收益最大化。
2013	王战	平台经济是以信息平台和第三方支付为技术手段,通过发现和创造商机,形成撮合交易并且融合制造业和服务业的这样一个平台。
2012	费方域	平台有三种定义:①为能够满足客户核心需求,而且能够通过添加、替换或者是去除功能方便修改衍生新产品的平台。②是从商业战略角度,将平台定义为一个行业中价值的控制点,通过掌握这个点就可以提取租金并获得一定的超额利润。③一种双边市场,两个或两个以上的群体通过这个平台,达成产品和服务交易。 "平台经济"是借助于一种交易空间或场所,促成双方或多方客户之间的交易,收取恰当的费用而获得收益的一些商业模式。
2012	陈宏民	平台经济是一种新型经营模式。这种经营模式的最大特征是有效搭建双边或多边平台,通过这一平台来链接两类或更多类型的终端顾客,让他们进行交易或者信息交换。
2011	朱晓明	平台型企业 1.0 和平台型企业 2.0 的区别在于后者是基于大(大数据)、云(云计算)、平(平台)、移(移动互联网),且移动互联网优势特别明显的双边市场企业。
2013	陈威如	平台是一种链接双边(或多边)群体,具有同边和跨边网络效应的商业模式。
2007	安娜贝拉·加威尔	平台是一种由多个相互依赖的部件(或称为模块)组成的系统。

资料来源:上海数字化与互联网金融研究中心。

互联网强调双向交互、即时透明和无限覆盖,从而打破了传统的时间和空间限制,大大降低了显性与隐形的交易成本[1],显著扩大了用户规模,前所未有地提高了信息和服务的可获得性,为平台型企业的大批涌现提供了生长土壤。与此同时,互联网与 IT 技术的兴起,为平台型企业提供了更好的技术手段,使其可

---

〔1〕隐形交易成本包括信息获取成本、信息发布成本、关注成本、复制成本等。显性交易成本包括销售成本、仓储成本等。

以优化物流、信息流、资金流,并以界面化的方式呈现给用户,即将用户需求的信息流前台化,而将物流和资金流后台化,从而大大推动了平台企业的运营效率。可以说,没有互联网与 IT 技术的快速发展,就没有平台型企业的蓬勃兴起,平台便不能称之为一种商业模式。

当前,随着移动互联网的迅速发展和推广,手机上网的速度和便利性大大提高,这将进一步助推平台企业的大发展。如果仔细对比,你会发现在 Gartner (2012 年、2013 年)新兴技术曲线上已经没有平台的位置了,恐怕是因为平台已经进入主流市场。平台概念和平台企业正以难以置信的速度席卷全球,深入到大众生活,渗透到不同行业,冲击着各个领域。

目前,在全球最大的 100 家企业里,已有 60 家企业的主要收入源自平台商业模式;2013 年全球品牌 500 强前 10 名中有 5 个是平台型企业,它们是谷歌、苹果、亚马逊、微软和 IBM;2014 年中国 500 强企业前 40 名中,利润最丰厚的是平台型企业,如百度、腾讯、网易等(见表 3-2)。

表 3-2　平台型企业在世界品牌/中国 500 强企业中的表现

世界品牌 500 强前 10 名中,平台型企业占几席?			中国 500 强企业净利润率最高的前 40 名中,平台型企业效益显著?		
排名	公司	互联网、平台企业?	排名	公司	净利润率
1	谷歌	√			
2	苹果	√	4	网易	48.32%
3	亚马逊	√			
4	微软	√			
5	可口可乐		25	百度	32.93%
6	通用电气				
7	三星				
8	麦当劳		33	腾讯	25.65%
9	IBM	√			
10	埃克森美孚				

资料来源:2013 年度世界品牌 500 强排行榜、财富中文网 2014 年中国 500 强排行榜。

以阿里为例。过去,在供求的图谱上(如图3-1),消费者与商店、小微企业与贷款银行、采购商供货商与第三方物流、交易后的款项支付与金融机构、投保人与保险公司、旅行者与旅行社出双入对。今天,阿里集团旗下的淘宝网、阿里金融、阿里物流、支付宝、众安在线财险(阿里、腾讯、平安联手)、淘宝旅行,等等,变身成了各类服务供应商的平台。

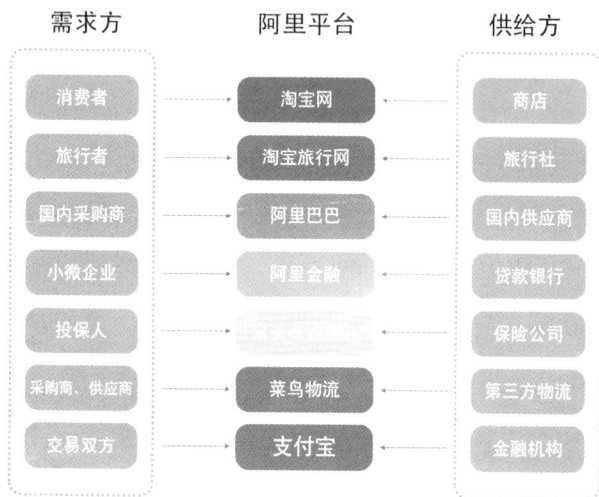

图3-1 阿里平台重塑产业图谱

资料来源:上海数字化与互联网金融研究中心。

基于互联网的平台不仅产生了更多新的经济概念、经营方式(如团购等),还带动了业态创新(如第三方支付的发展)。第三方支付在解决平台经济发展瓶颈的同时,也推动了自身的发展,涌现出一批知名的第三方支付中介公司,如支付宝、快钱、财付通、银联电子支付等。二是使企业组织模式发生了变化。在平台企业不断涌现的同时,一些传统企业也通过搭建平台,成功开拓了新的增长点。如App Store作为软件销售平台,使苹果从纯粹的电子产品生产商转变为以终端为基础的综合性内容服务提供商,成为苹果战略转型的重要举措和重要的盈利模式。此外，平台之上又衍生出新的平台，形成新的商机。比如返利网把众多网络购物平台进行整合，成为平台之上的权威平台。

◉ 平台的关键词——链接

平台与单边市场的不同之处在于，它并非只是直线型、单向价值链中的一个环节，而是价值的整合者，生态圈的主导者；它不是直接销售产品或服务给某一方，而是在促成双边或多边群体互动中，获得分成、广告收入和中介费。这些差异基于平台的一个共同特点：平台是双边（多边）群体的链接者。因此，搞清楚平台链接谁、如何链接，对于我们了解平台型企业是非常重要的。

链接的对象：多边与多元

平台链接的群体可以有两个，也可以是三个或更多。像我们熟悉的招聘网上的"招聘方"与"求职者"，婚恋介绍网上的"男性单身群体"与"女性单身群体"，电子游戏平台上的"游戏开发方"与"游戏玩家"，网上商城的"买家"与"卖家"，等等，都是以链接两个不同群体为主。百度、谷歌则涉及更多群体。以谷歌为例，不但拥有搜索引擎，还汇聚了软件开发商、手机制造商、手机用户等群体。而淘宝旅行这一线上平台则链接了全国各地的旅游爱好者以及传统线下的 1 000 家旅行社、10 000 家酒店客栈、数十家航空公司等群体（见图 3 - 2）。

当然，平台链接的群体数量并不是一成不变的，而是随着平台规模的扩大或者策略的调整，随时会调整不同群体的进出。但无论吸引群体的数量如何变化，其中，必然有两个或三个群体对于平台的形成是至关重要、不可替代的。陈威如教授在《平台战略》一书中指出，这种不可替代性体现在：如果没有一方的需求，则另一方的需求也会消失，平台便失去了存在的意义。以 1 号店为例，构成平台的双边为"买方"和"卖方"两个群体：供应商通过 1 号店网上平台展示其产品，而

淘宝旅行提供的产品　　　　　　淘宝旅行"双十一"当天成交情况

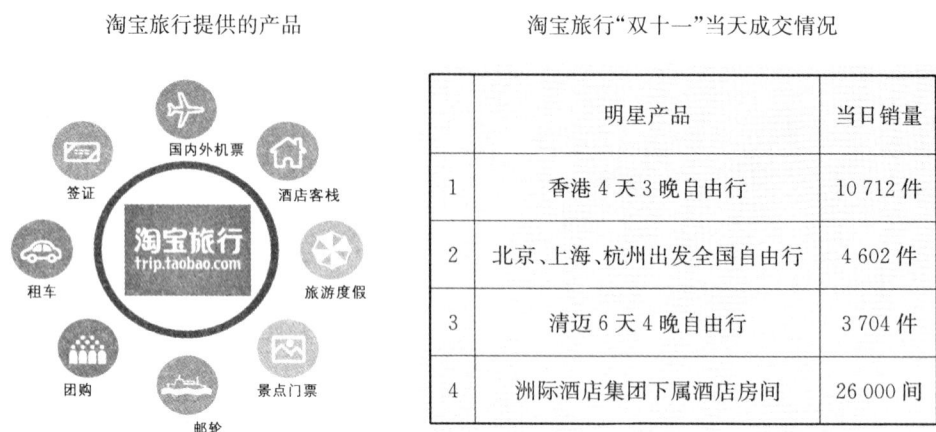

	明星产品	当日销量
1	香港4天3晚自由行	10 712件
2	北京、上海、杭州出发全国自由行	4 602件
3	清迈6天4晚自由行	3 704件
4	洲际酒店集团下属酒店房间	26 000间

图3-2　淘宝旅行平台链接的多边群体

资料来源：2013年11月17日《中国日报》。

消费者通过这一平台浏览、比较价格并购买产品。但整个链条包括生产、消费、物流、支付等各个环节，同时，平台上的群体本身也会衍生出对各种服务的需求，包括咨询、营销、金融、设计，等等，这必然会吸引多个群体加入平台。但对于1号店而言，无论加入的群体有多少，从本质上仍然属于双边市场。

　　平台链接的两个或多个群体之间的关系呈现出多元化特点。有可能是上下游的买卖关系，即平台通过提供空间（实体或虚拟）或技术手段，促进买家和卖家的交易，如淘宝、超市等各种交易平台和银联、快钱等第三方支付平台[1]；也有可能群体之间并不存在明显的买卖关系，平台只是促进群体间的交流与组合，如百合网等社交平台；还有一种是由第三方群体对两方群体进行补贴，如由内容提供者—使用者—广告商三方构成的各类媒体平台，由网站—网民—广告商三方构成的搜索引擎平台等，都是由广告商对使用者或网民进行补贴。

------

〔1〕第三方支付，就是一些和产品所在国家以及国外各大银行签约、并具备一定实力和信誉保障的第三方独立机构提供的交易支持平台。在通过第三方支付平台的交易中，买方选购商品后，使用第三方平台提供的账户进行货款支付，由第三方通知卖家货款到达、进行发货；买方检验物品后，就可以通知付款给卖家，第三方再将款项转至卖家账户。

表 3 - 3　部分平台的分类与举例

类型	平台实例	平台型企业实例
交易平台	• 电子商务平台(B2B、B2C、C2C、O2O) • 超市、卖场 • 房产经济、约会俱乐部、出版社等	• 京东商城、淘宝、携程网、驴妈妈等 • 国美、苏宁、家乐福等 • 中原地产等
媒体平台	• 门户网站 • 电视、网络电视 • 报纸、杂志	• 新浪、搜狐、网易等 • 第一财经等 • 第一财经等
支付平台	• 第三方电子支付 • 电视、网络电视	• 支付宝、东方支付、汇付天下、环迅、快钱等 • 银联等
软件平台	• 操作系统 • 视频游戏 • 浏览器	• windows、linux 等 • 盛大、九城等 • Internet Explorer、浏览器等

资料来源：上海数字化与互联网金融研究中心。

链接的方式：互动与共赢

在单边市场中，链接的方式以单向为主，而在双边市场中，强调的是多边群体的互动性。价值的产生在于边与边之间的互动，平台企业在促进多边群体互动的过程中实现自身价值。因此平台的链接并非只提供简单的渠道或中介服务，而是强调设计出一套规则和机制，有效激励群体之间的互动，强化参与者对平台的归属感，以此增加平台黏性，形成平台的良性循环。

平台区别于单边市场的一个很重要的要素在于其网络效应，这正是平台链接各方要以共赢为出发点和落脚点的根本原因。通俗来讲，网络效应就是一方使用者数量的变化会影响到其他各方使用者。它包括同边网络效应和跨边网络效应。前者是指某一边群体规模变化时，会影响同一边群体内的其他使用者所得到的效用。后者是指一边的用户规模变化将影响另一边群体使用该平台所得到的效用。这意味着无论平台链接多少群体，必须要有能力为各边用户提供利益，满足其需求，打造一个多方共赢的网状关系，共同成长，而不是传统的上游所得即为下游所失的"零和博弈"。

以支付宝为例,作为第三方支付平台,依靠与商业银行信息系统对接的方式完成资金的结转,因此支付平台支持的银行网络支付系统越多,平台对交易双方的价值就越高,用户就越倾向于选择该平台。支付宝之所以成为中国目前最具影响力的第三方支付平台,与其支持 20 多种网上银行卡支付是分不开的。除此之外,第三方支付平台本身的价值与该平台上发生的交易数量有很大关系,平台上发生的交易数量越多,越容易产生网络效应。即支付平台的业务数量越多,就有越多的用户会使用它,从而迅速扩大支付企业的知名度。为此,支付宝进行了各种创新。

担保交易:推进中国电子商务进程的创新。支付宝创造性地推出了担保交易的形式,买家先把款打到支付宝,支付宝通知卖家发货,买家收到货后确认付款,再由支付宝将款打给卖家。支付宝担保交易通过第三方支付平台的"担保"在商家与消费者之间建立了一个共同的、可信任的中介,一举解决了买卖双方互不信任的难题。同时,通过第三方支付可以使商家屏蔽客户的银行卡信息,避免了银行卡信息在网络上多次传输而导致泄露。第三方支付模式同时满足了电子商务中商家和消费者对信誉和安全的要求,它的出现和发展在推动电子商务产业发展的同时,也大大推动了相关信任环境和安全机制的建设。

快捷支付:"一石二鸟"的产品创新。2010 年 12 月,支付宝与中国银行联合宣布推出一款创新产品——信用卡快捷支付。用户无需开通网银,只要通过在线和柜台两种方式提交银行卡信息后,就可以完成快捷支付签约。支付宝账户一旦绑定银行卡,可以直接通过输入支付宝账号、选择绑定银行卡和支付密码快速完成支付,无需任何附加手续,真正实现了银行卡与网上支付的无缝对接,这是在线支付领域的一大创举。

无线支付:顺应历史潮流的创新。2009 年 11 月,支付宝正式推出手机支付服务,可实现向对方支付宝账户付款、确认收货、水电缴费、利用支付宝账户给本机充值等服务,支付宝的使用也从 PC 端扩展至移动终端。

通过一系列强化双边群体的有效连接举措,支付宝得以高速发展。根据支付宝提供的数据,2012 年支付宝注册用户数量突破 8 亿;2013 年,支付宝单日交易笔数的峰值达到 1.88 亿笔,2014 年平均每日支付额达 106 亿元。在线交易额和交易笔数上均超越国际贸易支付工具 PayPal,成为全球最大的在线支付服务提供商。

总之,无论平台链接的对象是谁,群体有多少,以何种方式、何种规则链接,本质上,平台链接的是供给与需求,存在的原因和目的是为了降低因信息不对称而产生的交易成本。因此,找到各方的痛点,重建多边之间的新契合点,你便有可能为自己的平台找到专属的价值主张与盈利模式。

● 平台的优势——生态圈和大数据

平台链接多方,提供互动的空间,这使平台具有内在的集聚特性。平台集聚的方式主要有两种:一种是实体的集聚。通过构建平台,使关联方汇集在一起,实现"捆绑式"发展。加上平台企业不断成长壮大,不断向新的领域渗透,线上群体、线下店家、互联网、手机终端,都有可能是平台的业务范畴,从而形成一个庞大而复杂的生态圈。另一种则是数据的集聚。基于互联网等新技术发展,商业流、信息流、物流、人员流和现金流等海量的、分散的用户数据得以在平台上集聚,并被记录、搜集、分析。下面是对这两种集聚方式的一个介绍说明。

平台的系统优势:生态圈

平台生态圈的价值在于它打破了传统的行业壁垒、区域限制,可以实现跨地区、跨行业的整合与协作,使多个有利益相关性的群体、多个附属平台彼此交流互动,共同面对市场竞争,开启了多边市场间从未被挖掘的动能,实现价值的飞跃,"就好像好几道重复交叠的漩涡不断为彼此注入强大的增值力量"[1]。其次,平台生态圈中的每一个附属平台可能来自互补领域、替代领域、垂直领域,甚至是非相关领域,多领域覆盖、多利润来源,进而形成自己独有的系统优势。这种系统优势一旦形成,既难以复制,且很难被竞争对手超越。例如,会员资源的共享,利润来源的多元,可以使整个系统在占领新市场时,能以高度补贴的免费模式和先天的资源优势快速攻城略地,打败竞争对手。

腾讯、百度、阿里巴巴等企业是复合型平台生态圈的典型代表。腾讯凭借庞大的用户规模(QQ 活跃账户已经超过 6 亿)和客户端资源,除了 QQ 外,推出了腾讯网、腾讯游戏、QQ 空间、无线门户、搜搜、拍拍、财付通等平台,形成了由即时通信、网络媒体、无线和固网增值服务、互动娱乐、互联网增值服务、电子商务和广告等组成的生态圈。百度已不是一家纯粹的搜索引擎公司。在搜索领域,百度拥有搜索引擎、社区搜索以及与搜索相关的服务;在非搜索领域,百度已经布局电子商务、支付业务、网络游戏、即时通信、输入法、安全业务、移动互联网、媒体业务、网站导航以及软件业务等,几乎渗透到了各个方面。阿里巴巴从 2011 年也开始致力于把淘宝网打造为包含团购、物流、营销、仓储、培训等多行业的大平台。

除了这三家巨无霸,其他平台型企业也在通过并购不断地向其他领域渗透,打造属于自己的平台生态圈,构建属于自己的核心竞争力。哈佛大学马可·扬西蒂(Marco lansiti)曾预言:"未来的竞争不再是个体公司之间的竞争,而是商业生态系统之间的对抗。"而平台企业无疑将在未来商业生态系统之间的对抗中扮演主角。

平台的孪生兄弟:大数据

由于平台内在的链接与集聚性,平台成为生产大数据的一个十分重要的载

---

[1] 陈威如、余卓轩,《平台战略——正在席卷全球的商业模式革命》,2013 年 1 月第一版,P21。

体,大数据也是当今平台企业日益重视的价值来源,是隐藏在用户流量背后的"金矿"。其价值体现在两个方面。

一是使平台型企业可以通过双向数据挖掘,精确创造出多层级的价值,极大拓展了平台盈利模式的想象空间;二是平台致力于促进群体间的互动,从而加快信息流转和反馈的速度。大数据的获得,促使平台型企业更快更精准地洞察到用户的心思,了解到市场的变化,并迅速做出反应,调整企业的战略方向,这是传统管理方式所难以企及的。如今,我国政府已经逐步开放数据,并允许企业平台对接政府机构的一些系统,如海关、商检、税务等。平台的大数据挖掘与应用将迎来更大的发展空间。

利用平台挖掘大数据价值,这不仅是新兴企业的必工之技,也成为传统企业转型升级的秘密武器。例如,支付宝充分利用网络优势,通过网上注册、交易记录等信息,随时随地掌握用户的个体需求,并据此准确预测用户未来需求变化趋势。比如,银行巨无霸中国工商银行则依托往年银行交易积累的数据仓库,建立智能营销信息服务系统,通过大数据挖掘进行全行统一的精准营销管理。总行、一级分行依托该系统组织、策划、部署、跟踪营销活动,实现营销活动的定量评价,使营销综合成功率达到 19.47%,是传统营销模式成功率的 2～4 倍,营销效率大幅提升,累计创造的综合价值近 30 亿元。

● 成功平台三要素

相对于单边市场,平台必须要通过促进双边(多边)群体互动,才能以分成、佣金、广告费等形式实现自身价值。平台建立初期,跑马圈地、抢占市场的成本投入非常大,但基于网络的平台服务的边际成本却很低,有的甚至趋近于零,因此,平台规模越大,用户数量越多,每个用户分摊的平均成本越低,平台的盈利就越高。换而言之,平台的成长与收益在很大程度上要依附于用户的规模扩张和活跃度。因此,吸引尽量多的用户进入,提高市场覆盖率是平台赢得竞争的基础。特别是对于具有高度网络效应和高转换成本的平台而言,谁先抢占市场,谁就有可能实现"赢家通吃"。基于此,我们发现平台(特别是平台 2.0)有三个比较明显的特征:免费、开放和用户价值最大化。

免费

克里斯·安德森(Chris Anderson)在其著作《免费:商业的未来》(中信出版社,2009 年 9 月第一版)中指出:在 21 世纪,新型的"免费"并不是一种左口袋出、右口袋进的伎俩,而是一种由数字时代的科技进步、把货物和服务的成本压低到零的新型的卓越能力。在网络经济中,电脑处理器的价格平均每两年下降一半,网络带宽和存储器的价格下降的速度更快。互联网的作用就是将三者融合在一起,加速价格下降的趋势,使得很多在线产品与服务一直处于下降通道之中,且复制数字化产品与服务的边际成本趋近于零。这一大的时代背景使平台的免费具备了可行性,而激发网络效应、抢占市场的需要使平台"免费"的特点显得尤为突出。

对于平台而言,通过免费形成一种刻意的不平衡,引发第一股推动力,有效激发网络效应,成为平台追求长远战略而牺牲眼前利益的一种必要抉择。具体来讲,先对某一方具有正向同边网络效应[1]的群体提供免费的服务,有效地吸引这群人以"倍增式"的速度加入,产生惊人的成长效果,并以此为筹码,启动跨边网络效应,吸引另一方群体进入平台,从而占领市场(份额、注意力、声誉等),让平台的覆盖面最大化。

那么,为什么一定要免费才能吸引一方群体入驻呢? 从心理学的角度讲,人

---

[1] 正向的同边网络效应是指,当越多的属于此群体的人们加入平台,每位用户的效用都会增加,进而吸引更多属于该群体的使用者加入。

有害怕吃亏的本能和思考的惰性,你一旦想要收费的话,不论收费有多低,那么都会造成一个心智交易成本障碍[1],而大多数人都不愿耗费精力翻越这个障碍。免费则让用户的这一心智交易成本不复存在,成为一个让情感一触即发的按钮,成为非理性快乐的源泉,使得更多人愿意进入新平台尝试。免费看似放弃了"应得利益",但是它却激发了市场需求,带来了更多的尝试者,这有助于平台快速占有市场。特别是在今天的数字化时代,如果你不能爽快地免费给予消费者,其他人也会找到办法免费给予他们。因此,对于以网络为基础的平台 2.0 而言,"免费"成为赢得竞争的必要法则,也成为它的一个重要特征(见表 3 - 4)。

表 3 - 4　部分免费平台案例

	免费实例	描述	平台类型
1	亚马逊网站:免费配送	自 2009 年 9 月 5 日零时起,消费者在国内大型网上商城卓越亚马逊购物满足小额消费金额后可以享受全场免运费优惠。	交易平台
2	淘宝网:C2C 免费	淘宝网上线的时候,宣布三年内免费,此举将其他平台上的卖家吸引到淘宝网,也使得许多互联网用户纷纷开设账号,以娱乐的心态销售商品或者购买商品。	
3	中国电信:易信业务免费	2013 年网易和中国电信联合开发的免费聊天的即时通信软件,有免费海量贴图表情及免费短信及电话留言等功能。	媒体平台
4	网易:推出免费企业邮箱	网易推出"网易免费企业邮箱",能够满足个人站长、小组织、中小企业等用户的邮件联络需求。	
5	Google:推出免费办公软件包	Google 的所有产品或服务都对消费者免费,从搜索到电子邮件 Gmail、Gtalk 到在线办公软件 Apps。	

---

[1] 由美国华盛顿大学的尼克·萨博提出,简而言之,指的是思考的成本。通俗地讲,犯懒是人之常情,如果没有必要去动脑子思考的话,我们都不愿意动脑筋,因此我们往往会选择那些最不需要费脑子的东西。

（续表）

	免费实例	描述	平台类型
6	招商等银行:信用卡免收年费	招商、工商、交通等诸多银行出台信用卡刷卡达一定次数后减免年费的举措。	支付平台
7	第三方互联网支付企业:对个人免费服务	目前第三方互联网支付企业:对于普通的个人消费者则免费提供服务,对于商户收取年费(服务费和开通费)。	
8	高德导航、百度导航	百度导航、高德导航于 2013 年宣布实行终身免费。	软件平台
9	奇虎 360:杀毒软件免费	奇虎为用户免费提供各种互联网安全服务和整套解决方案:上网有"安全浏览器",网购有"网购保镖",玩游戏有"360 保险箱"等。	
10	微信	让使用用户免费视频,免费聊天,免费发布信息	社交平台

资料来源:上海数字化与互联网金融研究中心。

以奇虎 360 公司(以下称为"奇虎")为例,它是一个定位在互联网安全软件与互联网服务的平台型企业。奇虎为用户免费提供各种互联网安全服务和整套解决方案:上网有"安全浏览器",网购有"网购保镖",玩游戏有"360 保险箱"等。这些免费服务使公司获得了海量用户,同时提高了用户黏性,实现了 80% 以上的渗透率,每月超过 3 亿的活跃用户。基于海量用户和流量,奇虎提供安全浏览器作为用户上网入口,把其他群体拉到这一平台上并实现盈利。如浏览器搜索框内嵌谷歌搜索,可以与搜索引擎分成;在首页有一个 360 安全网址,这里导航的广告位也是 360 收入的重要来源。自 2005 年 9 月创立,2011 年 3 月在纽约证券交易所挂牌交易,奇虎如今已是中国第三大互联网公司、第二大浏览器提供商、最大的互联网/移动安全公司。免费,为其快速发展提供了重要助推力。

开放

平台之所以成为一个生态圈,根源在于其开放的本质。而且平台的开放是双向开放:既包括引入参与者,也包括导出并分享自身资源。

平台对用户的开放是非常明显的,这是平台成长和规模扩大的基础。当然,这类开放不是绝对的。特别是负向网络效应的存在,即某些用户的加入会降低其他使用者的效用与意愿,因此需要通过适当的用户过滤机制,实现有条件的开放。比较之后,你会发现不同平台在绝对开放与绝对封闭之间选择不同的策略:如毫无阻碍的全面开放、准则宽松的高度开放或过滤严格的低度开放,等等。具体采用何种策略与平台的定位有密切关系。如苹果的 App Store 就是一个低度开放的软件平台:通过设置高门槛,过滤掉未达标准的软件,保证无论是付费或免费下载的软件均具备优良的质量。与之形成对比的则是谷歌的安卓系统,对软件开发商一律实行低门槛、高度开放的策略,通过提供大规模、极端多元的软件来满足不同用户的爱好和习性,但同时也存在着碎片化和质量参差不齐的问题。

当双边/多边用户积累到一定程度的时候,便会自然引发对配套/延伸服务的需要,这些服务既可以由平台企业自身提供,从而开拓新的盈利渠道或增加平台黏性;也可以对其他服务商开放,吸引他们进入。如前面提到的京东商城自己发展物流配送服务,之后又引入金融服务机构,与其合作共同面向供应商与个人提供信贷服务,就是同时采用了两条路径拓宽了平台的开放空间。

在导出的层面上,主要是指平台把自身资源开放给平台参与者。随着平台的成长,有的平台不仅会积累用户流量资源和用户数据资源,也会积累相当规模的硬件资源,如计算资源、存储资源,等等。通过对外开放这些资源,吸引更多的用户或机构加入到平台中来,扩充延展原有的平台生态圈,或者搭建新的平台,形成复合式平台体系。例如,前面一章中提到的亚马逊对外开放自己的计算资源、存储资源以及 API [1] 接口,在原有电子商务平台的基础上搭建云计算平台;

---

〔1〕API:应用程序接口(application programming interface)是一组定义、程序及协议的集合,通过 API 接口实现计算机软件之间的相互通信。API 的一个主要功能是提供通用功能集。程序员通过使用 API 函数开发应用程序,从而可以避免编写无用程序,以减轻编程任务。

再比如奇虎在 360 浏览器平台上推出应用开放平台，允许开发者向 360 极速浏览器上传开发一些浏览器应用插件，从而有机会分享奇虎的用户流量资源。

用户价值最大化

平台的第三个特点是用户价值最大化。这一特点背后是从"顾客"到"用户"的认知理念的转变。单边市场中的顾客理念代表的是单向社会交换的思维，即顾客付费购买产品，企业通过产品为顾客提供价值，满足其需求。平台型企业为各方搭建一个舞台，帮助其完成各种活动，而不是客户简单地消费购买企业的产品。可以说，对于平台而言，最大的价值来源是用户本身，而不是企业与用户之间的交换关系。因此，平台看重的是与用户之间的双向交流而不是单向交换。在这种认知理念的支配下，平台强调"用户体验"而不是"顾客消费"——通过不断创新，为用户提供丰富多样的服务的体验，特别是设计有效互动机制，赋予用户归属感，提高用户满意度，增加用户的转换成本。

以汽车行业为例。传统模式以整车厂为轴心，从生产到物流到销售，车主在拥有车以后的其他种种服务或许跟厂家就关系不大了。而在车联网这样一种平台模式中，以车主为核心，把生产、销售、物流、服务综合在一起，并建立起大数据库。车联网的终端可以读出车内各部分情况的数据，在车主还没有发觉的情况下就将潜在的车辆问题和处理对策告诉车主，所以维修、保养、替换零部件、查询供应链、调配物流等等都可以提前预约、处理，从而生产、物流、销售整个服务的过程都可以通过车联网、围绕车主进行展开，形成一个闭环，大大地提升了车主的客户体验，节约了时间和成本。

不仅如此，移动服务商和电商的合作还可以让车主与移动互联网世界中的娱乐、生活、社交其他种种服务实现对接。比如，通过车联网电子导航功能，为游客提供多条个性化旅游路线的选择，或通过车联网的位置服务功能，实时推送人流、道路、景点的状况，方便游客及时掌握信息并改变旅游路线；通过车联网的娱乐生活服务功能,为不同种类的游客提供合适的入住选择。丰富的用户体验必然增加用户对车联网平台的归属感和满意度,当用户自发表达自己对平台的钟爱之情时,将为之带来更多新用户。

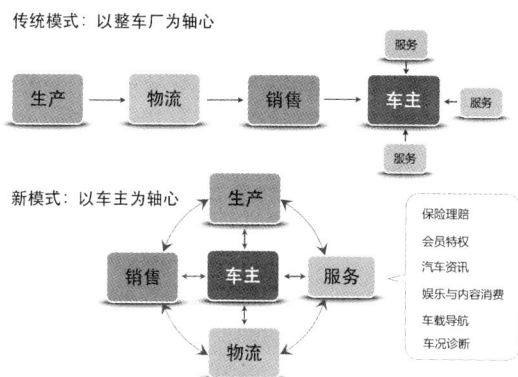

图 3-3　车联网平台示意图

资料来源:上海数字化与互联网金融研究中心。

如何打造成功的平台企业

　　免费、开放和用户价值最大化这三个特点并非彼此孤立,而是相互联系的。开放是平台的本质,免费和用户价值最大化分别从降低成本与增加收益两端增加平台的黏性。开放、免费和用户价值最大化三者结合起来,才能切实推动平台规模扩张和快速成长。下面以春宇为例,看看这家平台公司是如何成功应用三要素的。[1]

　　在过去,很多中小企业由于实力薄弱,没有外贸人员,往往会把其外贸供应链进行外包。然而,外贸供应链中的信息发布、交易撮合、进出口申报、物流、贸

[1]案例参见《中欧商业评论》2014年7月号第143期,《春宇供应链:消灭中间人》。

易金融等各环节,大多是割裂的,由不同的代理人或中间人把持,这就给中小企业增加了贸易难度,降低了贸易效率,也大大提高了贸易成本。虽然也有一些公司提供"一站式服务",但这些服务都是在线下完成的,供应链效率并没有质的提高。春宇剔除了众多的"中间人",用互联网技术搭建 Chemon 平台,为中小企业提供了高效、透明、价廉、增值的一体化外贸供应链服务。剔除中间人后,缩短了流程,提高了效率,降低了成本。

免费。在这个平台上,供应商可以注册开店,发布产品信息和报价。平台会根据产品特征,在全球不同市场进行推广,使海外客户及时了解供应信息;同时通过手机短信、平台短信、邮件等方式,向供应商推荐海外求购信息。采购商和供应商还可以在平台上进行在线沟通。所有这些服务,春宇都不收取任何费用,只有供求双方在平台上达成了交易,春宇才会收取一定的交易佣金。而双方达成的订单会流转到它的外贸综合服务平台——快贸通,完成后续的进出口、物流运输等事宜。进出口代理服务从 2013 年 12 月实行免费,开启了进出口代理的免费时代。春宇正是通过免费提供信息发布、产品推广、进出口代理等基础服务,吸引更多中小企业进驻和使用平台。到 2014 年,Chemon 平台已入驻 6 000 家供应商、300 000 家采购商,年交易规模近 10 亿元。

开放。春宇不仅连接了供应商和采购商,还与众多第三方服务商,以及银行、保险、海关、商检等机构建立了稳定的合作关系,从而具备了强大的资源整合和协调能力。以物流服务为例,春宇将平台与第三方物流企业的系统直接对接,物流企业的报价可以实时显示在服务平台上,供中小企业选择。2013 年 9 月,春宇又与国家开发银行、中国出口信用保险公司、上海银行、上海再担保公司共同签署了《中小企业综合金融服务方案合作备案录》,让更多的金融机构进入平台。

用户价值最大化。春宇平台理顺交易、进出口代理、物流、金融服务等环节,并把供应商、采购商、第三方服务商等资源整合在一起,针对用户的需求,提供免费基础服务和收费增值服务,实现用户价值最大化。由于 B2B 外贸供应链更复杂,对订单、物流、资金都有专门的要求,春宇采用了模块化方法,将外贸供应链按照主要环节拆分成了多个模块,即交易模块、代理模块、物流模块和金融模块,确保向用户提供精细化和专业化服务,而且可以为客户提供更多的接触点,用户从任何一个接触点进入都可以。比如,由于规模小、实力弱,中小企业不受银行待见,很难获得信贷融资,这也就直接影响了中小企业的对外贸易。春宇针对中小贸易企业面临的问题,2011 年开始为中小企业提供贷款融资等供应链金融服务。除了出口贷款融资、代开信用证,春宇还能为中小企业提供物流结算、垫付进口关税、预支出口退税、小额贷款等金融服务。

大数据应用。信息流是订单流,由于订单在平台上生成或录入,并通过平台系统来执行,这就给春宇的 Chemon 平台提供了包括买家、卖家、商品、交期、价格、储运方式、贸易条款、支付方式等大数据。通过这些大数据的精准挖掘,就可以给企业提供后续的物流和金融增值服务,实现盈利。

O2O 模式。春宇打造线上服务平台,同时在线下建立"21office"园区,为使用其平台的企业提供注册、交易等线下服务,吸引产业链上的企业集聚,提供线上线下融合服务。

春宇的做法为其他平台企业,特别是垂直化专业平台提供了有益的借鉴,即综合运用开放、免费、服务最大化理念,占领市场,获得用户,打造系统优势,赢得竞争先机。

● 结语

在当今的网络时代,通过跨环节、跨行业、跨领域的链接,平台正在渗透到我们身边的商业世界和日常生活中。看似毫不相关的不同群体,因为平台,发生奇妙的化学反应,产生巨大的价值。如分众传媒,通过链接大众、写字楼和广告商这三个群体获得了丰厚的收益;看似长久不变的产业链条,因为平台,被缩短,被重构,催生出新的商业模式和企业组织。如网络文学平台,减少了经纪人、出版社、印刷厂、经销商和零售商等环节,让作者与读者直接互动,改变了整个出版模式;看似完全无涉的不同行业,因为平台,却成了竞争者或合作者,甚至创造出新的跨界产业。如苹果,从硬件制造商转型为平台提供者,对手机产业、电信产业、内容产业都造成了巨大的冲击。

随着未来平台的载体更加多元化,包括移动互联网、可穿戴式设备、人流集聚场所等等都有可能诞生新的平台企业与平台模式。链接无孔不入,平台无处不在。无论你在哪个领域发展,从事何种工作,创新的平台理念与平台思维不可或缺。

4 趋势四：移动互联网
——从 PC 互联到移动互联

移动浪潮来袭，如果没有做好冲浪的准备，那么你将会被一场从根本上改变世界的巨变卷走。

——《移动浪潮——移动智能如何改变世界》

如果 PC 改变了我们的工作方式、生产制造方式，那么，移动互联网是生活方式的变革，中国未来会因为移动互联网而发生天翻地覆的变化。

——马云，阿里巴巴总裁

当你在某一个陌生的城市迷路时，手机里的百度地图，会用声音指引你到达目的地；当你身处公交站、地铁、咖啡厅、候机大厅时，你可以用手机或 Pad 读新闻、发微博、玩游戏、看小说、看电影；当你需要出租车的时候，你可以用手机里的滴滴打车叫到附近的出租车，下车时用微信支付或刚刚抢来的微信红包付掉打车费用；当你和朋友临时兴起，想外出就餐时，你可以拿出手机登录大众点评网，打开"搜全城"功能，设定好就餐区域、价格区间、喜欢的菜系等，5 分钟内就可以挑选出一家最合适的餐馆，大快朵颐；当你在外地出差时，可以通过微信看到朋友、同事和家人刚刚发的帖子与照片，当然你也可以把有趣的事物上传与他们分享,还可以直接语音聊天或视频对话……

这在几年前或许都是不可想象的,而今天俨然已是现代人日常生活的一部分了。移动互联网——一个全球通用的智能平台,一个全新的移动网络虚拟世界,正在悄然改变人们的生活方式、消费方式,让用户体验经历质的飞跃,带来无数充满想象力的应用和无数商业创新的机会。

● PC 互联 vs 移动互联

移动互联网,通俗地讲,就是把移动通信和互联网二者结合起来,成为一体。狭义的移动互联网是指用户使用各种移动终端(手机/PDA[1]、便携式 PC 或者其他手持设备)通过移动通信网(如 GSM、CDMA、3G、4G 网络等)接入互联网业务。智能手机是我们最熟悉也是目前应用最广泛的移动终端。如果纵向比较

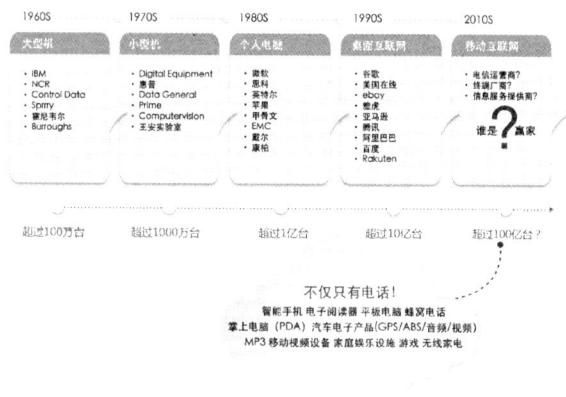

图 4-1 IT 产业的五次浪潮

资料来源:上海数字化与互联网金融研究中心。

---

[1] PDA(Personal Digital Assistant),又称为掌上电脑,可以使我们在移动中工作、学习、娱乐等。按使用来分类,分为工业级 PDA 和消费品 PDA。工业级 PDA 主要应用在工业领域,常见的有条码扫描器、RFID 读写器、POS 机等;消费品 PDA 比较多,包括智能手机、平板电脑、手持的游戏机等。

PC 互联网和移动互联网，我们可以概括地说，前者代表"过去和现在"，而后者则代表着"现在和未来"。

巨大的差异

移动互联网并不是 PC 互联网的延伸和补充，而是有着与 PC 互联网完全不同的特点。PC 互联网与移动互联网在接入终端、应用网络、可搭载的服务、服务提供方式、标准化程度等方面的差异（见表 4－1），让移动互联网用户在使用方面也具有与 PC 互联网用户不同的特征。

表 4－1　PC 互联网与移动互联网的比较

对比指标	PC 互联网	移动互联网
接入终端	台式机、笔记本电脑等固定终端	手机、上网本、平板电脑及其他移动终端设备
应用网络	传统的有线网络 WLAN 等网络接入的扩展	电信运营商等移动通信网络 WIFI 等无线网络
可搭载的服务	大型、复杂的应用服务	简洁、易操作的应用服务 基于位置、身份识别、权限鉴定的应用服务
服务提供方式	用户围绕服务为中心	应用服务以用户为中心 用户主动性更强，自由选择度更大
标准化程度	硬件、软件、互联网协议等方方面面都实现了高度的标准化	芯片、操作系统、浏览器、运营商的角色都未统一

资料来源：上海数字化与互联网金融研究中心。

用户携带的便捷性。PC 互联网只能在机构、学校、办公室等固定场所使用，以室内为主，且使用时间相对固定。与之相比，移动互联网因其终端的可移动性，用户能随意携带，随时随地使用，甚至可以做到永远在线。在移动互联网时代，等车时用手机刷微博刷微信，乘地铁时用 iPad 看短视频，购物时用移动终端查找店家信息，入睡前伴着微博或微信入眠——智能移动设备如影随形地陪伴在我们左右，成为生活不可分割的一部分。大量碎片化的时间得到充分利用，信息得以快速、广泛、大范围的传播。这种远比 PC 设备更方便快捷的沟通与信息获取方式，真正体现了互联网"anytime、anywhere、anyway"的特点，也使即时传送媒介、内容、传播和消费等领域的应用创新成为可能。

用户身份的唯一性。移动互联网时代，手机的电话号码成为一种身份识别，手机不再只是一种通信设备，更是一种社会关系的载体。和 PC 相比，手机和个人身份绑定，信息的传播也更多地依据社会关系，比如自己的同事、同学、朋友、其他关联成员，等等，因而具有天然的信誉优势。与传统 PC 互联网相比，移动互联网不仅具有点对点、端到端、人与人的传播特点，还更适合建立基于个人的移动个性化关联社交网络，并基于此进行更精准、更有效的营销服务。

用户位置的可追踪性。手机的便携性使其与地理位置有了天然的联系。随时移动的智能手机，GPS 的卫星定位，以及通过基站进行定位，第一次让手机具有了定位功用。由于手机与使用者密切捆绑，这些定位功能意味着使用者的位置信息可以被追踪。无论是微博、微信这样的应用，还是手机拍摄的照片，都携带了位置信息。这些位置信息使传播的信息更加精准，同时也产生了众多基于位置信息的服务——LBS（Location Based Services，又称定位服务）。

在看到移动互联网优势的同时，也要意识到它所带来的安全性问题更加复杂。一方面，移动设备用户的隐私性要求远高于 PC 端用户。高隐私性决定了移动互联网终端应用的特点——数据共享时既要保障认证客户的有效性，也要保证信息的安全性。这就不同于互联网公开、透明、开放的特点。互联网下，PC 端系统的用户信息是可以被搜集的。而移动通信用户上网显然是不需要自己设备上的信息给他人知道甚至共享。但问题是，在互联网时代，电脑更多地是一个科研和办公的工具，它与个人生活紧密相连的程度远没有智能手机高。智能手机随时随地被携带并永远在线，因此，隐私更容易被泄露，如用户的电话号码和朋友的电话号码、短信信息、存在手机中的图片和视频等等。更为复杂的是，智能手机的 GPS 形成的定位功能，可以很方便地对用户进行实时跟踪。加上智能手机中正在形成的电子支付能力，远程支付的密码泄露，近场支付的安全隐患，使智能手机在使用过程中存在着如何保障隐私与信息安全的社会问题。

超越正在发生

最近几年的实际发展显示出一个明显的趋势：移动互联网的应用愈加广泛，发展速度也大大快于 PC 互联网，并且其规模将大得超乎想象。

用户规模越来越大

由于移动设备便于携带、使用方便、容易操作、购买门槛低等因素，在全球范围内出现了移动互联网用户爆发性普及的态势。以我国农村为例（见图 4-2、图 4-3），手机和移动互联网正快速渗透与普及，移动互联网的出现大大降低了人们享受各种服务的门槛。

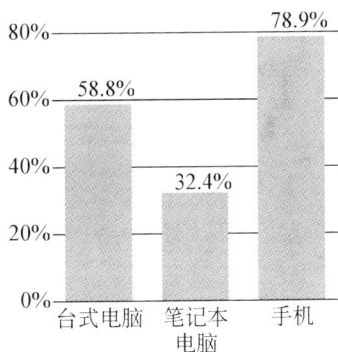

图 4-2 2013 年我国农村人口上网设备情况分配比例

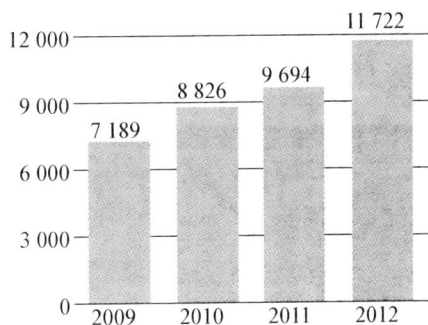

图 4-3 2009—2012 年我国农村人口移动互联网用户人数（万人）

资料来源：CNNIC 中国互联网信息中心。

随着技术的发展，智能手机的性能也是日新月异：2007 年的 iPhone 的 CPU 性能便已相当于早期的奔腾 II 水平。目前，智能手机的运算速度比 10 多年前的台式计算机要快若干倍，但体积仅为其键盘的 1/8，而价格仅为其 1/10。4 核 CPU、64 位处理器、1080P 屏幕在未来 1～2 年内将成为高端智能手机的标准配置,即使 100 美元的智能手机,其性能也堪比 4~5 年前的 PC。

可以预言,在中国甚至是在全球范围内,人手一机的景象马上就要到来,每一部手机都将成为移动互联网产业的入口。从 2000 年到 2013 年,全球手机用户从 5 亿跃升至 68 亿[1],无论是在纽约、伦敦、北京、里约热内卢,还是在摩加迪沙、开普敦,智能手机使用者随处可见。很多发展中国家的用户跨越 PC 互联网阶段,直接进入移动互联网时代。截止到 2013 年 12 月,中国互联网网民规模达 6.18 亿,其中移动互联网用户数达 5 亿[2],手机超越 PC 成为第一大上网终端,中国互联网已进入移动互联网时代。以更快速度和更低资费为特点的 3G 和 4G 网络,更延长了用户停留在手机网络上的时间,推动移动互联网流量快速上升(见图 4-4)。互联网用户向移动端迁徙已是大势所趋。

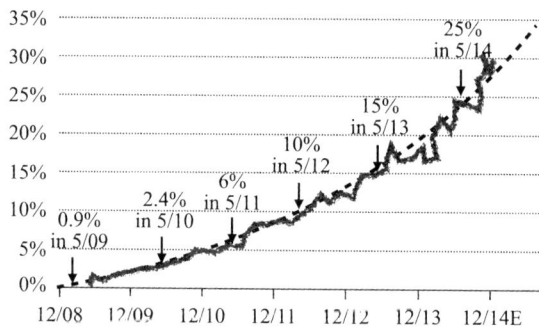

图 4-4　移动流量占整体互联网流量的比例

资料来源:Statcounter Global Stats。

移动应用、使用场景越来越多

请闭目回想一下,以下是不是已成为您日常生活中最熟悉的内容:移动社交、手机游戏、移动电子阅读、手机电视、移动支付、移动购物、移动搜索,等等

---

[1] 参见 Informa 研究报告。
[2] 参见中国互联网络信息中心(CNNIC)2014 年 1 月发布的《第 33 次中国互联网络发展状况统计报告》。

(见表 4-2)。市场调研发现,中国的移动互联网用户每个月超过 40%的人下载 APP[1]。由于移动互联网用户特有的携带便捷性、身份唯一性以及用户位置的可追溯性,以 LBS 为基础的定位和签到开始风靡,在此基础上延伸出基于位置的精准服务和精准营销。基于 LBS 和移动支付的 O2O 模式,以及基于"3G+社交+视频+网络电话+移动终端网络"相结合的远程监控、远程即时会议、商务导航等商务应用也正在兴起,未来将诞生更多各种类型的移动应用,从而构成移动应用生态链。这些都是 PC 端难以实现的。

表 4-2 丰富的移动互联网应用列举

网络工具	安全	通信辅助	影音媒体	电子商务	内容	系统工具	读书学习	地图应用	实用工具	商务办公
网络浏览	杀毒软件	通话辅助	音频播放	网上购物	资讯	同步备份	电子图书	签到	旅游餐饮	文字处理
即时聊天	手机防护	短信工具	视频播放	支付	软件下载	中文输入	阅读工具	周边查询	时间提醒	金融股票
移动博客	加密防护	通信记录	拍照摄像	在线比价	游戏	系统增强	字典词典	GPS 软件	生活理财	财务计算
邮件工具	……	名片管理	音频处理	……	音乐	文件管理	学习辅助	手机地图	公交票务	……
搜索	……	彩信增强	视频处理	……	系统管理	……	GPS 软件	天气预报		
微博	……		图像处理	……	蓝牙红外	……		邮编归属		
流量统计	……		图片浏览	……	字体补丁			健康管理		
浏览辅助	……		屏幕保护	……	桌面辅助			日程备忘		
书签工具				……	……			趣味娱乐		
……	……	……	……	……	……	……		……		

资料来源:上海数字化与互联网金融研究中心。

以移动支付为例,从 2010 年开始,中国移动支付交易市场规模逐年递增,特别是从 2012 年开始呈现出井喷式增长,到 2013 年底我国第三方手机支付的市场规模大概已经超过了 1.2 万亿元,用户超过了 1.25 亿,同比增长超过 700%。[2] 支付宝公布的数据显示,当前每天使用手机开户余额宝的用户数是

[1] 参见报告《从移动终端看移动互联网》,InMobi 中国区总经理杨娟。
[2] 参见《移动互联网在路上》,中国互联网协会理事长邬贺铨,2014 年 5 月。

电脑开户数的 2.5 倍,每日转入笔数则是 1.5 倍,钱包用户数在 2013 年全年增长超过 500%。2013 年双十一当日,支付宝手机端支付的笔数达到 4 518 万笔,是 2012 年当天的 5 倍,金额更是当时的近 10 倍,占当日总支付额的 24%。和 PC 端支付相比,移动支付特别是手机支付是大势所趋,在整个支付体系中的占比也会越来越大。

表 4-3 支付宝和余额宝的 PC 端与移动端对比

余额宝 每日开户数	移动端:PC 端 2.5:1	通过支付宝钱包进行 的转账笔数	增长 33.8 倍
		通过支付宝进行的 缴费笔数	增长 13 倍
余额宝 每日转入笔数	移动端:PC 端 1.5:1	通过支付宝钱包进行的 还款笔数	增长 16.2 倍

资料来源:上海数字化与互联网金融中心。

移动支付系统不断创新

原来的移动支付系统是手机生产商加移动运营商(移动、联通、电信)加支付机构(第三方电子支付企业、国内部分银行和中国银联)。但是很快,这一系统被

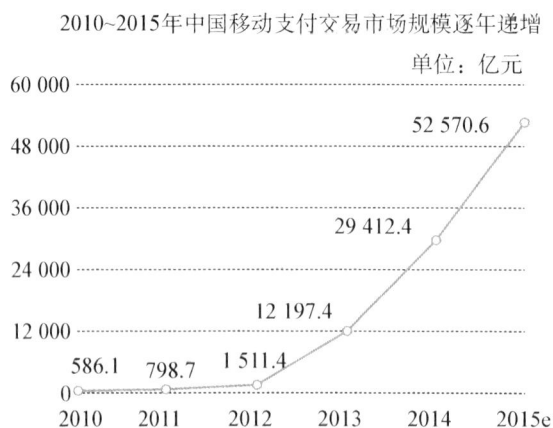

图 4-5 2010—2015 年中国移动支付交易市场规模逐年递增

资料来源:中国人民银行,艾瑞咨询。

证明产业链过长,成本过高。在微信5.0发布后,微信支付加上部分国内银行就可以做移动支付。这使微信不只是一个社交平台,它还为金融、交易带来了前所未有的便捷服务。社交公众平台+朋友圈+微信支付平台颠覆了传统的移动支付形式,不仅降低了服务的边际成本,还使微信与普通用户在密切相关的领域展开合作,充分满足不同场景、不同需求,为金融领域的服务带来创新。

移动功能在日新月异, 就看谁能把控趋势, 抓住机遇!

	原有移动支付企业		微信5.0支付
实现电子支付的企业	手机生产商 +	移动运营商(移动、联通、电信)+	微信+微信支付
		任选一 1　第三方电子支付企业 2　国内部分银行 3　中国银联	+ 国内部分银行
特性	产业链过长、成本高		简单、便捷、成本低

社交公众平台+朋友圈+微信支付平台颠覆传统的移动支付形式!
微信与普通用户密切相关的领域展开合作、充分满足不同场景、不同需求,为金融领域的服务带来创新。

图4-6　移动支付的创新

资料来源:中国人民银行,艾瑞咨询。

如今,银行业也希望与移动互联网跨界合作,各家银行加快布局移动支付,移动支付成为了移动金融主战场。从招商银行开始一直到工行、中行、建行、交行、光大等等都已经开通了手机银行,平安推出"临用钱"业务,实现了无卡、无ATM,用户仅用一部手机即可轻松取现。

表4-4　2013年上市银行进军移动支付领域部分大事记

银行	合作伙伴	移动支付领域的合作事项	合作时间
广发银行		率先推出以SD卡为支付载体的手机支付SD-mall模式	2013.1
中信银行		用户通过手机摇动即可完成转账汇款的提交、确认和完成等操作环节	2013.1

（续表）

银行	合作伙伴	移动支付领域的合作事项	合作时间
招商银行	中国移动	双方基于 NFC－SWP 模式开展合作,包括电子现金应用、借贷记卡应用等金融支付应用	2013.2
中信银行	万事达	与万事达在中国大陆和海外拓展二维码及虚拟支付领域的业务合作	2013.4
中国银行	中国电信	与中国电信集团公司签署移动支付战略合作协议	2013.6
招商银行	中国联通	推出了"联通招行手机钱包"业务,实现小额近场支付	2013.6
招商银行		推出了全新概念的首家"微信银行"	2013.7
中信银行	苏宁云商	正式对外推出"异度支付"结算类品牌,二维码支付作为其重点产品	2013.7
中信银行	中国银联	基于 NFC 通信协议的移动支付业务成功完成了联调,下一步将商业推广	2013.7
光大银行	中国联通	双方将在手机支付、手机钱包、手机应用等移动金融领域开展重要合作	2013.8
广发银行	中国联通	签署移动支付合作协议,推出基于 SWP－SIM 卡技术的手机支付卡	2013.8
中信银行	中国联通	签署手机钱包业务全面合作协议,拓展基于 NFC 技术的手机近场支付	2013.8
浦发银行	中国移动	推出我国第一张具有自主知识产权、基于 SIM 卡的 NFC 手机支付银行卡	2013.8
中国银行	移动、银联	NFC(近场支付)手机支付产品正式投入商用并在上海地区推广	2013.8
平安银行		将在 1 月下旬推出电子钱包"壹钱包",主要功能是转账支付和社交聊天	2014.1

资料来源:大智慧新闻通信社。

盈利模式更加成熟

如今,移动互联网已融入主流生活与商业社会,移动游戏、移动广告、移动电子商务、移动视频等业务模式流量变现能力快速提升。从具有良好发展态势的细分市场来看,移动游戏越来越吸引用户的注意力和时间,用户付费的意愿加强,移动游戏将进入回报期;移动电子商务,如果能够解决好信用和支付问题,未来发展潜力也非常巨大;随着大屏手机的发展,网络的提速和资费的降低,移动广告的潜力也会展现出来;而移动视频可以很好地移植 PC 端的视频广告模式,收费 APP 的小额支付模式也具有很强的生命力。从 2011—2013 年三年 Gartner 技术成熟度曲线上移动互联网的位置,可以看到移动互联网的未来发展空间仍非常大。移动互联网的进一步普及、使用的进一步深化、盈利模式的进一步成熟将值得期待。

世界是平的,移动互联网让世界变得更加平坦。随着智能传感器内置化技术的成熟,移动终端突破原有的计算能力与存储能力壁垒的实现,移动互联网将得到更广泛的应用,它正在超越 PC 互联网,引领发展新潮流,创造新的经济神话。

● 融合与碰撞

移动互联网本身就是融合的产物,3G、4G 的到来进一步助推移动互联网向前发展,不断涌现的技术创新与商业模式创新,规模越来越大的并购与渗透,让产业融合的态势更加显著与猛烈。

手机终端与 PC、电子消费终端的融合

最近两年,我们已进入了一个多屏合一的世界:PC、手机、平板电脑、电子阅读器(电子书)、智能电视、车载设备。现在更多的是手机跟 PC、电视机之间的多屏互动,未来这三者通过云端组合,很多内容可以在三个屏之间自由切换,给我们带来无时不在、无处不在的互联网接入新时代。

未来眼镜、手表等穿戴产品,都可能成为泛终端。可穿戴终端是移动互联网与智能终端的结合,通过将不同的传感器嵌入到不同的移动设备上面,便可以开发出很多前景不错的应用。以可穿戴设备为核心的新一轮智能硬件浪潮所蕴含

的机会吸引了众多资本的进入。2014 年 1 月 13 日,谷歌宣布以 32 亿美元现金收购智能家居设备公司 Nest。Facebook 随即于 3 月 26 日宣布以 20 亿美元收购沉浸式虚拟现实技术厂商 Oculus VR;苹果接着于 5 月 28 日宣布以 30 亿美元收购耳机厂商 Beats Electronics。百度、腾讯、360、小米等国内互联网公司也纷纷涌入这一市场,它们均拥有"硬件+云端数据+APP 应用"的优势。

产业链的融合

原先的产业链是以电信运营商为核心,是涵盖了信息通信技术的单一的链条。但进入移动互联网时代,其产业链更趋复杂,涉及包括终端厂商、电信运营商、服务提供商、系统开发商等在内的多个成员。移动终端制造商、移动运营商、互联网公司等都希望拥有产业链上多个环节的话语权。如今,手机制造商开始进入互联网市场,消费电子厂商开始聚焦移动终端,传统互联网公司开始涉足移动业务,移动运营商开始搭建内容平台。如新浪、网易、搜狐等传统互联网门户开始涉足移动互联网,苹果的 iPhone 在全球大获成功,中移动继内容平台"DO"后还预计推出应用程序"MobileMall"。谷歌从互联网运营涉足手机操作系统 Andriod,在短短一两年时间内将往日的领头羊塞班系统打得落花流水,在终端市场收购了摩托罗拉移动,使谷歌手机成功上市。目前,谷歌是美国最大的互联网主干管道之一,向美国政府申请把互联网接入百姓家中,扮演了互联网运营商的角色。

表 4-5　移动互联网产业链各环节

类型	举例	注重	强调
电信运营商	移动、电信、联通	凭借网络运营优势,搭建移动互联网服务平台	对移动互联产业链的组织和领导
终端设备及系统开发商	Apple、Google、Nokia、三星、DELL、HP、Motorola	终端在移动互联网的入口作用	对终端用户价值的深层挖掘

（续表）

类型	举例	注重	强调
互联网企业	电子商务公司、SNS、门户网站	业务优势从传统互联网向移动互联网迁移	对互联网主流服务及资源的控制性
应用服务提供商	手机浏览器、手机即时通信软件、移动应用开发企业	基于移动互联网的创新型应用服务的提供	对移动互联网用户多样性需求的满足

资料来源：上海数字化与互联网金融研究中心。

产业链间的融合

研究显示，电信、互联网、媒体、娱乐四大产业之间的融合，以及各种产业链条集合交叉，将形成更为复杂的生态环境。移动终端成为了第一媒体。从全球来看，移动用户平均每天停留在媒体上的时间差不多有 7 小时，中国是 6.9 小时，相差不多。但是中国的移动用户，包括智能手机用户，每天在移动端花费的时间超过了 160 分钟，也就是说，6.9 个小时之内，中国移动互联网用户在手机或者在 Pad 端的时间花费将近 40% 左右，越来越多的用户在移动终端花很长的时间。移动端已经成为一个主流的媒体，而且还是第一媒体。[1]

移动互联网和传统行业的融合

在云计算、物联网等新技术的推动下，传统行业与移动互联网的融合正在呈现出新的特点：一方面，移动互联网可以作为传统行业业务推广的一种手段，如食品、餐饮、娱乐、航空、汽车、金融、家电等传统行业的 APP 和企业推广平台，提升电商销售比例，新设线上品牌，等等；另一方面，移动互联网也重构了移动端的业务模式，如医疗、教育、旅游、交通、传媒等领域的业务改造。

以移动医疗为例。移动医疗分为两个层面：一个是在医院层面，有四类应用

---

[1] 参见和讯科技，http://tech.hexun.com/2013-08-15/157111077.html。

形态,即移动护士类应用系统(例如移动查房、移动输液等)、移动医生类应用系统(例如移动调取电子病历、移动诊断和会诊等)、移动管理应用系统(例如患者统计、用药统计等)和移动患者应用系统(例如移动挂号、化验单查询等)。特别是鼓励电子健康病历的使用可以提高治疗各方的信息共享,使医生在治疗期间能对患者开展实时远程监控并反馈到临床实践中。一个是在大众层面,最有潜力的应用是个人和家庭的健康保健、慢性病治疗、病人监护等领域。例如,利用各种移动通信网络和移动设备,可以定时或不定时地采集个人的特征数据并传输到医疗中心,实现对个人健康状况的实时和长期不间断监控,并给予及时的指导和治疗,为人们提供无所不在的医疗和保健服务,从"病发后到医院"的被动治疗模式转变为"及早预警和主动治疗"的新医疗模式。据不完全统计,中国现有的医疗健康类的 APP 已经多达 2 000 多款,基本上覆盖了患者的全部疗程。这些应用在提供更健康的生活方式、提高患者出院后持续性的自我护理和交互式护理、降低再入院率等方面都具有巨大的潜力。

当然,移动互联网在促进行业融合、孕育新一轮业务热点、扩大行业增收来源的同时,也在不断地与传统生态、传统商业模式进行碰撞,与政府监管和相对滞后的政策进行博弈。

以移动运营商的三巨头——中移动、中电信、中联通为例,移动互联网给其带来的冲击不可谓不小:一边是 BAT(百度、阿里、腾讯)以及高德地图、百度地图等企业在谋划从 PC 转向移动;另一边中移动、中电信、中联通突然发现自己像知更鸟一般,精心筑造暖巢,时不时地捕捉虫子去喂小鸟,结果哺育的小鸟中居然有杜鹃的幼鸟——微信。微信业务对这三巨头的短信和通话业务都形成了巨大的威胁。

再如嘀嘀打车"叫价高者得车"的机制设计与出租车作为公共服务的公平属性之间的矛盾,移动支付与金融监管之间的矛盾,等等,都是移动互联网在发展中不可避免的问题。

如何抓住融合的机遇，又能应对不期而至的碰撞，是当前所有移动互联网时代的参与者需要共同面临的问题。

● 从 PC 互联到移动互联的再出发

面对庞大的市场，移动互联网的策略不应只是 PC 互联网策略的延伸，如何针对移动互联网的自身特点，实现从 PC 到移动互联网的再出发，这是当前很多公司面临的一个现实但却十分重要的课题。

腾讯：归零之后再出发

在腾讯 15 周年的生日会上，马化腾提出了几个再出发：从 PC 到移动互联网的再出发；从虚拟到实体的再出发；从封闭到开放的再出发；从国内到海外市场的再出发；从大公司到小团队的再出发……后面几项基本上都是围绕着第一项延伸出来的。

马化腾认为，移动是一个至少 10 倍于传统 PC 互联网规模的市场，这给了腾讯再来一次的绝佳机会。尽管微信让腾讯赢得了移动互联网的"船票"，但这只是一张"站票"，如果不努力拥抱变革，随时可能"下船"。目前，腾讯的各项产品中，移动已经占了很大比重，有的甚至已超过 PC。凭借其在移动端握有的微信和手机 QQ 两张王牌，腾讯已在搜索、支付、地图、社交应用、视频、游戏、电商等领域构建好了移动生态。

在搜索领域，腾讯有搜狗和 QQ 浏览器；在支付领域，腾讯有微信支付；地图平台有腾讯地图；移动社交，腾讯的微信一家独大；在视频领域，腾讯一直有自己的腾讯视频；游戏方面，腾讯对旗下包括微信、手机 QQ 社交、手机 QQ 游戏大厅、手机 QQ 空间、应用宝等在内的各个移动平台的资源进行了整合；在电商 B2C 业务上，腾讯与京东深入合作，为京东开启流量、支付的全面支持。其中包括开放微信一级接口，使京东商品全面入驻微信。另外，手机 QQ 应用开通京东"购物"入口，用户能在"QQ 钱包"中进入京东购物页面，等等。京东"6·18"店庆前后还在微信和 QQ 上发放京东红包；对于 O2O 这一竞争最为激烈的"红海"，腾讯入股大众点评、滴滴打车，推出微信小店，又与唯品会、海底捞、七天酒店、友宝、南方航空、王府井百货、新世界百货等不同领域的企业进行"试点"合作，涌现了一大批具有社交特色的移动生活服务模式，最终完全打通线上和线下路径。如接入大众点评后，利用大众点评丰富的商户资源和在本地生活服务市场的运营经验，加上微信的社交优势，微信支付的移动支付能力，腾讯为用户带来了从内容获取、登录、查询、客服，到快捷支付、分享等具有社交特色的一站式本地化生活服务。

微软：两个第一

移动互联网时代不进则退。PC 时期，因为 Windows 的垄断，微软一家独大，占据着浏览器和应用操作系统半壁以上的江山。然而这样一个巨头面对移动互联网的快速发展却有些无所适从。从 Windows CE（Windows Embedded Compact）[1]到 Windows Phone7 再到 Windows Phone8，微软移动操作系统的每次升级换代都因为不能使老用户升级而令人失望，这导致其移动用户增长缓慢，与对手苹果、谷歌的距离越拉越大。微软 2012 年 6 月推出自有硬件产品 Surface 系列跨界平板。尽管反响不如预期，但显现出微软正在努力调整经营战略，希望能在移动互联领域加速小跑赶上其他竞争者的决心。

2014 年新上任的微软 CEO 萨提亚·纳德拉（Satya Nadella）明确提出微软未来发展的两个"第一"，即"移动第一"和"云第一"。他强调"每一个产品、每一

---

[1] Windows CE 操作系统是 Windows 家族中的成员，为专门设计给掌上电脑（HPCs）以及嵌入式设备所使用的系统环境。

项服务的推出，都要审视是否符合这个前景……移动第一意味着必须从各个方面深入研究移动场景，发展新的技术和业务"。2014 年 4 月 2 日，微软正式宣布决定给 9 英寸以下的设备免费预装 Windows。其目的都是通过将 Windows 安装到最大范围的设备上，打进最大范围的生态系统里，争夺远大于 PC 市场的移动互联网市场份额。诚如其 CEO 萨提亚·纳德拉所言，如果微软确实能致力于实现、执行这一战略前景，将从本质上改变微软。

抢占流量入口的卡位战

流量入口，是指人们在进行上网行为时，最常或较常选择的途径之始。入口决定用户的需求、上网习惯和行为模式。入口就是需求，占领入口就相当于占领用户，这是巨头们之所以要抢占入口的最原始动机。

自从移动互联网时代到来后，争夺移动流量入口的战争就没有停歇过。这是一场没有硝烟的战争，也是一场决定参赛者未来命运的卡位之战。毕竟从 PC 端到移动端，流量入口的变化和争夺是一次大的洗牌。虽然从总体上看，移动领域的入口比较分散，但如果从结构上观察，与平台的赢家通吃类似，在移动领域，"强者愈强"的马太效应非常明显，流量与用户时长都向各个领域的强者集中。所有想在移动互联网中获得一席之地的企业都希望赢得这场战争。

要意识到，原 PC 时期的重要入口并不一定是移动互联网中的关键入口。比如，在 PC 互联网中最重要的流量入口——浏览器的重要性就大大降低。而具有贴近用户习惯、持续强用户黏性的移动 APP，包括搜索类、地图类、社交类、工具类等 APP 则成为移动互联网重要的流量入口。

2013 年 8 月 28 日，百度地图宣布百度导航将永久免费，4 个多小时后，高德导航同样宣布"高德导航"和"高德地图"免费。免费背后燃起的也是移动互联网流量入口之争。目前，百度在移动端布局了搜索、应用分发、地图和视频四大入口,一共有 14 款移动产品[1],用户数过亿。

2014 年,烧钱金额超过 20 亿的嘀嘀打车和快的打车之战,相信让大家仍然记忆犹新,嘀嘀和快的之战之所以让腾讯和阿里两家如此"慷慨大方",除了培养用户移动支付习惯方面的战略考虑外,争夺移动流量入口也是重要原因。滴滴打车数据显示,截至 2014 年 3 月底,嘀嘀打车在全国已经突破 1 亿用户,日均订单量也突破了 521.83 万,覆盖了包括北、上、广、深等超过 178 个一二线城市,使用嘀嘀打车的司机也超过了 90 万。自此,嘀嘀打车与其竞争对手快的打车仅用一年多时间就颠覆了出租车行业,跻身成为全国最大的两家"出租车公司"。

最白的纸可以画最美的画。尽管移动互联网的杀手级盈利模式都还在寻找中,但也正因为这种不确定性,才使移动互联市场的想象力空间更大,才更刺激了巨头们对占领入口的欲望。它们不知道这些路都通向何方,所以才更渴望把握所有的路口。

划分势力范围的大并购

2013—2014 年,投资并购事件开始集中爆发。在国内,以三大巨头 BAT 为代表的互联网公司大举跑马圈地,收购活动频繁,而"移动"是这些收购活动的关键字眼,旨在布局因智能手机迅速普及而催生出的巨大移动互联网市场。

阿里巴巴投资收购超过 12 家,总斥资超过 50 亿美元。被收购的企业有:高德、优酷土豆、穷游、快的打车、UC、文化中国传播,等等。行业覆盖物流、文化传媒、O2O、浏览器、金融平台等领域。

阿里对高德地图以及 UC 浏览器的收购是都是极为重要的策略。高德地图

---

[1] 具体包括手机百度客户端、百度手机浏览器、百度云、91 桌面、百度地图、91 助手、安卓市场、百度魔图、百度手机输入法、爱奇艺视频、PPS、百度视频、安卓优化大师、百度手机卫士、百度手机助手。

位列中国手机地图市场份额第二位,仅次于百度地图,更好的地图服务有助于吸引那些用智能手机查找店铺的顾客;UC浏览器的市场占有率则高居第一,全面收购UC让公司获得了2.64亿用户入口,这些流量入口与阿里原有用户重合度不高,所以带来了新的增长。而且手机浏览器可以迎合用户的使用习惯,通过手机与阿里旗下的支付宝、手机淘宝等应用进行链接,让用户拥有更好的使用体验。此前,业界一直认为移动互联网是阿里的软肋,不过,经过多方并购和布局,阿里在2013年各平台商品交易总额为2 480亿美元,为全球最高,其中19.7%来自移动端。

百度投资收购至少5家,包括91无线、PPS、糯米网等,斥资总额超过24亿美元,在移动端布局了移动搜索、应用分发、地图和视频四大入口,14款移动产品用户数过亿。其中PPS类的移动视频客户端是用户基数最大的互联网应用类型之一,是吸收移动用户流量的极佳入口。百度花3.7亿美元收购PPS,目前爱奇艺移动端流量占比已超过总流量的60%,来自移动视频广告的收入占广告总收入的30%以上。百度另一关键收购——91无线则大大巩固了前者的移动互联网入口地位,不仅将百度搜索流量导入91无线,同时将百度旗下众多应用产品导入该平台,全面布局基于搜索和应用商店的复合入口。

腾讯拥有微信,这是在移动端布局的最大的一张牌。围绕微信,腾讯通过投资与收购,不断发掘新的入口,扩张自己的移动生态圈。从2013年到2014年投资收购超过10家,斥资总额至少30亿美元,包括搜狗、金山网络、大众点评、京东、嘀嘀打车、58同城、四维图新等企业,覆盖搜索、O2O、电商、LBS和社交等领域。其中大众点评、搜狗、京东三大公司,在各自细分领域中所处的位置不是第一就是第二。

巨头用投资、并购的手段构筑移动互联网的生态圈,中小企业则需要找准自己的定位,在大的生态圈中觅得自己的一席之地。在今天这样的生态环境中,"被收购"也意味着成功。

◉ 移动互联的新思维

从 PC 到移动互联网,不仅要认识到竞争的关键点,了解整个生态圈,更重要的是要学会用移动互联网的新思维武装自己。缺少移动互联网的基因,缺乏思维的转变,即使有庞大的资金,也难以在移动互联网世界中获胜。

基于 PC 互联网的电子商务 1.0 时代,造就了亚马逊和阿里巴巴等少数杰出的电子商务平台型公司,它们成为全球最耀眼的互联网商圈。今天很多垂直型电商、传统品牌企业和地面零售商热烈拥抱天猫、京东和亚马逊,甚至大手笔投资自己的网店,希望能够赶上第二次零售革命的洪流。但不幸的是,这一洪流正在退潮。

它们还没有享受到革命的胜利,却发现全世界的消费者正在通过移动互联网实时连接起来。这里是"小公司"的天下,这里流行疯狂的价格战和流量战,大公司获取单个客户的成本越来越高,流量转化率在下降,臃肿的供应链和物流系统没法适应互联网碎片式的小订单、高频次的交易节奏,最后沦为尾货或过季商品的处理场,与自己的主力客户群渐行渐远。企业家们理想中的电商时代不仅没有到来,反而陷入更人的艰难、痛苦甚至灾难之中。

我们观察过去 20 年,在 PC 互联网时代里锐意转型、积极投资创新活动、管理良好的、认真倾听顾客意见的企业,仍然丧失了市场主导地位。因为它们远远没有养成互联网思维。今天,以企业为中心的、满足所有消费者需求的"大而全、提供一站式购物体验"的 PC 互联网思维也开始变得有害。之所以如此,是因为移动互联网时代的用户发生了变化,移动互联网时代的思维也需要与传统的 PC 互联网思维有所不同。

首先,移动互联网最明显的一个特征是碎片化。碎片化内容在碎片化的时间内传播,每一条碎片化信息都暗藏着消费者的碎片化需求,甚至连消费者的思维都趋于碎片化。这就需要移动互联网的产品和服务提供者从看似碎片的世界中汇聚商业的力量,思考如何能让消费者在碎片化时间来主动选择你,并且能让他快速喜欢上你的碎片化内容？ 如何在一个碎片化的时间窗口提供令消费者尖叫的商品和服务？ 如何通过提供有价值的内容和个性化的服务来进一步覆盖消费者更多的碎片化时间？ 同时,在如今竞争越发残酷的时代,消费者的碎片化思维只会记住行业同类中的翘楚,有时连第二都是炮灰,更何况是第三、第四。这要求参与者强化"极致"和"第一"的思维,不然会很快被淹没在充斥着碎片的信息海洋里。

其次,移动终端大范围普及,永远在线将成为用户的一种固定属性。对于企业来说,这意味着产品设计将从一个完全不同的维度进行思考。如果你现在创业还说"做了一个不错的 App",而不去考虑与其他设备、平台以及云端的互动,这条路一定不好走,因为用户对于连接的需求已经从 PC 互联网时期的数小时转变为 24 小时。

此外,在移动互联网时代,消费者将拥有更大的主动性和主导权。在移动互联网时代,消费者购买模式从过去的"关注—兴趣—渴望—记忆—购买"转变为现在的"关注—兴趣—搜索—购买—分享—口碑传播"。由于消费者最相信的是身边好友的推荐评价,而移动互联网由于用户身份的唯一性,信息传播的信用度更高,当他们向自己的社交圈传播你的口碑时,会帮助你的业务获得非线性的增长甚至是爆炸性增长。不仅如此,移动互联网时代的消费者已不再是单纯的"顾客",而是生产型消费者,是品牌的拥护者和传播者,他们会参与到产品或内容的设计、创意、制作与营销等各个环节。因此,如何激发他们的参与感,让他们更好地融入到价值链中,如何把他们从顾客转变为"粉丝",使他们对你的品牌、对你的企业拥有高度的忠诚和热情,是移动互联网时代要关注的新问题。

● 结语

从全球范围看，移动互联网畅通、即时的信息交流，减少了中间环节，增加了市场透明度，改善了信息不对称，提高了市场效率，有利于整体社会福利的增加。特别是由于其终端设备价格低廉，不需要庞大的基础设施建设与支出，不发达地区可能会跨越 PC 互联网时代，直接进入移动互联网时代，享受移动互联网带来的福利。

因此，不管你身处世界哪个角落，移动互联网正在改变我们习以为常的生活方式、休闲方式和工作方式，改变我们的金融行业、医疗行业、图书出版行业、娱乐影音行业甚至社交方式。改变就在我们身边，变化每天都在上演。每个参与者必须要习惯一个新趋势到来时可能会交替出现的融合与碰撞，必须要用新的移动互联网思维去思考遇到的新问题，这样，才能在其中游刃有余而不是折戟沉沙。

5 趋势五：软件定义一切
——从软件定义硬件到软件定义一切

软件正在吞噬整个世界。

——马克·安德森（Marc Andreessen），网景公司创始人

软件可以定义世界，软件应该成为世界的核心和灵魂，成为信息消费的重要引擎和重要内容。

——陈伟，工业和信息化部软件服务业司司长

马克·安德森（Marc Andreessen），硅谷著名的工程师、投资人和专栏作家，是第一个泛用浏览器 Mosaic 的作者以及网景（Netscape）公司的创始人，同时也是 Facebook、eBay 和惠普（HP）的董事会成员。2011 年，他在《华尔街日报》上发表了一篇名为"软件正在吞噬整个世界"的文章，引发了广泛关注。其核心观点便是：软件应用无处不在，正在吞噬整个世界。他列举了一系列我们所熟知的一些行业领域里排名第一的公司，如：

Amazon，世界上最大的图书商，软件企业？

iTunes，占主导地位的音乐提供商，软件企业？

Netflix，当今拥有最大用户订阅数的视频服务提供商，软件企业？

Zynga，世界上增长最快的娱乐消费型公司，软件企业？

Pixar，世界上最好的制片商，软件企业？

Skype，世界上增长最快的电信公司，软件企业？

Google，世界上最大的直效营销平台，软件企业？

LinkedIn，世界上最大的猎头公司，软件企业？

"Yes"！这便是马克·安德森对此的回答。

大概安德森也没有想到仅仅两三年后，软件不仅"吞噬了整个世界"，而且已演变为"软件定义一切"。2013年9月，数千IT精英汇聚美国奥兰多，参加2013年Gartner Symposium/Itxpo全球大会。会上，Gartner首次在"十大战略性技术趋势"中置入"软件定义一切"，并预测该技术会在未来三年里拥有巨大潜力，产生重大影响。如今年轻的企业家喜欢讲"颠覆式创新"，"软件定义一切"已不仅仅是一个概念，而是真的在颠覆旧时思维。

表5-1　Gartner 2009—2014年十大战略性技术趋势

序号	2009年	2010年	2011年	2012年	2013年	2014年
1	虚拟化技术	云计算	云计算	媒体平板电脑	移动设备大战	移动设备的多样化和管理
2	云计算	高级分析	移动应用和媒体平板	移动设备为中心的应用程序和界面	移动应用和HTML5	移动应用和应用程序
3	超越刀片服务器的技术	客户端计算	社交交流和协作	文本内容和社交用户体验	个人云	万物联网(The Internet of Everything)
4	面向Web的架构	绿色IT	视频	物联网	物联网	混合云和IT作为服务经纪人
5	企业聚合	重塑数据中心	下一代分析技术	应用商店和市场	混合IT与云计算	云/客户端架构
6	专家系统	社交计算	社交分析	下一代分析	大数据	个人云时代
7	社交软件和社交网络	安全—活动监控	背景感知计算	大数据	可转化为行动的分析	软件定义一切

(续表)

序号	2009 年	2010 年	2011 年	2012 年	2013 年	2014 年
8	统一通信	闪存	存储级内存	内存计算	内存计算	Web-Scale IT
9	商业智能	虚拟化的可用性	普适计算	极低能源的服务器	集成生态系统	智能机器
10	绿色 IT	无线应用	基于结构的基础设施和计算机	云计算	企业应用商店	3D 打印

资料来源:Gartner。

软件定义硬件

软件最开始是作为硬件的附加而出现的:硬件性能不断增强,计算速度不断升级,要求相应的软件进行匹配。而今天,软件与硬件的地位开始发生逆转,软件正在定义硬件。

这首先和硬件的生产难度下降有关系。在过去,做一款硬件产品需要一个非常专业庞大的技术团队,需要投入漫长的研发时间,需要制作专用的模具,需要品质控制,需要建设分销网络。如果产品更新迭代,以上工作很可能全部都需要重来一遍。所以,硬件一直是"巨人"们玩的游戏,小玩家只能在场外围观。但现在情况已大为不同。硬件的生产进入到更简易,甚至可以说"更傻瓜"的阶段。3D 打印和更好的软件工具提高了很多创业公司开发样机的能力,加快了产品更新。

因此,企业想脱颖而出的最好办法已不再是硬件第一,而是提供一个能够将用户生活方方面面连接起来的出色软件体验,这是产品差异化的核心所在。曾参与过 iPod、Jawbone 腕带和 FiftyThree 的 Pencil 等著名硬件设计开发工作的亚当·麦克白(Adam MacBeth)坚持认为,过去只要有好的工业设计和包装就能开发出出色的硬件产品,现在已不是这么回事。与好的工业设计等相比,更为重要的是具有能够与硬件相协作的出色的软件系统。

好的硬件不只是一款好的硬件产品,更是一种提供体验和服务的载体。为各类硬件增加一个操作系统后,产品似乎有了魔力;物理功能可以尽量简单,应用功能可以无限丰富;功能可以无限拓展,能力可以不断升级。软件能让很多看似不可能的事情变得可能。最有趣的硬件设备是将物理世界中的元素诉诸软件。没有出色的软件作为搭档,硬件难以独自取得成功。

FiftyThree 开发的触控笔 Pencil 被外界普遍认为是近年来最美观、最具革命性的硬件产品之一。Pencil 根据人们的使用习惯提供完全人性化的用户体验,你真的就能像使用铅笔那样使用它,它甚至没有开关按钮,你可以直接使用 Pencil 点击 iPad 屏幕,而橡皮擦就像普通铅笔一样位于笔的末端,用于修改。这一切在很大程度上都要归功于连接设备和应用的智能软件。

再比如,大家熟悉的智能手机,正是因为各种软件的嵌入使手机这一硬件成了一个移动计算机,计算、办公、支付、导航、视频、音乐等功能无所不包。2008年前手机买家的注意力,还集中在百万像素、电池寿命和屏幕分辨率等硬件规格上。自苹果推出 iPhone 手机、谷歌发布 Android 开源操作系统,以及 App Store 的上线,人们的关注点开始转向软件以及软件能实现的功能。正是基于这些软件和操作系统,手机由功能明确的通信终端,变成了通用功能的手持智能终端。环顾四周,电视机、冰箱、手表、眼镜等等传统产品也都已加入了被软件定义的行列,连汽车也不例外。

交通工具还是有着四个轮子的计算机?

今天的汽车,软件操控着引擎,控制着安全功能,给乘客带来娱乐体验,为驾驶员引路,实现着汽车与移动设备、卫星和 GPS 网络相连接。未来的汽车系统将类似于基于 PC 的架构,软件将扮演更加重要的角色,汽车的导航、远程信息处理和通信等硬件功能都将作为软件应用,由几个中央电子控制单元加以处理。

汽车向混合动力以及电动汽车的发展趋势将会加速向软件的转移，其中软件驱动的无人驾驶汽车，已经由谷歌和一些重要的汽车公司在开发。而电动汽车已基本实现完全由电脑控制汽车。如以 IT、互联网为中心的汽车企业特斯拉（Tesla），把软件、云计算和数据很好地结合在一起，利用智能手机 APP 软件，通过特斯拉 Model S 的操作系统，能控制多媒体功能、通信、客舱功能、车辆功能等，不仅可以实现车辆的远程控制，还能通过互联网实时更新操作系统。如果你今天购买一辆 Tesla Model S，由于软件更新在重塑硬件性能方面发挥的重要作用，这辆车会在 6 个月后发生巨大的变化。

未来，不仅仅是汽车，一切物理设备都将成为软件的载体。

押注软件的 GE

从航空业到医疗业，不断增加的、带有传感器的智能设备——也就是通用电气（GE）所称的"工业互联网"——将带来史无前例的海量数据。通过开发合适的应用程序快速分析大数据并给出可执行的决策，帮助客户们更好地管理他们的机器设备，消耗更少的能源，优化维护和运营过程，这便是通用电气的未来战略切入点。

2012 年，通用电气于加州圣拉蒙（San Ramon）成立了一个软件开发机构，距离硅谷的"心脏"地区不远。湾区（Bay Office）目前有 425 名员工，全都在研究"下一代服务"。

2013 年 4 月，通用电气宣布，向一家新的平台服务厂商 Pivotal 投资 1.05 亿美元。这家公司由 EMC 和 VMware 的分拆部门组成。为什么？通用电气未来有一部分要靠软件和服务，来支持其销售的日益智能化的机器设备。通过投资 Pivotal，通用电气希望能更快地为客户创建、部署大数据商业应用，在未来为其客户提供数据分析和云架构支持。

换而言之，GE 的办法就是借鉴谷歌、Facebook 和亚马逊在消费互联网的经验,在软件开发上大展拳脚,并将其应用到新服务当中,让更智能的机器为客户创造更大的价值。

Android Wear:穿戴设备软件平台

2014年3月,谷歌通过官方博客宣布成立 Android Wear——一个基于安卓平台的穿戴设备软件平台。这无疑是软件定义硬件内涵的最好诠释。

无论是眼镜、手表或其他任何一种穿戴设备,无论何种造型,Android Wear 设备都能依托安卓平台上的众多应用,实现以下四个功能:①及时为用户提供所需信息,从社交网络、语音短信、购物消费、新闻消息到图片分享,等等;②通过"Ok Google"来启动控制,用户可以用语音表达的方式指挥设备完成一系列任务,例如打车、发送信息、订餐或者设定闹钟等;③监控健康信息,实现健身数据追踪、统计以及实时反馈等;④实现多屏控制与切换,帮助用户控制其他设备,比如轻松让手机开始播放音乐或者在电视上点播电影等。

当然,我们说"软件定义硬件",并不是说硬件不重要,只是由于硬件的生产能力是固定的,但人的需求是无止境的、多样的。市场的需求、消费者的需求必须通过软件得以满足。由此,软件定义硬件便显得顺理成章了。

◉ 软件渗透行业

软件对行业的渗透是全方位的。无论是制造业还是服务业,无论是传统行业还是新兴行业,软件都在发挥着重塑的作用。全球性的软件主导趋势在众多行业中出现。

在生产制造领域,软件的作用进一步深化。软件系统在交通控制、汽车行驶、工业过程控制、关键基础设施控制(电力、灌溉网络、通信系统)、机器人、防御系统等诸多领域展开应用。

对于住房等基础设施，据称谷歌旗下的一家名为 Vannevar 的子公司正在开发一种为专业设计师和工程师准备的规划工具，以及先进的分析和模拟工具。在未来，只要筹到资金，人们可以自己完成从小区井盖维修到大桥的建设等各种项目。

交通运输业也在面临深刻的变革。在一些发达国家，汽车保有量的增速已经开始放缓，Uber、Lyft 等即需即用的打车软件异军突起。依据中央数据计算和调度，只用有限的车就能让你在下单 10 分钟内坐到车。这种依赖算法产生的效率优化，会随着规模扩大进一步变强，而依赖人力调度的传统办法是无法实现这种高效率的。

还有许多行业，如摄影、汽车、零售、运输、石化、农业、金融服务、国防以及未来的教育和医疗等等，都在逐渐被软件渗透（见表 5-2），甚至包括本身就基于软件的行业也正不断受到来自新兴软件提供商的威胁，如 Saleforce.com 和 Android 等。

表 5-2　软件应用正在渗透到各个行业举例

行业	软件的应用
零售	使用软件来强化其物流和配送能力，如沃尔玛。
汽车	软件驱动着引擎，控制着安全系统，愉悦着乘客，指引司机至目的地，以及将汽车连接到移动、卫星和 GPS 的网络中。
快递	将自身的卡车、飞机、集装箱配送港打造成了一个软件化的网络系统，如联邦快递。
航空	依赖软件及时调整定价，进行航线优化和班次调整。
石化	超级计算机和数字可视化分析的早期倡导者，这些已成为当今石油勘察的关键技术。
农业	结合卫星分析，计算出土壤的播种选择。
金融服务	几乎每笔金融交易，小到买一杯咖啡，大到上万亿的金融衍生产品交易，无不通过软件完成。很多金融服务的创新性领导企业，都是软件公司，如 Square、Paypal。
国防	士兵被软件所武装，智能化、通信、物流配送、武器使用等都需要软件的支持。由软件操纵的无机驾机既能实现空中打击，又避免了可能的人员伤亡。智能机构依靠软件进行大规模的数据挖掘，以发现和跟踪敌方基地。

资料来源：《软件正在吞噬世界》，马克·安德森。

正因为此,安德森发出感叹:"处于任何一个行业的公司都需要承认,软件革命的浪潮已经来临。"

软件改变快餐业:手机里的"麦当劳"

美国的新一代连锁快餐企业 Spoonrocket、Sprig,它们的运营模式是这样的:用户在手机下单后,它们能在 15 分钟内把食物送到消费者手中,代价是提供的菜品相对有限,但是质量有保证。这些食物都是公司自己在中央厨房统一准备的,物流系统也是自有的。这批新型快餐公司都在这半年里拿到了巨额融资,A 轮 1 000 万美元或者更高,各方都开始筹划向全美其他城市扩张。

这批公司同传统的外卖公司完全不一样,这些只接受外卖而且移动互联网优先的连锁快餐,更像是在重新发明快餐,其目标是成为完全开在手机里的麦当劳。新的快餐模式不用在实体店面上花钱,建好中央厨房和物流团队,就能很快地覆盖一个城市。新快餐企业对物流的要求非常高,速度就是它们的立身之本。它们往往能在 15 分钟内将食物送达,一个原因就是它们会把快餐装在运送车里,依据订单信息,动态规划出最佳路径。数据上来之后,还能提前预判哪些地方可能会有订单,就先往这边开,结果就是你下单 5 分钟后快餐就送到了。新快餐还可以在食物准备、生产和配送的所有环节进行优化,从而有机会和麦当劳同台竞争——这便是软件的力量。虽然公司也会请大厨来主勺,但它们的重心放在如何利用软件去优化整套外卖系统的效率上。

软件重塑建筑业:BIM 百密无一疏

上海中心大厦,是上海陆家嘴超高层标志性建筑之一,总高为 632 米,结构高度为 580 米,由地上 118 层主楼、5 层裙楼和 5 层地下室组成,总建筑面积 57.6万平方米,建成后将成为上海最高的摩天大楼,也是城市标志之一。

上海中心建成以后,将拥有无数个世界之最:最大直径的塔楼维护结构,最大的主楼底板浇筑,最高的空中花园,最快的电梯,最高的景观游泳池,最高的风力发电,最高的绿色建筑,最先设立云计算机房的超高层建筑。在外圈玻璃幕墙和内圈玻璃幕墙当中是一个立体的城市,登高远眺的话有一种君临天下的气势,这是在其他地方难以感受到的。但在众多之"最"当中,最值得自豪的是上海中心大厦的 BIM 建筑信息模型系统(Building Information Modeling)。

BIM 系统主要包括 15 个部分,见表 5-3。BIM 的实质就是在计算机中虚拟建造建筑,信息在各个阶段的自由流动是 BIM 的核心。[1] 在上海中心大厦项目中,BIM 在不同阶段解决了设计中的不同需求,将设计、施工、设备、材料等所有信息用计算机平台进行整合,形成一个非常直观的三维模型,不仅包括整个大楼建成后的模样,也可以细化到一面墙、一扇窗,甚至一根管线的安装位置。因为有了 BIM 系统,上海中心用工只有 47 人,是全国、全球用工水平的 1/20 到 1/30。也许你不相信,但这却是事实。人们钦佩 BIM 系统,钦佩软件的神奇,更钦佩"上海中心"总经理们的睿智。

表 5-3　BIM 系统软件一览表

1	BIM 核心建模软件	Autodesk Revit
		Bentley
		ArchiCAD
		Dassault
2	BIM 方案设计软件	Onuma Planning System
		Affinity
3	BIM 接口的几何造型软件	Sketchup
		Rhino
		Formz

---

[1] 陈继良,张东升:《BIM 相关技术在上海中心大厦的应用》,《建筑技艺》,2011 年 Z1 期。

（续表）

4	BIM 可持续（绿色）分析软件	Ecotect
		IES
		Green Building Studio
		PKPM
5	BIM 机电分析软件	Design Master
		IES Virtual Environment
		Trane Trace
6	BIM 结构分析软件	ETABS
		STAAD
		Robot
7	BIM 模型检查软件	Solibri Model Checker
		Revit Model Review
8	BIM 可视化软件	3DS Max
		Artlantis
		AccuRender
		Lightscape
9	BIM 深化设计软件	Tekla
10	BIM 模型综合碰撞检查软件	Autodesk Navisworks
		Bentley Navigator
		Solibri Model Checker
11	BIM 造价管理软件	RIB
		Vico
		Innovaya
12	BIM 运营管理软件	ArchiBUS
13	BIM 发布审核软件	Autodesk Design Review
		Adobe PDF，Adobe 3D PDF
14	BIM 数据管理平台	Autodesk Vault
		Bentley Project Wise
		Dassault Enovia

（续表）

15	BIM 移动端应用程序	Autodesk BIM 360 Glue
		Graphisoft BIMx
		Bentley Navigato
		广联达 GMS

资料来源:上海中心大厦项目 BIM 团队。

不仅如此,上海中心的 BIM 系统可以有效规避贪腐行为的发生。通过软件管理,从设计开始到原材料的采购,从构件的制作到钢筋混凝土的浇铸,从基本建设到设备的安装调试与内部装潢,从项目交付到物业管理,全部环节都处在BIM 系统的控制之下。

以物流系统为例,采购零部件和原料,在什么时点发生的,在什么时候付款的,在哪里卸货的,经办人是谁,资金是什么时候到账的,什么时候出账的,资金流向哪里,诸多细节统统可以在后台反映出来。哪怕用了 10 年以后要倒过去查也全部记录在案。在阳光化和透明度极高的情况下,贪腐行为的发生率得以大大降低。

软件优化农场管理:Farmaron 的云与大数据

Farmaron 是一款农畜管理软件,专为农畜饲养体系已经较为成熟的美国量身定做。它将牲畜信息上传到云上进行管理,并利用大数据分析奶牛的产奶周期、每年的生育时间等。

从最基础的层面上看,Farmaron 是一款记录农场日常管理的软件,用户可以录入每个兽栏中的牲畜数量及其"生日"信息等。这不是忙着为了某个牲口开生日 party,而是为了掌握它的成长周期,从而确定何时应该喂哪种饲料,什么时候能产奶,什么时候能产小牛等。因此,Farmaron 也可以管理每个兽栏该投放哪种饲料,或者该把发情期及怀孕期的牲畜迁移到某个特定兽栏等。

除此之外,Farmaron 还能监测奶牛们每日的产奶量,以及产奶的营养成分,从而测试和调整饲料配比与饲养方法等。而所有这些操作都可以在 iPad 上进行。

软件渗透金融行业：Wolfram 的养老金计算软件

Wolfram 开发的养老金计算软件 Retirement Planner's Professional Assistant，旨在全面规划用户的养老金收益，可以做到将养老金规划的结果可视化呈现。其主要特点在于：①根据不同层次、不同风险偏好的客户，选择不同的投资组合方式，例如平衡型、渐进型、保守型等；②计算投资组合中每年因投资而产生的收益以及对未来的投资策略进行规划；③协助考虑到可能发生的各类金融需求，对家庭收支、投资、欠债、实物资产的各类账户进行全方位运算和评估；④直观显示资产组成的合理性、欠债情况、投资收益、日常开支等，并据此为其供给一套合适的养老金理财方案；⑤不仅能查询贷款利率、当地的汇率以及个人所得税率等，还能查询有关生活成本的信息，例如水、电、煤等价格以及租赁或购买固定资产的价格。

在软件中输入当下工资情况、每年工资增长情况、工龄、年龄、退休年龄 5 个变量，5 秒钟之后保险计划或养老金计划全部可视化，相当清晰明了。保险公司如果依托此软件挖掘潜在客户，可以生动直观地向潜在客户呈现最终结果，可根据客户喜好进行方案调整，大大提高了开展业务的效率。

不仅是保险公司，还有银行、会计、证券公司等金融机构都可以通过软件的应用，打造更加清晰和顺畅的流程管理，提高业务质量和效率。

比如，著名外资银行汇丰银行就将贷款经验与审贷软件结合起来，打造了申请贷款企业的财务审查 X 光机。人在体检时，通过 X 光机的扫描与照射，能够迅速洞悉内部机构，查找病灶，帮助医生进行诊疗。与之类似，使用财务审查 X 光机可以提高贷款发放的质量和收益。申请贷款的企业的各项经营、财务数据被输入模型后，经过模型分析，可以快速、直接、明晰地帮助提供企业内部经营和财务的状况,将审核人员主观上没有考虑的方面都全面覆盖掉,找到潜在风险点,从而辅助银行贷款审核人员进行判断,究竟能否给该企业贷款? 在安全边际内的贷款额度又是多少?

无独有偶,四大会计师事务所之一的德勤打造了企业税务的 X 光机,通过软件内置的四个主要步骤辨析企业报税信息的真实性,有效地为企业把控了税务风险。信雅达公司开发的计算机辅助审计系统 SunAudit,它定位为商业银行内部审计工作的一个综合性工作平台,不仅界面友好、操作简单,更重要的是,在其辅助下,银行的审计信息流程管理更加清晰和顺畅,大大提高了内部审计项目的质量,增强了内部审计的工作效能,提升了内部审计的形象,从而确保内部审计人员得以高质量地顺利完成审计任务。

这样的例子还有很多很多。在这样一个应用为先的时代,一切以软件出发不仅是大势所趋,而且势在必行。一言以蔽之,软件正像一种无法阻挡的基因被慢慢植入到所有的行业。

● 软件定义一切

软件渗透到各个行业,不仅重新定义了硬件,也正在重新定义一切。自 2012 年开始,"软件定义网络"(SDN)概念开始兴起,到 2013 年,"软件定义存储"(SDS)和"软件定义数据中心"(SDDC)也风行起来。至此,软件涵盖了硬件制造、IT 基础设施、行业应用等诸多领域,"软件定义一切"应运而生。

尽管"软件定义"这个概念本身该如何定义,各方还有不同的诠释,但总体而言,主旨是将应用、服务和管理从硬件层面剥离出来,为用户提供一个智能化和自动化的服务环境。依照 IBM 的观点,可以将其统括为"软件定义环境"(SDE, Software Defined Environment);Gartner 则更进一步,将其概括为"软件定义一切"(SDA，Software Defined Anything)。

不管是软件定义网络、存储、数据中心乃至一切，不管各个厂商所提的软件定义有何差别，概念的核心都是软件实现服务以及软件至上，而底层硬件的无关性，以及消除网络环境的复杂性，是这个概念所强调的关键前景之一。

对个人用户而言，软件定义一切意味着随着市场更加开放和灵活，消费者的意志通过软件定义来实现，整个产业进入消费者定义市场的阶段。软件使用将占据用户越来越多的时间。根据对美国用户使用手机情况的调查，目前 APP 已成为用户的首选，用户花在 APP 应用上的时间比例上升至 86%，远远超过花在 WEB 浏览器的时间 14%。[1]

对企业用户而言，软件定义一切意味着企业从管理数字化、IT 资产化的 1.0 时代进入了产品数字化、数据资产化的 2.0 时代。在 1.0 时代，软件主要用于企业人、财、物的管理，流程的优化。也就是说，最初人们利用软件进行密集计算，或方便政府部门进行统计，或进入财务领域、工程设计等信息密集型领域来提高效率；今后，人们把软件引入企业物料管理领域、办公自动化领域，借以实现办公流程的自动化、生产管理的信息化。为此，企业需要购买各种软件(见表 5 - 4)以及 PC、交换机、路由器、服务器、存储设施，建设机房或局域网等 IT 设备。在 2.0 时代，软件定义一切，企业实现的不仅是生产流程和服务流程的全面自动化，而且企业通过云服务使用各种软件，却无需投资新基础设施建设和雇佣新员工。

表 5 - 4　部分企业管理软件

企业软件中文名称	英文全称及缩写
企业资源计划	ERP，Enterprise Resource Planning
客户关系管理	CRM，Customer Relationship Management

〔1〕参见《计算机行业 2014 年半年度策略十问十答：为何我们坚定看好软件定义一切?》，平安证券。

（续表）

企业软件中文名称	英文全称及缩写
制造执行管理系统	MES，Manufacturing Execution System
人力资源管理系统	HRM，Human Resources Management
供应链管理系统	SCM，Supply Chain Management
产品生命周期管理	PLM，Product Lifecycle Management
高级计划系统	APS，Advanced Planning System

资料来源:上海数字化与互联网金融研究中心。

互联网:软件定义一切的物理基础

互联网正在成为人类的基础设施,网络无处不在为"软件定义一切"提供了物理基础。现在全球已有超过 20 亿人使用上了宽带互联网,而 10 年前全球使用宽带互联网的人口还只有 5 000 万。未来 10 年,预计全球至少有 50 亿智能手机用户,每个人都将能够通过自己的手机与互联网实现实时连接,做到每时每刻都能在线。[1] 思科 2013 年 9 月份在其官方博客中预计,2020 年的全球物联网设备将达到 750 亿台。在全世界 80 亿人口中,届时每 1 个人将对应 9.4 台物联网设备。未来世界的网络将会像水、电、气一样成为人类的基础设施,无所不在的网络必将把数字化推向人类存在的每一个角落,这为软件的无所不在提供了物理基础。

同时,软件创业的门槛大大降低,创建全球性软件公司正变得愈发容易。得益于近几十年来迅速发展的软件开发技术,特别是众多软件编程工具和基于互联网的服务,使得一个新创软件公司无需投资新的基础设施和培训新雇员,便可以进行软件开发。随着全球性软件企业创业成本的降低以及对网络服务的巨大市场需求,未来全球经济将极有可能实现全面数字化。

---

[1] 参见《软件正在吞噬整个世界》,马克·安德森(Marc Andreessen),《华尔街日报》。

知识贴   **软件正在吞噬软件开发**

克里斯·迪克森(Chris Dixon)是硅谷知名的科技创业者和投资人,曾经创办的 Hunch 被 eBay 以大约 8 000 万美元的价格收购。作为投资人的他曾投资过 Foursquare、Kickstarter、Pinterest、Dropbox、Skype 等诸多明星公司,现就职于硅谷顶尖风投公司 Andreessen Horowitz。Chris Dixon 最近在其博客上提出了一个新的观点:"软件吞噬软件开发"。

软件正在吞噬软件开发。软件开发所需要的团队越来越小。WhatsApp 仅靠几十名工程师就颠覆了全球的短信业务。小团队能够取得如此大的影响,得益于近几十年来迅速发展的软件开发和部署技术。其中改善比较显著的包括以下几点:

基础设施:10 年前,部署一个商业网站需要很大的前期投资。现在,你只需要花几分钟时间配置一下虚拟主机就可以了。前期投资基本为零,运营费用也要比原来低好几个数量级。

服务:创业公司只需要一些简单的 API 就可以避免复杂的后端开发,比如说,用 Stripe 解决支付问题,用 Twilio 解决通信问题,用 Firebase 提供数据库,用 Sift Science 处理欺诈问题。

开源:开源占据了软件开发的各个层面,包括操作系统(Linux),数据库(MySql),Web 服务器(Apache),编程语言(Python、Ruby)等。这些开源的工具不仅免费,而且比很多付费产品还要好用。

编程语言:开发者使用的语言不断发展,从 C 语言到 Java,再到现在广泛使用的 Ruby 和 Python。摩尔定律使得我们的计算资源不断丰富,而我们可以利用它来使开发更有效率。

针对非程序员的专用工具:这些工具使得一些不会编程的人也能利用现

成的模板来开发软件,因而也降低了成本和开发门槛。这类工具包括Shopify(电商)、WordPress(博客)、Weebly(小型商业网站)。

　　针对非程序员的通用工具:在互联网普及之前,Hypercard 和 Visual Basic 这样的工具让无数非专业人士成为软件开发者。通过让更多人编程,这些工具使得软件产业的发展进一步加快。

　　在未来,对于软件开发的需求十有八九会持续大于软件供给。在这种情况下,"软件吞噬软件开发"将成为一个令人兴奋的领域,会有很多有价值的创业公司在这个领域诞生。

来源:http://www.36kr.com/p/211193.html

软件定义一切加速云计算、物联网与大数据发展

　　近几年出现的云计算、大数据、物联网等,其核心都是软件。软件定义一切,对于云计算、物联网与大数据而言,意味着专门的软件代替了专门的硬件,资源转变成 IT 服务。传统的 IT 基础设施和各种 IT 应用,包括计算、存储、安全等等,如今能够实现真正按需、自动化提供,具有高度的灵活性和效率。在软件定义一切的时代,云计算、物联网和大数据将获得加速发展。[1]

　　加速云计算成熟。软件提供了让数据中心适配新形势和新应用所需的一切,管理了从存储到交换机乃至于安全等方方面面。底层硬件的任何变化都与上层应用无关,软件系统支持实时的资源调配和扩展,使 IT 基础设施可伸缩性差和性能有限等问题迎刃而解,为云计算提供了所需资源及运营平台。有些软件操作系统还可以提供同时管理私有云和公共云的能力,允许移植现有私有云应用到公共云,推动云计算进入成熟阶段。

---

〔1〕参见《计算机行业:伟大的时代,软件定义一切,将重塑全世界——2014 年年度策略报告》,平安证券。

促进物联网落地。物联网过去几年的进展并不尽如人意。物联网在诞生的初期曾被业界寄予极高的期望,被很多人认为是继计算机、互联网之后世界信息产业的第三次浪潮,物联网将是下一个推动世界高速发展的"重要生产力",是继通信网之后的另一个万亿级市场,具有十分广阔的开发应用前景。然而,经过数年的发展之后,我们并未能感觉到物联网对于我们生产和生活的巨大冲击,相反,我们似乎已经感受到了物联网的概念正在慢慢退潮。从百度指数我们即可窥一斑,物联网在一开始的火爆之后表现一直不温不火,目前其媒体关注度甚至已经弱于晚其三年兴起的新概念大数据(见图5-1)。

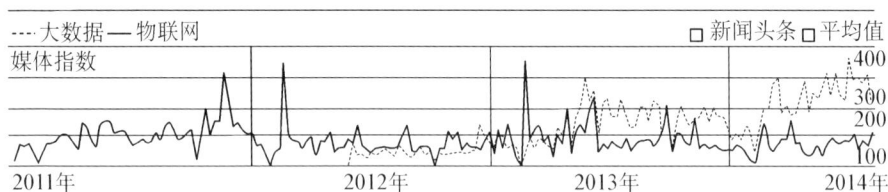

图5-1　物联网与大数据的媒体指数对比图

资料来源:百度指数。

随着软件定义一切技术对于基础设施的不断完善和计算能力的显著提高,未来物联网的发展有望进一步加速。其实物联网在技术上早已不是问题,但在实际应用中推进情况并不尽如人意。一个主要原因在于其应用的成本高昂,还不具备大规模推广的产业背景。软件定义一切将使得设备内核从网络硬件移植到软件中,从而让网络的组建、改造、重建成本都大大降低,最终支撑网络上最大规模的服务。此外,软件定义一切可大大提升物联网所需要的强大的资源支持和计算能力,进而推动物联网的发展。软件定义一切并不能解决物联网存在的所有问题,但一个环节处理成本的下降必将有利于整体的推进,软件定义一切将有望给物联网的发展带来春天。

提速大数据发展。即使有海量数据,但如果缺乏基础设施、数据挖掘的工具以及方法,也会影响企业从大数据中挖掘关键数据的能力,并间接影响到它们的业务洞察能力。但现今,对于所有类型和规模的组织来说,海量软件,特别是开源软件[1]中包含众多的大数据处理工具,大大降低了大数据处理系统的门槛,使所有组织都能够从它们业务需求的角度获得最合适的大数据处理工具,并有效确保将大数据转换为有意义的决策数据。

反过来,云计算、大数据和物联网的发展也将进一步推动软件和系统解决方案供应商的成长,加速软件产业发展。这三者都涉及数据处理环节,将主要由软件企业承担和负责,包括软件产品开发商、行业解决方案提供商、系统集成商、运营服务提供商,等等。随着未来云计算、大数据和物联网在各个领域的广泛应用和繁荣,必然要求根据不同行业的应用特点,提出个性化的解决方案,从而进一步带动软件行业的发展。

"软件定义一切时代"的应对之道

随着"软件定义一切"的技术条件日趋成熟,软件和信息技术服务业正以高速发展和快速演进的态势深刻影响着全球经济活动和社会进程,并渗透到每一个人的工作和生活当中去。那么,人们又该如何应对"软件定义一切"这样一个全新的时代呢?

软件公司"垂直化"

软件企业并购硬件公司,我们称其为软件公司的垂直化,对于软件企业而言,拥有从硬件到软件再到服务的全面用户体验,软硬件深度整合配合流畅,将

---

〔1〕开源软件,英文表示是 open source software,简称为 OSS,直接的字面意思是公开源代码的软件。软件既然连源代码都公开,因此开源软件具备可以免费使用的特征。

使产品更加难以被模仿。同时，硬件、软件和服务通过垂直化打包整合能创造更好的用户体验，并通过嵌入具有使用黏性的产品，提高了顾客的转换成本，确保软件公司更稳定的收入。

软件公司想控制硬件产品的另一个较少争议的理由是，如今公司遇上的工程问题日益复杂。比如家庭自动化。过去几年里在该领域有很多新尝试，但是解决方案总是遇到相同的困扰——如何用简易的设施和软件使所有的感应器和控制开关成为一个综合系统的一部分。显然，拥有全面和成熟的硬件和软件产品线的垂直公司最适合研发此类产品。

这种有趣的模式日益成为软件公司的运作方式，谷歌是最好的例子。尽管其收入主要来自广告，但众所周知，谷歌是互联网软件商业的典范，其关键产品都是软件：谷歌搜索、Gmail、Android 和谷歌 Docs。然而，谷歌却花 32 亿美元买下了家庭恒温制造商 NestLabs。2014 年 6 月，谷歌又各花了 5 亿美元收购了两家硬件企业：监控摄像公司 Dropcam 和卫星成像公司 SkyboxImaging。在内部，谷歌看起来也在全力建立硬件上的竞争力。其GoogleX 实验室的"登月计划"包括谷歌眼镜、谷歌气球和自动驾驶汽车等硬件产品。

在一流软件企业中，谷歌的做法并不例外。2013 年微软花了 72 亿美元收购了诺基亚，也是其历史上最大的收购之一。2014 年 Facebook 花 20 亿美元收购了虚拟现实创业公司 Oculus VR，也是其史上第二大收购。亚马逊继 Kindle之后继续在硬件上长线投资，最近还推出了自己的手机 Fire。[1]

但要注意的是，由于并购前的硬件企业有时更倾向于市场份额和高利润，而软件企业会想要更多的用户使用以产生流量，两类企业的基因差异，会导致软件公司在收购硬件企业后，面临着如何实现深度整合的难题。特别是如果你的

---

[1] 参见《当软件吞食硬件时，硅谷进入"硬"时代》，http://www.huxiu.com/article/36781/1.html.

80％的资源都用在了软件开发上，用在工业设计和硬件设计方面的资源有限，那么你就要确保负责后者的团队在整个团队中同样具有发言权，让他们的声音被听到，因为他们对在产品尺寸、材料和成本等方面存在的限制性因素更为了解。这样的沟通对确保实现"垂直化"至关重要。

硬件产品"软化"

对于想通过"变软"实现转型的硬件企业而言，如果你拥有人性化的软件、精致的设计和舒适的手感，恭喜你，你已经具备成为下一个苹果或特斯拉的条件了。为此，企业可能需要重视以下几个问题。

关注需求，找到用户痛点

产品也是有情感的。你为什么会购买这个产品？因为你喜欢它，因为它能够减轻你的负担，可以让你的生活更便捷，身体更健康，生活质量更高或者某项成本更低。但这些是远远不够的。

你还需要深入思考用户在日常生活中究竟为什么要使用你的产品？你的产品到底能够解决他们的什么问题，使他们获得什么价值？你如何来帮助用户达成这个目标？在"需求驱动"一章，我们将对此做更为深入的探讨。

总之，你越致力于满足用户需求，减轻用户负担，特别是如果你能够带来超出用户期待的用户体验，新增了超出用户想象的新的功能，让他们觉得"物超所值"，用户就会对你的产品立刻产生好感，甚至会帮助你广而告之。在网络时代，"口碑"的力量不容小觑。

强化多领域的紧密合作

为了给用户提供优质的使用体验，需要包括工艺设计、制造、市场推广和工程设计等不同部门的紧密合作。这意味着清晰的组织架构和团队成员间清晰流畅的沟通非常重要，不然往往会浪费精力、事倍功半。为此，曾参与开发过诸多

著名硬件产品的 MacBeth 给出了如下建议[1]:

首先,将工程设计和制造功能分开。为了确保能够利用现有的有限资源生产出理想中的产品,工程设计和制造功能当然需要紧密合作。不过,这两者在技术特质和进度节奏上全然不同,当你将主要的制造资源都投放在一个产品上时,工程设计资源就应该及时转移到下一个产品上了,不要让它们保持在同一个时间节奏上。

其次,由软件团队而不是硬件设计师团队负责领导产品的功能开发。软件与产品的最终用户体验直接相关。理想的用户体验一旦确定,项目负责人就应该和不同领域的技术人才一道去研究最终的产品模样。最后,软件团队负责将所有的研究结果进行综合,确保产品能够与固件更新、应用更新和 web 服务保持同步。如果让制造团队去领导设计团队(包括软件和电气工程),最终的硬件产品很可能差强人意。

最后,要保持软件团队与硬件团队的紧密沟通与协作。硬件工程师团队可能会对软件的响应时间进行假设,而软件工程师团队可能会对设备的手感进行假设,双方之间往往缺乏有效的沟通,仅凭自己的假设做出一些决策,最后导致生产出的设备出现各种问题。如果硬件团队和软件团队能够就各自的假设与对方进行沟通,很多问题都是可以避免的。因此,为了能够让软件工程师团队更有效地领导整个产品团队,就需要两者时刻保持紧密的沟通协作。

你找到正确的人了吗?

无论是通过并购寻求硬化的软件公司,还是希望通过软化实现转型的硬件企业,找到正确的人来做正确的事都是一个不容忽视的关键因素。

回顾一下智能手机的发展历程我们就可以看到人的因素是何等重要。诺基

---

[1] 参见《在软件吞噬硬件的时代,如何才能开发出真正伟大的硬件产品?》,www.firstround.com.

亚提出智能手机的概念比苹果 iPhone 要早 10 年,触控技术要比苹果早 3 年,应用商店比苹果 App Store 也要早 1 年,但是诺基亚却在智能手机大战中彻彻底底地输给了苹果。对比两家公司 2009 年的财报,总结诺基亚过去几年在智能手机上的糟糕表现,可以说诺基亚绝对不是输在 IT 研发投入不够上面,兴许只能归结于"人"。[1]

因此,对于希望实现软件与硬件进行深度整合的企业而言,人才尤其重要,特别是那种跨学科型人才。这种人才是那些了解功率管理、无线电信号、网络通信技术的软件系统工程师。问题是,现在这种人才并不好找。初创公司创始人可以去招聘几个"通才",这类人才能够对整个系统的协同运转有更全面的了解,那些具有计算机科学专业背景的通才往往能够解决绝大多数软件方面的问题。

但目前许多 IT 人才缺乏当下软件革命催生出来的新公司所需的技能。很多企业调研显示,企业主反映最普遍的问题正是人才的缺乏。这个问题无论在欧美国家,还是在中国,甚至在全世界范围内都比看起来更加糟糕。

未来的投资机会在哪里?

"软件定义一切"的大背景正是数字化。至于"软件定义一切"的经济价值会有多大,TMF(电信管理论坛)主席马丁·克莱纳(Martin Creaner)有一句名言:一切可以被数字化的都终将数字化。用户希望将生活中可被数字化的一切进行数字化。任何你能想到的服务都将通过软件被数字化,每一个人都是这场浪潮中的参与者。

我们正处在一场广泛的、激动人心的科技及经济转型中,越来越多的大型企业及行业将离不开软件,网络服务将无处不在。30 年来,软件已成为创业符号或黄金法则,软件公司成为创业者和风投者选择商业模式的不二法门,软件的利

---

[1] 参见《计算机行业:伟大的时代,软件定义一切,将重塑全世界——2014 年年度策略报告》,平安证券。

润几乎比任何其他行业都要高。某些公司中,软件贡献的利润甚至超过了总收入的一半。

2014年8月,普华永道发布了《2014Q2全球科技IPO评估报告》。报告显示:2014年二季度共有43家科技公司上市,较去年同期的17家增长了153%,融资总额高达123亿美元,同比增长327%。其中互联网软件与服务则是二季度IPO最活跃的行业,有21家相关企业上市,融资总额52亿美元。这么大规模的融资量与市场对科技股的追捧不无关系。二季度中,科技股IPO的平均单日回报率接近16%,2014年前两个季度的平均单日回报率则高达18%,均超过了市场整体表现,未来可能刺激更多的科技公司谋求上市融资。

让我们再把目光投向硅谷。软件的主导地位在硅谷成了轴心。软件公司如微软、谷歌和Facebook位列世界最有偶像性和最有价值的公司之列,新创业公司如"空中食宿"(Airbnb)和Uber正在瞄准改革旅馆和出租车等传统行业。中国市场又是怎样一番景象呢? 考虑到中国目前的软件和IT服务支出显著低于全球平均水平,而全球软件和IT服务支出比重还在持续增加,中国信息产业未来的主要方向仍然是在软件领域。

在这样一个数字化时代,"软件定义一切"将会打破传统的固有格局,具备颠覆创新能力的软件驱动型公司将成为新的王者。但是不是所有软件驱动型公司都能赢得竞争呢? 我们认为它至少需要具备三大核心要素,即强大的核心资源能力、创新的盈利模式以及高效的服务吸引力。

强大的核心资源能力是企业建立长期竞争优势的来源。核心资源能力是企业在竞争中处于优势地位的强项,也是对手难以复制的能力。例如,谷歌成功的关键在于拥有全球领先的搜索技术和全球最大的信息库等核心资源能力;创新的盈利模式是企业将核心资源转变为企业收入的重要路径,决定着创新型企业的生命力。同样以谷歌为例,它采用典型的广告盈利模式,广告是其营业收入的主要来源;高效的服务吸引力更无须赘言,只有不断地提供优质高效的服务,才能不断扩大用户规模，占领新的市场。

最后，软件驱动型创新公司要想证明自身价值，必须建立强有力的文化，让它们的客户感到高兴，打造自己的竞争优势，证明自身估值在上升。任何人都不应指望在一个既定的行业建立一家高增长、软件驱动型的新公司是容易的。但一旦成功，公司将会获得比以往任何时候都更大的市场。

因此，马克·安德森才在《软件正在吞噬整个世界》书末写道：这是一个伟大的机会，我明白该把自己的钱投向哪里！

🌑 结语

软件对于世界的重构几乎无处不在，未来软件将会加速定义整个世界。回顾过去几年我们身边发生的变化，我们可以看到，从书本到导航软件，从新闻的获取到日常记录，软件已在切切实实为我们重新定义一种全新的生活方式。

随着网络接入方式的进一步多样化，随着智能设备的进一步渗透，软件驱动世界的进程已进入深化发展阶段，原子世界正与比特世界展开深度交叉融合，形成人类更易洞察的数据世界。软件将不断重新定义世界的万事万物，促进人类社会的文明进程加速发展，软件将成为数字化时代的最强生产力，让我们拭目以待。

6 趋势六：外包和众包
——从小而全、大而全到外包、众包

在未来 10～15 年当中，企业中任何不创造营收而仅作支持的工作，以及不提供职业发展机会的工作都应该外包出去。

——彼得·德鲁克(Peter Drucker)

创客运动结合了数字制造和个人制造，使人人都成为创客。

——克里斯·安德森 (Chris Anderson)

"众包"不仅是一种商业可能，更是商业的未来模式。

——杰夫·豪(Jeff Howe)

残骸搜索可以众包？2014 年 3 月，在马航 MH370 失联 4 天后，一家名为 DigitalGlobe 的卫星公司，将自家众包平台 Tomnod 开放，希望通过全球网友的力量，找到这架失联航班的下落——每个志愿者都将被分配到部分卫星图片，他们可在线标记自己眼睛观察出的任何可疑的线索、漂浮物或是残骸。DigitalGlobe 分析师将进一步确定用户鉴别出的可疑区域，并将把所有可疑点汇报给参与救援的政府。DigitalGlobe 表示，由于信息源不断增多，搜索半径扩大，网站将随时更新图像数据。不曾想到的是，一天 2.5 万人的平台注册量，一度使这个建立不久的网站陷入瘫痪。

地图制作可以众包? 2012 年,共有 3 600 万名用户使用了 Waze 的应用来导航,行驶了 96.6 亿公里,分享了 9 000 万份用户报告。来自 110 个国家、总计 6.5 万名地图编辑人员在 2012 年对地图做了 5 亿次编辑,并更新了 170 万处发生了变动的地图信息。数据显示,系统检测出来的地图问题当中有近 70% 在一个月内就被解决掉了,几乎所有由用户发现的问题都能在一周内得到处理。早在 2011 年,Waze 获得 KPCB 及李嘉诚旗下的维港投资共计 3 000 万美元的投资。2013 年 6 月,Google 以 11 亿美金全资收购了 Waze。

软件测试可以众包? Appaluse 公司总部设在美国马萨诸塞州弗雷明翰,它依托 14 万人以上的众包测试员和漏洞检测员,根除应用软件的所有瑕疵。2013 年,该公司年收入达到了 2 400 万美元,客户包括谷歌、微软、英国新闻(News UK)等。预计到 2014 年年底,Applause 的收入将达到 3 500 万美元。有一家在全球各地拥有上百万用户的流媒体公司,需要将其软件应用在 100 多种不同的设备上进行强度测试。通过 Applause 很快从五大洲的 78 个国家召集了 500 名测试员——其中包括来自伦敦、马德里、慕尼黑、圣保罗、费城和班加罗尔的 IT 极客。他们在各种台式电脑、手机、游戏机和智能电视上试用了软件,分析其性能和用户体验。

知识可以众包? 维基百科的诞生是第一个被称为互联网内容领域最致命、也最成熟的非商业化众包。截至 2014 年 4 月 7 日,英语维基百科已有超过 400 万个条目,全球 282 种语言的独立运作版本更是超过 2 100 万个条目,登记用户超过 3 200 万人,总编辑次数超过 12 亿次。维基百科在全球前 50 大网站中排名第五,并且是唯一一家非营利性机构运营的网站。与其他商业网站相比,维基百科月均页面浏览量达到 190 亿次,网站的运营预算费用却远低于其他网站。

劳动力可以众包? 亚马逊旗下的网络交易平台 Mechanical Turk 应当是目前探索出最成熟众包模式的机构了。这主要得益于作为电商的亚马逊已经拥有庞大的用户群、支付系统和中控系统,Mechanical Turk 主要用于交易"劳动力"。

任务提交者可以在平台上发起一项任务，邀请个人用户参与完成，并支付小额报酬。比方说，请个人用户来选择一家商业机构最适合的配图，或填写一张简单的调查表。然后会往他的亚马逊账户打入相应的报酬。亚马逊将这类服务形容为"人工的人工智能"。

研发可以众包？最早实施众包的"创新中心"InnoCentive 网站创立于 2001年，由医药制造商礼来公司资助，现在已经成为化学和生物领域的重要研发供求网络平台。"创新中心"聚集了 9 万多名科研人才，客户包括波音、杜邦和宝洁等世界著名的跨国公司。其中，宝洁公司是"创新中心"最早的企业用户之一。该公司引入"创新中心"模式，把公司外部的创新比例从原来的 15％提高到 50％，研发能力提高了 60％。宝洁目前有 9 000 多名研发员工，而外围网络的研发人员却高达 150 万人。

资本筹措可以众包？点名时间是资本筹措领域的众包代表。它模仿的是国外的众筹网站 Kickstarter，项目发起人通过视频、图片、文字介绍把希望实现的创意或梦想展示在网站上，并设定需要的目标金额及达成目标的天数，喜欢该项目的人可以承诺捐献一定数量的金钱，当项目在目标期限内达到了目标金额，钱才真正付出。项目成功后，点名时间会从中抽取 10％的服务费用。

托马斯·弗里德曼在《世界是平的》一书中大力宣扬铲平世界的十大"推土机"，其中外包是最大的一台。但是，现在另外一条能获得更廉价人力、更有价值的途径——众包正在形成。众包自诞生之日起，迅速引起人们的关注，该模式在短期内席卷全球，在诸如创新模式、组织架构观念等方面，给企业带来了革命性影响。

外包与众包：和而不同

外包与众包的联系

外包就是企业把自己不擅长的或者是要占用大量时间、人力、物力的工作委托给外部的专业公司,从而达到降低成本、提高效率、充分发挥自身核心竞争力和增强企业应对外界环境能力的一种管理模式(见图6-1)。如果用一句话概括"外包",那便是"做自己做得最好的,其余的让其他人去做"。比如好莱坞导演卡梅隆在拍摄《阿凡达》的时候采用的模式是:美国编剧,中国制造模型,新西兰录音,法国配乐。外包助力《阿凡达》形成一个跨洋越海的产业链。

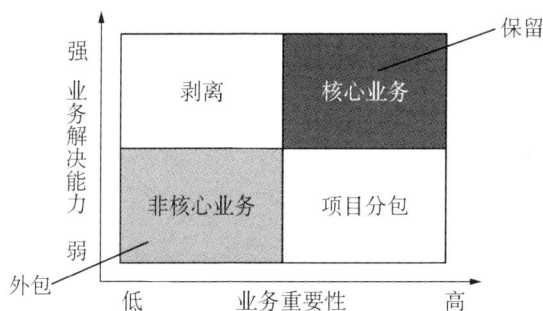

图6-1　企业外包决策矩阵示意图

资料来源:上海数字化与互联网金融研究中心。

相对于外包,众包是个新兴词汇,英文叫做crowdsourcing。"众包"一词正式发布于2006年《连线》杂志(*WIRED*)6月刊,当时该杂志的编辑杰夫·豪首次阐述了"众包"的概念。他认为"众包是一种新的商业模式,即企业将原先由内部员工完成的工作,利用互联网通过自由、自愿的形式将工作分配给非特定的(而且通常是大型的)大众网络。"随后,美国麻省理工学院斯隆管理学院教授艾瑞克·冯·希普(Eric von Hippel)提供了理论支撑。他指出,一份企业调查显示,在当代企业的利润增长中,技术创新因素占40%,资源因素占20%,人均资本的增加因素占15%,规模经济的因素占13%,劳动力素质的提高占12%。以前人们认为规模经济和人均资本的增加,是创造利润的主宰。但在当前,它们两者之和也只有28%,而创新和劳动者素质的提高却占了52%! 这就是我们面临的世界经济的发展现状,是我们竞争对手企业经营的现状,也是众包兴起的重要背景。

从本质上来看,众包和外包都是日益激烈的市场竞争的产物,外包鼓励公司"有所为而有所不为",众包鼓励消费者及用户把握"你的世界",实践"你的梦想"。无论是外包,还是新兴的众包,都是对以前"求全模式"的一个颠覆,二者有着紧密的联系。

信息技术的发展是外包和众包得以实现的共同基础。知识可以被编码化、标准化和数字化,因此也使得传统的服务产品可以被分裂或者分解成小部分,以数字形式存储并打成包。可以被分解的服务产品类别既可以是低价值的数据(例如输入电脑的数据),也包括高价值的数据(例如建筑设计、精密的金融数据分析、X光、电影、软件开发和广告片段)。互联网使人们可以在任何时间、任何地点相互联系,信息可以更为便宜和迅速地传输。这些都使得广泛的、跨越时空距离的外包和众包具有了实现的可能性。

这两种模式最重要的相同点是企业的创新不再局限于企业内部,企业开始向外部寻求创新能力。众包和外包都强调从外部获取资源为其所用。当公司内部资源有限、无计可施的时候,利用外部资源来解决问题无疑是高明之举。企业将某些原本应由自己完成的工作外包,既利用了外部专业公司的长处,又使自己减少了在这方面不必要的投入,使企业有精力做自己最擅长的事。同样,企业通过将某些内部难以完成的工作众包给不特定的大众,实现了外部智力资源的最广泛利用。

外包不等于众包

然而,如果把众包等同于外包,或将众包视为外包的一种,也是一种误解。

表6-1 外包与众包的不同

	众包	外包
实施时间	21世纪初	20世纪80年代开始
实施条件	互联网	不局限于互联网

（续表）

	众包	外包
体现关系	合作关系	雇佣关系
发包对象选择	草根阶层	专业人士和机构
发包对象数量	对象数量无限	生产商
付费情况	对结果满意时才付费	要不断付出成本

资料来源:上海数字化与互联网金融研究中心。

首先,众包所体现的并不是外包中的合约关系,其核心是"携手用户共创价值"的理念,因为产品的设计已经由生产商为主导逐渐转向以消费者为主导。

其次,外包强调的是高度专业化,是专业化作用下规模经济的产物,它主张把不具有核心竞争力的业务转移出去,让专业的人士干专业的事情,以便企业把精力放在自己擅长的业务上,达到集中优势兵力的目的;而众包则反其道而行之,它倡导的是社会差异化、多样化带来的创新潜力,相信消费者的力量,是更加个体的行为,依靠的是"草根阶层",相信"大众的智慧是无穷的",主张"三个臭皮匠赛过一个诸葛亮"。企业通过众包集中更多人的智慧,充分发挥隐藏在网民中的巨大潜在能量,使好的创意为我所用,帮助企业解决自身难以解决的问题,增强企业的核心竞争力。简言之,降低成本是外包的最初驱动力,而众包的目的则更多的是增强创新能力。

最后,外包往往是一对一的关系,而众包是一对多的关系。企业通过特定业务的外包与其他企业形成密切的、一对一的合作关系。当然,也有企业把同一业务外包给两个及以上的接包方;而众包则有可能是企业面对成千上万的接包方,例如,美国加州伯克利大学的分布式计算项目,成功调动了世界各地无数个人电脑的闲置计算能力。

总之,众包与外包既有联系,又有区别。企业既可以单独采用众包或外包商业模式,也可以采用外包与众包共生发展模式。近年来,外包的市场越来越大,外包的商业模式也越来越成熟,而众包作为刚刚萌芽的新的商业模式,将迎来重要的发展期。

新技术驱动下的新兴服务外包市场

外包可大致分为三类:ITO、BPO、KPO,即信息技术外包、业务流程外包以及知识外包。在新的技术背景下,服务外包的新市场有哪些呢? 我们认为主要有如下几个:金融后台和金融外包市场、云计算、物联网相关服务外包市场。

金融后台与金融外包市场。金融行业是服务外包最大的发包行业之一,由于全球的银行和金融机构需要处理数量巨大的金融交易,速度和准确性至关重要,由此产生了大量的外包服务需求,市场容量巨大。

金融机构有前台、后台的区分。以银行为例,金融外包主要来自于金融后台,比如信息系统、数据处理、信用卡业务。银行后台业务的发包方有三种模式:①完全外包模式,如国家开发银行发包给惠普公司做的 IT 系统;②部分外包模式,如光大银行与联想合作的软件系统开发;③完全自营模式,如交通银行数据中心开发的 IT 系统。银行后台业务接包方有离岸金融外包和在岸金融外包两类。

云计算服务外包市场。如前面章节里已经讲过的 IaaS、PaaS、SaaS。从某种意义上,可以将云计算视为服务外包 2.0。举几个例子。IBM 在爱尔兰都柏林开放了一个提供云计算服务的新的数据中心,向客户提供软件和 IT 服务开发等协作项目的应用软件;凯捷公司与亚马逊签署合作协议将外包服务组合延伸至云计算;Wipro 计划提供数字资产管理、存储、备份、灾难恢复的云计算服务,等等。软件及 IT 服务市场分析师 Apalak Ghosh 表示,到 2015 年全球云计算市场规模将增长到 700 亿美元,市场机遇十分巨大。

物联网相关服务外包。物联网带来了潜力巨大的服务外包市场。据中国国际物联网大会透露,2020 年前全球物联网的终端将达到 500 亿个,成为又一个万亿元级别的产业。物联网已经开始应用在智慧城市、智慧医疗、智慧交通等社会和生活的多个方面。上海国际航运中心在发展计划中，建议利用智慧地球、物联网等技术，发展数字航运中心，将航运到港从告知转变为感知。目前，上海国际港务集团已经实现了从告知到感知的转变。

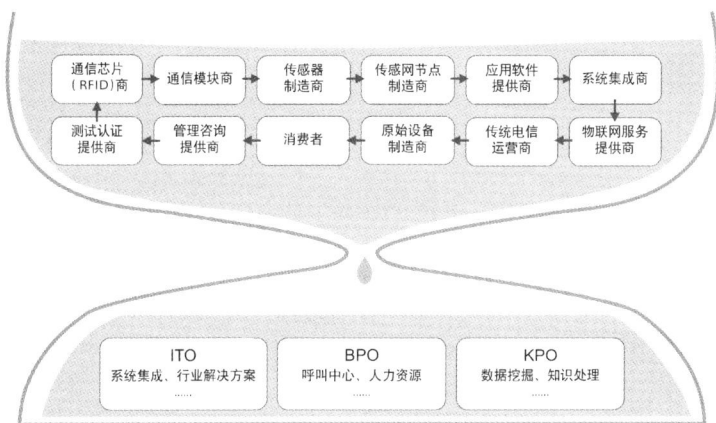

图 6-2　物联网产业链

资料来源：上海数字化与互联网金融研究中心。

从长远来看，"事物即服务"（Things as a service，TaaS）将成为物联网的发展愿景，物联网中的无线射频设备（RFID）、机器（Machine）均可以作为一种服务提供，形成了 RaaS（RFID as a service）、MaaS（Machine as a service）。例如：谷歌提供用电检测服务，允许厂商制造兼容设备，对用户电器和照明设备进行智能分析，把结果返回用户电脑，让你的电灯告诉你它正在使用多少能源。不难想象，"事物即服务"的发展愿景将带来巨大的服务外包潜在市场。

日新月异的技术让人们目不暇顾，挑战着各种传统管理模式。云计算、物联网虽然刚刚出现在我们的眼前，但我们已经可以尽情地去想象新的管理模式，特别是服务化了的所有经济活动、文化活动、社会活动。未来新的模式可能有这样的一个发展序列：云计算提供的基础架构即服务、平台即服务、软件即服务；物联网发展中的 RFID 即服务、设备即服务、机器即服务。最后会不会发展到一切即服务(XaaS)呢(见图 6-3)？我们有理由相信，这些创新的服务将会带来更多、更广阔的服务外包市场。

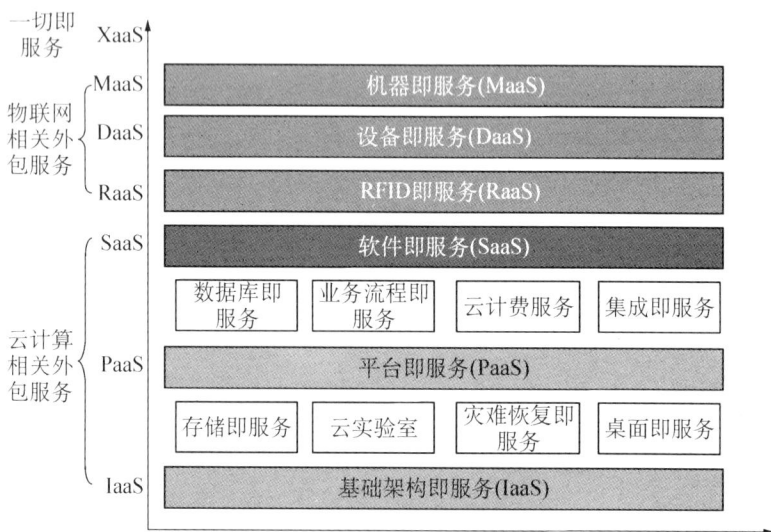

图 6-3　一切即服务的结构示意图

资料来源：上海数字化与互联网金融研究中心。

● 要不要外包以及如何外包

外包的喜与忧

检查一下你的 iPhone、iPad 的背面，一定会发现一行小字："加州设计，中国组装。"

苹果公司几乎将所有的制造业都外包给海外，比如富士康、广达；小米公司将所有能外包的业务全部外包，制造外包，物流外包，仓库外包，甚至连售后服务都可以部分外包,自身专注于研发及与用户深度沟通;过去一直坚持所有手机都在自家工厂生产的 HTC 为了削减成本,吸引新兴市场客户,2014 年也首次外包了部分智能机生产。似乎外包已在智能手机行业成为一种流行做法。

下面,让我们再来看看外包这枚硬币的另一面。

以波音公司为例,波音 787 客机出现了诸多故障,如制动问题,燃油泄漏,挡风玻璃出现裂痕,电池起火,等等,引发全球商界激烈讨论。据法新社的报道称,波音 787 客机无论是电子传统零件还是合成材料,均依赖外包生产。实施外包工作的企业分多个层级,理论上它们的设计应该保持一致,这样零部件才能相互吻合。但现实却是一团糟:各个零部件不能相互匹配。部分供应商将工作转包给它们的供应商,之后将问题推卸到组装上。如果某个零部件就不能提供,另一个依靠该部件的零部件就不能跟上,全球供应链几乎陷入停顿。波音在 2009 年不得不花 10 亿美元买断其中一家延期时间最长的供应商,将其工作迁回国内。

对比硬币的两面,或许我们提出的问题不应该是要不要外包,而是外包什么以及如何外包。

外包策略

毕业于麻省理工学院的工程师,回归倡议协会(Reshoring Initiative)的创始人哈里·莫瑟尔(Harry Moser)曾提出如何评估离岸外包的方法,或许可以帮助企业作出是否需要外包以及如何外包的决定。[1]

使用合适指标来评估外包决策

在分析外包时,企业要超越传统的成本计算方法,因为这些计算方法专注于短期利润,只考虑如劳动力成本或者出厂价格;因此,企业在进行分析时,还应考

---

[1] 此节参见《波音的溃败:每位 CEO 都应从中学到七大教训》,Steve Denning,http://www.forbeschina.com/review/201301/0022838.shtml。

虑外包后的供应链的总成本和风险。有一项工具叫做"总拥有成本计算器"（Total Cost of Ownership Estimator），虽然是用来让企业计算离岸外包的全部风险和成本的，但同样也可用于计算在岸外包的风险和成本。该计算器提出一系列问题：来自各外包地点的零部件的价格分别是多少？外包地有多远？你外出与供应商见面的频率如何？进行外包的知识产权风险有多少？你认为完成产品生产的时间有多长？该计算器使用这些答案来计算25种不同的成本。将所有的成本加起来，就是"总拥有成本"。

当经理们使用电子数据表进行管理，而不是按照有关工厂实际进展以及可能的生产情况等现实世界知识进行管理时，他们有可能会忽略掉技能丢失、质量降低以及创新受约束等隐藏成本。当他们根据工资成本或者工厂交货价格来考虑外包决策时，可能就会忽略了因为不同地点设计生产产品而产生的潜在附加成本。他们还忽略了国际供应链的成本和风险，由于产品周期越来越短并且速度越来越快，国际供应链越来越显得不合拍。这些要素需要企业在作出外包决策以及进行外包管理时加以关注，并进行综合考虑。

不要将关键任务外包

莫瑟尔将苹果外包与波音外包进行对比后指出："iPhone并没有这么复杂，负面风险也没有这么大。通过将几乎所有产品外包给富士康生产，苹果获得了成功，主要原因在于其产品完整地在美国生产。它们确保该产品的装配是正确的，而富士康则在开发模具等事务上与它们同步。因此，苹果就会拿一款完工的产品向富士康表示：生产像这样的产品！苹果所做的一切都非常优秀，因为它们有能力做出完美的原型机，之后才将其离岸外包给富士康。大部分企业都没有这样的流程。如果波音承担工程设计的全部责任，之后将零部件生产工作承包出去，然后把这些零部件组装在一起，该公司的问题可能就没这么严重了。"

这对于发包企业十分重要。因为你可以外包生产，外包物流，外包研发，外包客服,但你永远无法外包责任。所以不要把影响最终生产与服务质量的关键任务外包出去。

回归为客户创造价值的终极目标

每个企业真正的目标是为客户创造价值。随着新的能源经济的发展,机器人技术、人工智能、3D打印和纳米技术的快速发展,全球生产正处于大规模转型的交接点。未来10年这些新技术的发展将在全球范围内引发彻底的制造业转型。新的行业赢家将是那些掌握了快速生产并能持续以客户为基础、立足创新灵活性的企业。仅仅改变生产的地点和外包并不足够。企业需要系统性地改变传统的管理范式。

众包:全民参与创新的新模式

众包的价值

2007年1月,吉利汽车斥资360万元,面向全球招募喜爱吉利汽车的创意设计人员,征集车标设计,其中的200万元作为车标设计冠军奖金,其目的是使其LOGO更加美观且更符合国际潮流。

阿迪达斯的粉丝现在不仅可以自己设计跑鞋,而且新颖的好方案还会被阿迪达斯公司采纳,设计出来的跑鞋甚至可以放到eBay上出售。

德国大众汽车最近也开始让用户或感兴趣的群众参与其甲壳虫汽车的广告语创意。

在2012年的Gartner技术成熟度曲线上,一项管理创新破天荒地被放到科技创新的预测曲线中,而且预测这项创新将在5～10年内进入全球主流市场。这项管理创新不是其他,正是众包。事实上,有关全球众包的案例,已经不胜枚举。在这些案例中,有些公司借助众包获取了海量内容,有些公司借助众包完成了巨额融资,有些公司则借此大幅降低了成本。众包对企业核心需求的满足显而易见,其中包括降低生产成本(用人而不养人),提升核心竞争力(创新中心),引领市场(消费者设计)等。

众包缘起于互联网,当一些公司在网络上公开其产品源代码时,这些产品却意外地得到了大众创意的改进,这些免费的群体智慧促进了商业的飞速发展。众包利用愈发普及的互联网,充分发挥网民的创新热情和能力,实现"携手用户协同创新"的价值。它把客户看成是主动的创造者而不是被动的价值的接受者,它假设人人都是艺术家、科学家、建筑师、设计师……它把企业看成是合作产生价值的促进者而不是标准化产品的生产者,它使人释放出无限潜力,使每一个人得以在不止一种职业上追求卓越。

改变了传统模式。众包这种"自下而上"的创新模式,颠覆了传统的"自上而下"的旧模式。传统模式要求企业必须高薪聘请专业的队伍,而且产品还不一定符合消费者的需求,这些都大大增加了企业的综合成本。但是,"自下而上"的模式,能够充分地激发每一个消费者的创新力,原因就在于消费者有着不同的教育背景以及不同的价值观,所以他们所提供的想法应该能够"五花八门"。广告可以众包吗? 例如欧莱雅拍一个广告要几十道工序,每一道工序都要花很多钱,有人计算过,这样一个广告制作下来需要投入 32 000 美金。可是如果采用众包的方法,让所有品牌爱好者在网上帮它设计广告创意,然后欧莱雅对入选的创意进行购买,这样,欧莱雅只花了 1 000 美元就搞定了。

促进组织架构的扁平化。众包在一定程度上加剧了金字塔型组织架构的瓦解,因为现在企业并不需要雇佣大量的人力,以防止企业人员过于臃肿,进而促进企业组织架构扁平化。同时,众包极大地促进了多元化创新的渠道,企业实际雇佣的职员并不是企业所在地的职员数量,这些职员可以来自于全球各个地方,只要中意于该企业提出的条件,或者对企业要设计的产品感兴趣,都可以参与。

拆掉了专业化的围墙。众包并不强调高度的专业化,其强调的是多样性及个体的力量。公司之所以利用这些力量，是因为隐藏在这些个体力量背后的是巨大的商业潜力，每个人的智慧加起来才是"大智慧"。我们经常会引用一句名言，那就是"智慧在民间"。从 2005 年起，IBM 每年都举行一次通过内部互联网平台组织的、为期数日的"创新大激荡"。IBM 内部还建立了 WikiCentral：当把一个创意放到 WikiCentral 的相关门类下，全球的研发人员和同事都可围绕它提出各种致力于完善它的建议和解决方案。它直接穿透了任何一种可能阻碍创新的官僚机制，让群体智慧对商业的推动更加迅速。

促进了全方位竞争。无可否认，市场的本质仍在于其竞争性，大公司之间、小公司之间、大小公司之间，竞争无时不有，无处不在。很多情况下，由于实力原因，中小公司往往处于竞争中的不利位置。然而，众包的出现，在某种程度上改变了这种竞争态势。众包使得中小公司完全可以与大公司一较高下。通过互联网，小公司可以轻易建立起一个"全球性的公司"，"职员"来自于世界各地，他们或许互不相识，但是都在为所聘公司服务。以前人事部 HR 只需要管理、服务好自己鼻子底下的员工就行了。如果使用众包的办法，可能需要你面向全球众多科学家、工程师、创意人的庞大群体，要求你至少要懂得 IT，懂得营销策略，懂得怎么编制众包的计划书。如果还守着办公桌找人谈话的老办法，估计就行不通了。

如何利用众包？

要利用众包这种新模式，创新知识能否通畅和迅速地实现用户向企业的转移是关键。

相信并利用巨大的消费者智慧。中国是世界上人口最多的国家，超过 13 亿的庞大数字，也意味着消费者市场的巨大，这其实是极其宝贵的财富。对于身处其中的国内公司而言，不对该资源加以充分利用，无疑是巨大的智慧资源浪费。据中国互联网络信息中心数据表明，截至 2013 年 12 月，中国网民规模达 6.18

亿,其中农村人口占比 28.6%,规模达 1.77 亿,互联网综合普及率为 45.8%。由此可见,网络资源日益丰盛,网络力量日显强大,这个群体将会爆发出前所未有的巨大力量,绝对不可以忽视。

注重网络平台下的用户需求。2005 年,美国麻省理工学院教授艾瑞克·冯·希普提出"传统的企业往往先进行市场调研,然后再进行生产、市场推广,却不知这一过程已造成了巨大的浪费"。以用户为中心的创新,将比数年来占主流地位的以制造商为中心的创新更有价值。用户愿意为定制的非大众的产品付费,用户的需求正在走向多样化、个性化,市场也变得更加碎片化,这些原因加速了用户创新的要求和能力,产品设计亦开始由过去的以生产商为主导转向以消费者为中心。

由于没有人比消费者自己更清楚真正的需求,他们比任何一家企业的研发部门都更活跃,更具有创造力。因此,众包的核心也包含着与用户共创价值的理念。从某种程度上说,忽略用户需求的企业,最终只会在竞争中被市场遗忘和抛弃。

善于借助提供众包服务的网络平台。目前实施众包的网络平台有:CONBY、InnoCentive、创意功夫网、猪八戒网,等等。通过互联网,公司可以在提供众包服务的平台中找到公司难题的"解决者",一来可以在提高效率的同时降低成本,二来可以在增加创意的同时提高企业的知名度。企业众包付出的费用远远低于自己雇佣人员或外包给其他企业的成本,同时用户通过自己的业余爱好从被采纳的设计和创意中得到自己应得的收入,两者达到"双赢"。中国的企业也可以将自己企业内部无法解决的问题,通过网络平台,邀请用户参与解决。如前文所述的宝洁公司不仅通过"创新中心"平台,还通过 YourEncore 和 NineSigma 等网站,抛出自己的研发课题,寻求外援。

改变传统的创新观念。现在,有越来越多的证据表明,由外行人设计出来的产品也可以击溃专业化的门槛。如深受人们喜爱的玩具公司乐高一直鼓励和资助用户们参与公司的各项设计任务，从机器人操纵系统到积木套装产品。宜家通过举办"天才设计"大赛，吸引顾客参加多媒体家居方案的设计，得奖者可获得2 500欧元的奖励，其作品将投入生产和市场。类似的做法还被麦当劳、万事达卡等公司采用。

众包让参与范围扩大。以企业研发为例，最初，这只是研发部门的事；之后研发成为企业所有人的事；再后来，研发发展成为企业与供应商一起的事；现在，研发成了所有消费者的事。从这一变化轨迹，我们可以发现，众包已经改变了传统的创新观念。对企业来讲，你要做的不是去质疑它，而是要响应它、利用它，除此之外，别无他法。

但是，要注意众包也存在一些潜在的问题。比如，众包不能保证应标方案的质量，劳动力全球化引起的沟通障碍，竞标者的抄袭纠纷，以及招标者的诚信问题等。这是需要任务发包者冒一定风险的。但众包能够成为我国大多数中小企业降低生产成本、提升竞争力和引领市场潮流的有效途径，因此我们绝不能因噎废食，必须对这种经营模式进一步规范和完善。要做到这一点，需要健全知识产权制度，还可以借鉴银行系统的做法建立用户身份认证制度，对用户身份施行实名制，为众包在中国的发展创造良性的信用环境。

如何利用大众的智慧并产生经济效益，是一个管理领域的命题。因为这里面有协作、决策、引导、激励等一系列环节。正因如此，利用大众智慧需要高超的管理技巧。其实这是对管理者提出了更高的要求：你只有先学会利用管理体系，并熟练地掌握基本的管理流程，才能更好地面对可能的众声喧哗。换言之，如果你仅仅是一个开放思想的爱好者，而没有接受过任何现代管理体系的熏陶，就很容易进入"集体智慧变成集体愚蠢"[1]的尴尬境地。

---

〔1〕朱利安·伯金肖（Julian Birkinshaw），伦敦商学院战略与国际治理系教授。

案例　　　　　　　　创意功夫网的创意众包三部曲

　　创意功夫网是中国广告业领先的众包平台。如同它的广告语"在线头脑风暴"，创意功夫网现在凝聚了 3 万多名年轻且思维活跃的创意人和 100 多位 4A 公司创意总监级评委的智慧，为各大知名公司和机构提供令人耳目一新的广告创意。

　　作为一个传统家具品牌旗下的独立子品牌，米兰纳品牌是中国现代与意大利米兰时尚风格结合的设计风格，瞄准了 80 后、90 后，打造一个最年轻、最时尚的木门品牌。

　　米兰纳依托母品牌华鹤的深厚经验及技术基础，需要的是更多、更有效地将自己的风格传达给目标消费者。作为一个传统品牌，他们过去经常借助传统广告公司的力量，来达成他们市场营销的目的。但是近几年，由于移动互联网的强势崛起，传统渠道日渐弱化，而米兰纳也为了打入年轻人的族群里，吃了不少苦头，走了不少冤枉路，最终在遇到创意功夫网之后，敲定下来以创意功夫网的"营销三部曲"来为米兰纳的未来营销道路制定策略。

　　目标消费者喜欢什么，需要什么，关注什么，消费什么？

　　第一阶段，就是"找痛点"——洞察消费者的真实心理。什么是痛点？其实就是客户的深层次需求，比如说"用户想要随时随地了解自己的朋友在做什么"就是一个很好的洞察，也造就了微信"朋友圈"的流行。

　　功夫网目前的注册创意人本身以 80—90 后居多，这样的创意人群体也正好对应了米兰纳的目标消费群体。比起市场部的几个人坐下来开会讨论我们的消费者是什么人，让这些创意人来帮品牌找痛点，是最适合不过的。通过短短一周的征集，收到了近百份投稿，各抒己见。米兰纳最终也确实在所有稿件里找到了切合其品牌的痛点。

第二阶段，根据所得的消费者洞察，确定品牌营销所需的几个内容：视觉平面、公关活动事件、品牌宣传片。

先不急着来订计划，再次利用创意众包平台和创意人，看看现在年轻人喜欢的风格、故事、营销都有哪些，这是我们合作中的"找案例"环节。

很多甲方有底蕴，有实力，有成熟的营销市场团队，却不一定能抓住年轻人。为什么？

移动互联网时代，潮流变化太快太纷杂。在这样的大环境下，有时候花大力气做出来的推广等真正上市却已成明日黄花，OUT 了！

"找案例"的目的不止在帮助客户扩大视野，更重要的是能通过这些案例抓住需要的创意走向。

第三阶段，就是真正的创意执行征集了。

米兰纳需要新颖的视觉风格，抓眼的公关活动，创意的视频脚本！

这其实是传统广告公司至今最引以为豪的业务，也就是抓一些创意人，关起门来帮客户想好所有的策划和创意。但是这也是最难的部分，因为只要一个环节出错，出来的创意就很有可能会偏离客户的要求，而这种情况即使在最顶尖的广告公司，也是屡见不鲜。

但是经由"找痛点，看案例"出来的任务简报，由于洞察明确，参考案例充分，并且全部由客户确认过，所以基本上是不可能会有问题的。

创意功夫网提供了多种众包形式服务于不同的客户，对于需要广开言路的任务，比如之前的第一、第二阶段就是使用了网站比较成熟的众包，只要是网站的注册创意人都可以投稿，相当于是一个走量的创意征集形式；而对于对创意要求更高的征集，提供新型的封闭比稿模式给米兰纳，封闭比稿仅限于经验更丰富的驻站创意人参与，相当于走质量的创意征集形式。但是不管是哪一个形式,都能通过该平台及时沟通,而封闭比稿的特殊性,更是让客户能多次修改稿件,完成传统 4A 公司的任何创意业务需求,而只要传统公司的 1/2 不到的价格。

● 众包下一步:创客?

人类历史如果按照生产方式,把原始人类财产共有、集体狩猎以及之后人类以种植、养殖等取代原始社会的狩猎作为起点的话,第一个转折就是手工制造业、家庭作坊。这时社会分工初步形成,出现了专门制造工具的匠人和手工制造业。随着生产力的不断提高,出现了几十人以上规模的手工制造业,产生了家庭作坊。第二个转折则是随着工厂作坊的出现,生产能力及效率的提高,使生产方式逐渐演变为以熟练工匠手工技能为主的单件或小批量的生产。第三个转折是大规模制造的出现,改变了原来单件的生产规模,转变成大批量流水线的生产模式,降低了生产成本,提高了生产效率。第四个转折为加工贸易阶段,或者可以称之为制造外包。继之而来的第五次(外包)、第六次(众包)和第七次(创客)大转折都缘起数字化、互联网! 特别是创客,是当下大、云、平、移时代的一次生产模式大转折,不是简单的重复,不是归零!

2014 年 1 月 19 日,在北京拉开帷幕的联想创客大赛吸引了 5 万余名创客参赛,征集作品近 10 万件,官网访问量近 800 万次,成为中国规模最大、提交作品最多、参与人数最多的创意征集盛事。这一赛事也大大普及了"创客"的概念。

"创客"一词来源于英文单词"Maker",是指不以盈利为目标、努力把各种创意转变为现实的人。创客们始终坚信,世界将因他们的创意而改变。创客文化兴起于美国,且已发展得红红火火。创客运动发起者之一、*Make* 杂志创始人戴尔·多尔蒂(Dale Dougherty)曾定义,无论是衣服、科技零件还是其他物品,都是创客们创造或改造的目标。随着家用级 3D 打印机日渐普及以及开源硬件平台的出现，创客们拥有了简单易学的平台，同时还能快速、轻松地搭建起产品原型，这些都拉近了开源硬件与普通人的距离，创客文化由此开始蓬勃发展。

过去的生产模式是"市场调研—需求论证—设计产品—量产销售"的模式；在互联网时代，流行定制化生产，你想要什么，就有人给你做什么；对创客来说，"需求产生—需求分析—产品生产—产品销售"的 C2B 模式日益流行。在这种新的模式里，"我想要什么，我就做什么"。创客们只需对自己的目标负责，一个人将点子变为现实。在这个过程中募集资金，整合资源，寻求专业支持，建立虚拟组织，进行生产制造，等等，都不再是难题。于是，尽管没有组织，没有团队，但整个系统却可以很高效地运转，目标一致，效率最高，"我要我有"的模式将不再是梦想。材料供给和产品生产则因为 3D 打印、材料市场、模块组件、开源设计等高科技而更加容易，在技术上具备人人生产、人人创造的条件。

创客，代表着自由创造、个性释放和社会协同。第三次工业革命在某种程度上可以解读为"创客运动"的工业化，即数字制造和个人制造的合体。创客代表着数字世界颠覆实体世界的时代正在到来，也意味着传统的以技术发展为导向、科研人员为主体、实验室为载体的科技创新活动正转向以用户为中心、以社会实践为舞台、以共同创新、开放创新为特点的用户参与的创新模式。

在过去，历史上几乎所有重大革新均来自于公司。个人可以有一种新的想法，但是要把这种新想法，变成商业化的、有思想价值的、为社会所接受的产品，需要通过公司的力量推动。在创客时代，可能公司将变得不再那么重要。革新、创造、商业，均可以离开公司开展。个体的创造、生产与劳动不再从属于一个商业组织，个人与公司之间的关系从劳动合同的从属关系转变为平等的合作关系，利益分配则从工资变为分成。

安德森在《长尾理论》一书的最后，给我们描绘了这样一幅图景："一台 3D 打印机就是一个家庭工厂，可以生产出任意型号的任何产品。某一天，他们也许会像激光打印机一样常见，价格也不会比激光打印机高出太多。当三维打印技术从脆弱的塑料扩展到金属、合成纤维等其他各种材料，我们也许可以自己生产零部件、玩具甚至是整台机器，只需从某个虚拟零售商那里下载图形文件即可。对数字产品，我们已经有了这样的能力。一个软件、一首歌曲，一本书，瞬间完成下载。未来这种魔力或许也会扩展到有形产品上。今天你可以在家中打印你自己的照片，明天你也许可以打印出整个相框。而且每一个都独一无二。今天我们已经摆脱了货架和频道的容量限制，没多久我们也会摆脱大规模生产的容量限制。明天数字化的神奇效率所引发的品种大爆炸将拓展到生活中其他每一个角落。"这已不再仅仅停留在想象层面上，而是正在加速向我们走来。

结语

科利·多克托罗（Cory Doctorow）多年前创作了一部科幻小说，名字正是"创客"。书中写道："通用电气、通用汽车等大公司的时代已经终结。桌面上的钱就像小小的磷虾：无数的创业机会等待着有创意的聪明人去发现、去探索。"让我们想象一下，当众包的力量被充分挖掘，当全民都成为创客，中国 13 亿人会蕴藏多人的能量！

网络的智慧作用于现实世界，生产组织方式的变革让我们充满期待。无论是外包，还是众包，或是创客，历史不会让某一种科学技术凝固在某一点，历史也不会让某一种生产模式滞留在某一点。

7 趋势七:需求驱动
——从供应驱动到需求驱动

越来越多的服务类公司的供应链成了需求供应链,充分赢得了消费者的信任。

——《赢的力量》

真正的需求千奇百怪,潜藏在人性因素与其他一系列因素的相互关联之中。每个独一无二的需求故事都有着同样的起点:"一个人,一个问题,一个点子。"

——《需求》

为什么人们称赞你的产品却不购买?

奈飞公司在成立初期,创始人深信他设计的网站能够提供更加便捷、更加廉价、几乎不会为客户带来任何麻烦的 DVD 租借服务,而且他现有的客户群十分喜欢网站的服务,大量潜在客户都听说过奈飞。即便如此,奈飞在美国其他城市的用户注册率都远远低于大旧金山湾区。原因究竟何在? 通过一场大规模的调研工作,对多个城市的现有客户和普通人群对其网站的态度进行了详尽的分析,发现由于当地复制 DVD 的配送中心就在湾区里面,所以,湾区几乎所有奈飞用户都反映,收到影片的速度很快,基本上隔天就可以送达;而其他地区的用户却需要等待 4—5 天的时间。原来"高效便捷的第二天送达"才是让客户兴奋起来的关键点。为此奈飞在不同地区建立了配送中心,在刻意不采用本地广告和促销手段的前提下,每个开设新配送中心的地区,注册用户数都会立刻翻番。

因此《需求》一书的作者在这个案例后发出这样的慨叹:

"现实多少有些讽刺意味。奈飞的成立,是仰仗了两项重大的技术突破——互联网和 DVD 镭射碟片,以及由聪明绝顶的程序员团队开发的优秀软件。这家公司可谓高科技界的典型产物。然而让公司领导层为之震惊而懊恼的是,成功背后的秘密武器,竟然是 200 年前由本杰明·富兰克林创造、一直由政府员工经营的那个低技术含量的投递系统——'美国邮政局'"。

为什么客户喜欢你的产品却会流失?

每年有成千上万的古典音乐新手被他人劝说着第一次走进古典音乐会的大门,音乐厅美轮美奂,演奏技艺精湛,音乐令人陶醉。然而,这些初次走进古典音乐大门的人,却很少会再来。美国九大交响乐团联合起来,聘请了一支研究团队,发现这些第一次听音乐会的客户人群(被称为"尝试听众",区别于音乐厅的注册会员,即核心听众)的流失率竟然达到了难以想象的 91%。为什么?

利用在线调查和其他考察客户行为的测试方法,研究人员得出了一个完全"反直觉"的结论。原来,诸如本地交响乐团的声望和演奏水平这样的因素,对于吸引"尝试听众"再次光临来说,并不是十分重要。同样,音乐厅的建筑风格、欣赏当代音乐的机会以及点心的种类等,也没有当初想象的那么重要。真正起到决定性作用、排名第一的,竟然是停车位——从住所到音乐厅之间往返自如而没有到处找寻停车位的困扰。这样一个简单的因素,即研究人员所谓的"再访驱动力",或称之为针对"尝试听众"的最关键的需求激发力,却恰恰是交响音乐厅很少关注的。

这两个案例给我们的启示是:企业必须把关注的焦点从供应转移到消费者

的需求上。

为此,让我们一起走进需求驱动的新世界吧!

数字时代的需求新图景

2002 年有一本书叫《供需新规则》,曾预言未来全球经济中供给和需求会发生转变:

- 在全球化时代,经济周期比以往任何时候都要快;

- 在几乎每一个行业中都存在过度供给的情况;

- 定价权的丢失;

- 消费者可以随时获取精确的定价信息,从而终结了信息匮乏的时代;

- 产品生命周期越来越短。

今天来看,这些预测或多或少都变成了现实。一个新的竞技场正显现出来。其中最引人注目的是新技术与信息交换能力、对进入市场的效率与速度的新要求,以及全球市场范围内的激烈竞争,使无论大公司还是小公司都感到了巨大的压力,都想花费更少的资金、时间和人力来更好地、更有效率地完成运作任务。于是,在生产高效与供给过剩并存的世界里,有无数产品与众多分销渠道供消费者选择。

与此同时,由于人口和生活方式的变化,从全球范围看我们已经进入了一个"压缩的时代"。虽然有一些地区是高增长的,但是大部分工业化国家的出生率在降低,单个家庭成员越来越少。这意味着更少的消费者与更小的需求。

总体供给过剩与整体需求萎缩及停滞所形成的合力,即"更少的消费者去购买更多的商品和服务",使消费者权力从未像在今天一样得到重视,也许确如 2012 年里克·卡什所言,我们"已经步入了一个长期的以需求为主导的社会"。新的达摩克利斯之剑已经高高地悬在了头上,这就是需求,那个变化多端、难以捉摸的需求。

随便问一位管理界人士,今天是产品经济时代么?十有八九会说,服务经济时代早已来临,更有远见者认为,我们正在步入体验经济时代。那么在这样的时代,围绕着产品所作的努力是否足够了呢?

对传统供应链的反思

传统供应链起始于制造商生产产品,由批发商供应给零售商,再由零售商销售给消费者。从供应商的供应商到客户的客户,有足够可以选择的各种管理策略,如 JIT、零库存、柔性制造、第三方服务等;有各种现代化的技术,如计算机辅助设计(CAD,Computer Aided Design)、计算机辅助制造(CAM,Computer Aided Manufacturing)、数控自动化技术、信息通信技术、计算机人工智能技术等;有各种先进的管理系统,如 ERP、CRM、PR 等构成企业信息系统的基础架构。一环扣一环,保证企业足够的供给能力和柔韧性——似乎一切都完美无缺。

但问题确确实实存在。在传统供应链中,虽然渠道成员之间有密切的协作,但其整体运作管理方式是推动式的,其模式为线性的"供应商→制造商→分销商 ˎ零售商 ˎ消费者"。即产品生产出来后从分销商逐级推向消费者,消费者处于被动接受的末端。决定产品通过供应链移动的是那些远离消费市场的制造商。更普遍的,这些产品的生产并非源于市场的特别需求或消费者的偏好,而是来自制造商的实力背景、资源和营销能力。因此,企业便很难对市场上越来越多元且多变的消费者需求做出快速、即时且精准的反应。

试想一下传统供应链所采用的管理策略所应对的这些变化:产品周期变短,产品需求更加个性化,产品市场范围更加宽广,产品市场更加细分,产品价格竞争更加激烈……一切围绕产品竞争力而运作着,这难道不对么?这是正确的,但也是一种无形的枷锁约束了视野,很可能导致公司偏离满足消费者需求的目标,使其无力向最终用户传递他们确实需要且会实际购买的产品。正如一位大型消费品制造商 CEO 所言："虽然我们的产品生产速度比任何人都快，产品成本也比任何人都低，但是我们却不断地在错误的商店里把错误的产品卖给错误的顾客。"

应运而生的需求链

供应链上的权力主导者并不是一成不变的。最开始是制造商作为最强大的供应链成员存在，它们决定着生产什么，并最终使消费者买到什么。如果制造商想生产 100 万辆黑色轿车，它们不用顾及买主是否更欢迎其他颜色的汽车。

20 世纪 50 年代和 60 年代，一些国家与地区进入大型零售商时期。在此期间，像玩具反斗城(Toys RUs)、Circuit City 和家庭仓库（Home Depot）等零售商开始在供应链中取得更多的控制权，因为它们在制造商、批发商和捉摸不定的消费者之间提供了有力的连接。当沃尔玛作为 90 年代的零售巨人之一出现时，它改写了供应链上产品的生产与销售规则。

虽然沃尔玛与其成千上万的供应商和伙伴继续占着主宰地位，但是这种超级强权的供应链君主地位正在受到挑战，权力的中心将再次发生转移。消费者的地位开始逐渐提升，消费者的需求在供应链中占据了主导地位，左右着供应链，导致了需求链的产生。不过，目前商界、学界对需求链并无统一定义。

比如里克·卡什在《赢的力量》一书中，把需求链定义为"由制造商、零售商以及媒体公司一同组成的一个协作型网络。该网络能够让每个参与者都更加了解顾客的需求，并且能够更充分、更精确地去满足他们的需求"，强调的是制造商、零售商、媒体以及用户之间的互动。

AMT 研究院的张翔则从客户服务管理的角度对需求链做出如下定义：以创造、培养和满足客户服务需求为目标，由服务咨询、服务设计、服务实施到服务跟踪等服务环节为核心所组成的网络链。其重点在于以服务需求为起点、满足服务需求为终点,与供应链的以原材料供应为起点、满足产品需求为终点相对应。

还有一种观点认为需求链表达了从消费者的想法到市场这样一个流动的环形过程。它包含了与之有关的制造商、分销商、零售商等等所有的供应链实体,强调消费者行为和消费者分析决定着需求链的精确组成。

不管哪一种观点,虽然强调的侧重点不同,但有一点是一样的,即强调消费者需求的主导作用。因此,我们在后面会暂用"需求链"这一概念来论述需求驱动的趋势。

变化的游戏规则

如前所述,传统供应链是推动式的线性模式,关注的焦点是产品的供给,如存货周转时间、节点企业的产销率、成本、库存、配送等,目标是实现更低的成本、更少的库存、更短的产品周期、更高的供应质量和更快的可得性。

与传统供应链相比,需求链显然是以顾客需求为核心,强调对顾客的个性化服务,强调与顾客的交流以及顾客的满意度。满足顾客需求是主动的、第一位的。启动整个流程的不再是制造商而是最终用户即消费者:根据最终用户的需求,实现更为精准的定制化服务,最大化地满足消费者的需求,目标是降低存货成本,增强服务水平,提高市场占有率,提升企业竞争力等。

在传统的供应链管理过程中,并非完全没有考虑消费者需求。其中,零售商是离消费者"最近"的组织,它承担了消费者需求调研、产品满意度反馈等了解消费者的责任,并引起制造商基于零售考虑的产品改动(如改动包装以便于在货架上堆放)、合作预测以及各种存货补充模式。

相对于传统供应链中对产品需求的考虑,需求链中客户的需求则外延更广,不仅包括产品本身,还包括客户对服务的需求,如物品合适的摆放,服务人员恰到好处的指导,售后的跟踪问候,等等。而且在需求链中,消费者在各个环节与不同实体相互影响,产品不一定发源于制造商,信息也不一定只由零售商负责搜集。每个环节企业都可以搜集与分享消费者信息,产品也可以在任一点由任一成员开发。

过去,零售商与零售商之间为市场统治权而争斗,批发商和制造商也一样。每个实体在竞争中都采取非常强硬的态度。在需求时代,竞争规则将被改写。诸多行业里那些领先企业认识到,有效的战略不能再建立在单一组织的活动的基础上,而应基于伙伴关系和联盟,寻求整个货流与服务流管理的新的合作方式,以满足变化的消费需求。

当然,我们谈需求链的价值,并不等于要完全抛弃传统供应链,而是说仅仅靠发展更快、成本更低、质量更高的传统供应链已经无法取得竞争优势,必须与需求链结合起来,根据需求链所提供的消费者信息,精确地锁定正确区域、正确地点、正确时间的正确需求,并为这些需求提供精确的服务和商品。在这种结合中,值得注意的是,应该是由供应链紧紧地跟随需求链的引导并且及时给予响应,而不是相反。

◉ 把用户需求放在第一位

在需求经济中,要想成为你所在领域里的佼佼者并且保持领头羊的位置,低成本、高质量的供给仍然是十分必要的,但这并不能让你的公司赢得胜利。那些想要获得高利润并且超越其他竞争者的公司,首先需要充分了解顾客的需求,然后针对这一需求创造出合适的产品信息,设计出合适的包装,制定出合适的价格,发布一系列合格的产品信息。

有很多精彩和激动人心的企业案例,让我们看到缔造商业传奇不仅需要梦想和勇气,还需要站在用户角度,深入研究人性潜在的需求,把他们的需求放在第一位,才能创造出能满足并引爆这些过去人们视而不见的需求的卓越产品与服务。

去哪儿网：没有模式，只有需求

网络时代，面对众多在线机票代理，客户希望能迅速甄别并买到最便宜的飞机票。去哪儿网响应用户的声音，建立了国内第一家旅游垂直搜索引擎；当观察到三分之二以上的用户在酒店预订中会浏览相关的点评信息，去哪儿网顺应这一消费行为，建成了全球最大的酒店点评系统；跟团游价格疯长，自由行操心太多，客户日益发展的深度游需求如何满足？去哪儿网于 2013 年 10 月推出了"当地人"服务，提供满足客户需求的专属旅行顾问，根据客户喜好制定专属路线，并能够带客户体验本地化的旅行生活。

一如去哪儿网创始人庄辰超所说，去哪儿网没有模式，只看需求！也正是由于去哪儿网牢牢把握了从需求端下手，奠定了它走向成功的基石。到 2013 年 9 月，有超过 30 万张酒店照片帮助客户对各个备选酒店有直观的了解，到 2014 年 9 月，有 3 196 名试睡员提供大量专业的酒店评价。去哪儿网在 2013 年 11 月 1 日，成功登陆纳斯达克，市值超过 30 亿美金。

表 7－1　去哪儿网旅游服务开发源于需求端

用户的需求	去哪儿网提供的服务
面对众多在线机票代理，用户如何买到最便宜的飞机票？	国内第一家旅游行业的垂直搜索引擎
三分之二以上的在线用户在酒店预订中需要了解酒店的真实情况	全球最大的酒店点评系统： 1 870 名试睡员提供 12 305 篇专业点评， 超过 30 万张酒店图片， 成功帮助 11 544 324 人挑选到满意的酒店
跟团游价格疯长，自由行操心太多，客户的深度游需求如何满足？	去哪儿"当地人"新型旅游方式： 精心挑选当地人成为你的专属旅行顾问，为你订制专属路线

资料来源：上海数字化与互联网金融研究中心。

宝洁:顾客就是我们的老板[1]

2000 年,A. G. 雷富礼(Lafley)在成为宝洁公司 CEO 时,发现这家公司已经迷失了方向。当年 3 月被警告可能达不到预期收益后,宝洁股票暴跌 50％。Lafley 希望找到一个简单的方法来重新激发公司的创新活力,最后他得出的结论是:宝洁需要从根本上进行自我调整。宝洁曾利用对消费者需求的深度理解去驱动决策,并因此而闻名。但如今,公司已与此背道而驰。

Lafley 为宝洁重新制定出一个简洁的口号:顾客就是老板(顾客至上)。然后对员工宣布道:"各位宝洁的同仁,我来介绍一下大家的新老板。你可能认为那就是我,你们的 CEO,就是老板。不对! 你可能认为董事会的董事是老板。也不对! 你可能认为股东们是老板。还不对! 你可能认为自己的顶头上司是老板。都不对! 我们的老板只有一个,那就是顾客。顾客就是我们的老板!"

Lafley 敦促大家以全新的角度去认识自己的老板。宝洁需要倾听顾客的声音,更重要的是要梳理出顾客想要却无法表达的诉求。

为达到这个目标,Lafley 努力在宝洁塑造一种文化:从董事长往下,每个宝洁员工都需要花时间与顾客一起生活,一起购物,一起工作。他自己也身体力行,自己花时间调研市场。比如说,Lafley 在完成汰渍洗衣粉相关工作期间,宝洁会定期评估产品和包装的质量。当时汰渍洗衣粉的包装是硬纸盒,顾客也表示很喜欢这种包装。然而 Lafley 经过细心观察后发现,她们在打开汰渍包装盒时总需要借助剪刀之类的工具。于是他意识到,主妇们不想在打开硬纸盒包装时冒险损坏自己的指甲。她们之所以喜欢这种包装,是因为没有另外的替代选择。事实上由于包装设计的原因,她们不得不想办法去打开这种硬纸盒。

---

[1] 参见《三种方法预测顾客需求》,Scott Anthony,http://www.fastcodesign.com/1669070/3-ways-to-predict-what-consumers-want-before-they-know-it。

宝洁其他许多产品的灵感也来源于类似的细心观察。例如他们观察到女性在看到咖啡洒在地板上时会顿感失落,因而建立速易洁(Swiffer)快速清洁产品线,现在这些产品已经给宝洁带来了超过 10 亿美元的年收入。

Amazon:第一时间站在用户的立场上考虑问题[1]

Amazon 的企业文化内核是以用户为中心。这种用户导向不是被动的、滞后的,通过用户反馈问题来进行事后弥补,而是"主动"出击,换位思考,第一时间站在用户的立场上考虑他们会遇到什么问题,并提供解决方案。这是一种"主动"文化。为此,Amazon 自愿为提升用户价值而缩减利润空间,并开发了一系列"主动"检测用户体验、及时做出弥补的系统。

比如,很多用户预购完商品后,完全没有时间来关注这些商品的价格动态,亚马逊本可以等着顾客来找他们要求退款,但出于"主动"机制,亚马逊会主动提醒用户,保证他们以最低价购买到预购商品。"我刚刚留意到账户里多出了 5 美元的退款,原来是来自 Amazon 的低价预购保护机制。我喜欢这种做生意的方式,感谢 Amazon 的公平和诚信原则。"一位顾客如此表示。

亚马逊还开发了一个自动探测用户体验是否达标的系统——当发现用户体验不达标时,该系统会自动退款给用户。比如,如果有位顾客的观影体验不好,系统就自动发送一封邮件:"我们注意到您最近使用过我们的视频点播服务收看影片 *Casablanca*,并发现您在回放影片时经历了糟糕的体验。为此我们深表歉意,并退回 2.99 美金。希望您再次使用我们的服务。"这位顾客恰好是 *Business Insider* 的编辑,这种主动退款的方式让他深感惊讶,于是写下了这段经历:"Amazon 竟然注意到我回放影片的时候出现问题并为此退款了!? Wow……果然

---

[1] 参见《Jeff Bezos 最新致股东信:变被动为主动,考虑用户需求,重视长期投入》,Jeff Bezos,http://www.businessinsider.com/amazons-letter-to-shareholders-2013-4。

是以用户为先的企业。"

对于其出版平台 Amazon Publishing 上的作者,尽管美国出版业长久以来固守每半年支付一次稿酬给作者的行规,但亚马逊从对作者的采访中了解到,六个月的周期会给作者带来极大的生存压力。因此他们缩短了这个周期,在作品发表 60 天后支付作者稿酬。

亚马逊 CEO 的 Jeff Bezos 在一封信中写道:"压力不再来自竞争对手,而是来自我们想到达终点的原动力。因此我们能在被用户提醒之前,自觉地去提升服务品质,添加好用的功能……我很高兴最近公司的股市表现不错,但我也一直提醒自己:股市起伏并不能说明什么问题,它能评判企业一段时期内的表现,但无法体现它的综合实力。我更愿意为用户满意度提升 10% 而欢呼,而不是为股价上升 10% 庆功。"

变被动为主动,把用户需求放在第一位,重视长期投入,才能实现基业长青!

🌐 发现冰山下的用户需求

需求的重要性无论怎么强调也不为过。关键是你是否能够在需求尚未形成或消费者自己尚未意识到自己的潜在需求时就已经发现并牢牢捕捉到它呢?当你的竞争对手还在思考当前需求的时候,你是否已经想到了明天、明年甚至五年后的需求在哪里呢?

但问题是消费者的需求并不是那么容易发现的。正如福特汽车公司创始人亨利·福特所说:如果在汽车时代早期询问客户有何需求,很多人可能都会回答说"要一匹跑得更快的马"。搞清楚自己想要什么,这不是顾客所要做的工作,乔布斯亦如是说。

根据冰山理论,人类绝大部分潜在意识会对表层的意识和行为产生影响,用户的潜在需求才是购买产品的真正动机。如同冰山一样,你能轻易观察到的就是露出冰面的冰山一角，是消费者挂在嘴上愿意和你说的一些表面的原因；而潜藏在消费者潜意识里他们说不出来却又驱动其行为的因素，往往深藏在冰面下，需要通过更深入细致的消费者洞察才能发现。

当然，仅仅靠询问顾客想要什么东西、量化的研究数据或书面的研究报告是远远不够的，甚至会让自己处于危险之中。绝大多数消费者洞察来自于与消费者的直接、深度接触中，比如街头暗访、消费行为的观察、与目标人群的深入谈话等等更接地气、更原始的方法。通过深入洞察，你对顾客的了解程度将超过他们的自我了解。

置身顾客环境，仔细观察

用户在真实环境中的行为是最真实可靠的。比如，在球鞋的鞋跟部位加入空气层来缓冲运动时冲击的想法在最初介绍给球员听取他们意见的时候，曾遭到球员们的大肆嘲笑。而当他们真正穿上这样的球鞋开始打球后，他们的看法改变了。他们爱上了这个设计，于是才有了今天锐步 Pump 系列的成功产品。

因此，把自己置身顾客环境，仔细观察现有及潜在顾客，不放过顾客行为或购买方式的一点点细微变化，不仅有利于帮助你发现当前执行方案的缺陷，还会帮助你发掘新机遇。

以购买牛仔裤为例。研究表明，购买牛仔裤是女性继泳衣后第二害怕的购物体验。2009 年，生产 Wranglers 与 Lee 品牌牛仔裤的 VF 公司开始花很多时间去与顾客接触，目的是要搞清楚给她们带来这种挫折感的真正原因。

在去过当地零售店后确实有特别的启发。高管们像要买牛仔裤的女性顾客一样来到店里，徘徊在没有尽头的货架中，拿起一条又一条牛仔裤。VF 团队观察到两点：首先，女性会将多条牛仔裤带到更衣室；其次，事实上她们拿的尺码都差不多。高管认为，她们最近一定刚经历过一次体重变化，所以不确定尺码。但经验告诉她们，标签上的尺码不仅关乎松紧，还关乎健康。拿来许多牛仔裤是为了找到更好的解决方案。

这些观察结果帮助该公司将重点转向对牛仔裤购买过程进行努力创新。VF 更换牛仔裤尺码标签,革新零售店的牛仔裤陈列机制,同时发起在线活动,让时尚偶像 Stacey London 帮助女性挑选牛仔裤和最适合的尺码。VF 在 2011 年初发布的报告中称,这些努力使他们的牛仔裤部门收入增加了 1 亿美元。[1]

自己作为用户,亲身体验

对于消费者而言,比产品本身更加重要的是使用产品或服务时的体验:感受到某种内在情感,减少了使用时的麻烦,节省了时间和精力……这些都有可能让消费者动容,并开开心心地打开钱包。因此,发现需求的一个有效办法是把自己当成用户,认真地使用产品,去亲身体验。

Airbnb 是 AirBed and Breakfast ("Air-b-n-b")的缩写,中文名:空中食宿。Airbnb 创建于 2008 年,允许个人通过网络向外出租沙发、房间、公寓以及房屋,房主为其出租住所设定价格,Airbnb 负责收取承租者费用,并从中抽取一部分作为佣金。

Airbnb 的创始人 Brian Chesky 在整个 2010 年抛弃了自己的公寓,只在 Airbnb 上找的空间里居住,实实在在地去体验。他差不多每隔五天就会更换空间。他曾和一位旧金山最优秀的空气吉他手一起住过,还有一位是美国排名第二的 Ski-Ball 冠军,也在一个建筑师的房子里住过。Brian Chesky 认为这种体验,让他懂得了细微之处的差别,并学会了如何站在用户的角度上看问题,还改善了网站的用户体验。

有了这种亲身体验后,Brian Chesky 发现用户想要预定或出租不同类型的

---

[1] 参见《三种方法预测顾客需求》,Scott Anthony,http://www.fastcodesign.com/1669070/3-ways-to-predict-what-consumers-want-before-they-know-it.

空间,还希望出租的时间能更长一些。他们还想出租他们的自行车、停车位、汽车、热气球、游泳池等等你想都想不到的东西。如果没有这种亲身体验,Brian Chesky 恐怕不会有如此深入的体会。正是在他的这种深入体验下,据 Airbnb 称,2011 年,Airbnb 的服务难以置信地增长了 800%,2013 年其服务的用户达到了 600 万,最新一轮融资获得了 4.5 亿美元。[1]

运用大数据,精准预测需求

了解用户需求,并不是说要了解所有的用户需求。想要设计出一款能满足所有客户需求的产品,不仅仅是浪费时间和金钱,也是不可能实现的。所以好的需求发现者与创造者会把目光集中在需求的差异上,将客户群体细分为许多不同的子群体,找到产品和服务的目标客户群,预测他们的需求,进行精准服务。

以往我们通常是用抽样的方式,即按照随机或者配额的原则来寻找消费者并使用调查的方式获得数据,进行细分与预测;但是,大数据时代,通过线上实时监测或者追踪消费者在互联网上产生的海量行为数据,让这一过程变得更为容易,也更为快捷精准,成本也更低。

有一个被津津乐道而传得众人皆知的关于利用大数据预测需求的故事。2012 年初,一个男人冲进一家位于明尼苏达州阿波利斯市郊的 Target 超市兴师问罪,为什么超市不停地向他还是高中生的女儿邮寄婴儿尿布样品和配方奶粉的折扣券?"你们是在鼓励她怀孕吗?"愤怒的父亲质问 Target 超市经理。几天过后,超市经理打电话向这位父亲致歉,这位父亲的语气变得平和起来,他反过来道歉说,他的女儿确实怀孕了,预产期在 8 月份。这是一个零售商如何应用大数据进行营销的故事,这个故事被《纽约时报》报道后,大数据的威力轰动全美。

---

[1] 参见《对话 Airbnb 创始人 Brian Chesky:需求产生创新》,http://99u.com/articles/6920/Airbnbcom-Necessity-Begets-Creativity。

为什么 Target 能够做出这么神奇的预测呢？这是因为 Target 建立了一个非常规范的大数据管理系统,它拥有一个数据分析团队,在查看准妈妈们的消费记录之后,找出了 20 多种关联物,通过这些关联物对顾客进行"怀孕趋势"预测,并寄送相应的优惠券,为消费推波助澜。只要有可能,Target 的大数据系统会给每一个顾客编一个 ID 号。你刷信用卡,使用优惠券,填写调查问卷,邮寄退货单,打客服电话,开启广告邮件,访问官网,所有这一切行为都会记录进你的 ID 号。而且这个 ID 号还会对号入座地记录下你的人口统计信息:年龄、是否已婚、是否有子女、所住市区、住址离 Target 的车程、薪水情况、最近是否搬过家、钱包里的信用卡情况、常访问的网址,等等。Target 还可以从其他相关机构那里购买你的其他信息:种族、就业史、喜欢读的杂志、破产记录、婚姻史、购房记录、求学记录、阅读习惯,等等。

再比如,医院 Carolina HealthCare 系统通过挖掘病患的信用卡记录,预测谁会有医疗需求。这套系统遍布南、北卡罗来纳,接入超过 900 家体量不一的护理中心,包括医院、私人疗养院(Nursing Home)、诊疗室(Doctor's Office)、外科中心(Surgical Center)等等,用户基数已达到 200 万人。它从数据经纪人(Data Broker)那里买来这 200 万人的数据——包含公共记录、各类商店忠诚顾客活动,还有他们的信用卡购买记录——用预测分析模型做算法挖掘,评判出个体病患的风险水平。

两年内,这些风险评分会出现在系统内医务人员的屏幕上,作为工作参考。对于患有诸如哮喘等急性病症的高风险人群,这种"防患于未然"的设计价值重大。当你的健身卡成为往事太久,当你习惯用酒精漱口,甚至当你开始穿大一号的衣服……你都可能接到来自医生的电话。[1]

---

[1] 参见《还是得提大数据:医院通过挖掘病患的信用卡记录,预测谁会有医疗需求》,王心田,http://www.36kr.com/p/213480.html。

今天的数字化时代,无处不在的网络需要企业做出新的应对。特别是要善于从博客、网站、网上论坛等地方获取消费者对服务、对产品的即时看法与态度,了解甚至预测他们的需求。但要注意大数据分析并不能取代基于人性的消费者洞察,一串串冷冰冰的数码符号、人群标签不能替代对消费者行为的实地与面对面的接触。

当然,无论用什么工具发现客户需求,都要明白一点,即客户需求是无限的,你的资源是有限的,你要做的不是调查所有目标市场客户的需求,并从中作出遴选,恰恰相反,你要用你有限的资源尽快找到突破口和卖点,找到一个值得深耕的市场。除了要从现有顾客中去细分需求或夺取更大的份额,还要善于超越现有需求,关注非顾客,从非顾客的痛点中挖掘新需求,发现新市场。如下一章将要深入探讨的长尾市场,从某个角度看,便是发现新需求的极佳策略。

● 如何构建需求链

多年来,传统供应链管理给许多企业提供了战略与竞争优势。随着需求链管理强调向市场传递消费者的实际需求,扩展了供应链的概念。需求链的方法超越了供应链管理的物流界限,致力于把渠道成员联合起来,寻求使消费者满意并为消费者解决问题的共同目标。总体上,需求链的构建可以分解为以下几个步骤[1]:

- 收集分析关于消费者未满足的需求等方面的信息;
- 发现能够执行需求链所需职能的伙伴;
- 把需要完成的职能移交给最有效益和效率的渠道成员执行;
- 与链中其他成员分享有关消费者和客户、可利用的技术以及物流机遇和

---

[1] 参见《供应链向需求链的转变》,王焰,《信息与电脑》,2000年11期。

挑战等方面的信息；

● 开发解决顾客问题的产品和服务；

● 开发并执行最优的物流、运输和配送方法，以消费者期望的形式交付产品和服务。

最终用户，而不仅是直接用户

重视需求、发现需求是构建需求链的基础。但其中要避免一个误区，即商业企业只需关注它们的直接客户。理由是它们并不直接将商品销售给消费者，所以不需要关心最终用户。但是对于任何一个环节的企业而言，解决你客户的问题有时意味着解决你客户的客户的问题。整个需求链中所有对产品或服务的客户/行业需求都源自最终客户需求。如果消费者购买商业客户的最终产品减少，那么商业企业不会去订购更多的商品以及签订更多的运输合同。所以在预测时必须融合最终用户变化的消费趋势。

长期伙伴关系

需求链作为一个协同系统，要先集聚一批能够执行所有供应链职能的伙伴。聚合成这样的群体，需要其中的一个或几个合作伙伴率先自愿承担一些非常规的职责，从而吸引更多的渠道成员一起加入到需求链中，分享同样的长期战略意图，便可以比传统供应链提供给消费者更多的价值。重要的是，随着时间的推移，需求链在市场上的出色绩效会提高消费者信赖度，增加所有伙伴的潜在利益。

比如，好时公司是一家糖果公司，面临市场份额正在流向它的竞争对手的问题，决定实现"向需求驱动的业务模式转变"。于是，好时公司把自己对于市场和消费者的看法以及零售商对于卖场、购物者、购物驱动力的看法结合到一起，为零售商们设计出了一个完整的运营系统，以此来优化好时公司以及个体零售商的销量以及利润。这个运营系统包括以下几个部分：

- 为每个零售商创造需求组合；
- 把一些类似的零售商集结成群，为它们量身定制合适的品牌；
- 为每一个独特的零售商群体设计出最好的品牌组合、库存单位以及包装类型；
- 设计出销售项目、经销方法以及市场营销方式，从而为每个零售商群体中的商家组合提供最优的结果。

按常理，好时公司作为一家供应商完全不需要承担以上这些职责，但当他们做到这一点后，马上吸引到零售商参与其中。因为他们知道，现在不再是"我以你为对手"的年代了，联合战略能够给每个人创造更高的效率以及更多的利润。正如好时的总裁比尔布雷所说："当所有的参与者都朝着一个方向前进的时候，产品规模就变得不那么重要了，因为我们已经发展了属于自己的智力规模。"

共享需求信息

成功需求链的关键之一是参与各方共享信息。无论信息是来自于对销售点（POS）数据的定量分析，还是用新方法或内部研究获得，数据必须被共享。这意味着需求链的每个成员，无论是从事设计、制造、分销、运输，还是某种特定产品的零售，虽然未必都进行直接的消费调研，但都要作为用户需求的监控者，承担起交换预测和存货数据、了解有关消费趋势和产品信息、提供有关产品设计、营销、包装和分销战略方面的反馈，以及共享消费调研与顾客数据的责任。

以需求链上的零售商和制造商为例。过去，零售商们拥有大量关于购物者以及购物行为的数据。而制造商的数据则更多的是以消费者为源头，也就是说，相较于消费者们在哪里购物，制造商们更关心他们为什么购物。尽管这两类数据是互补的，但是好比每个人手上都只有一半图片，以前从来没有人真正将这两者有效地结合在一起并进行共享。现在，一个有效的需求链就是要把不同参与者手里的信息拼成一个完整的图片，即将所有的分析、数据库以及购买行为的统计数据集中在一起，把所有数据纳入一个既实用又能创造利润的工具里去。

如沃尔玛向所有供应商开放"零售连线"销售数据库，令供应商得以了解自己产品的销售状况；苏宁开放其强大的 ERP 信息系统后台给供应商，建立数据共享通道，上游的家电制造企业能自主地查看自己在苏宁的库存，以便及时补货，还可以通过系统完成商品的管理、备货、销售跟踪及售后服务管理。

上述活动的成功实施将带来有利可图的、长期的需求链伙伴关系。在伙伴关系内，来自有关消费者的信息，以及产品与服务的信息，将自由地流向渠道成员。它显示了有关消费者偏好、生活方式、需求等方面的信息，包括从消费者的想法到供应链的流动，以及产品从需求链到市场的流动。各节点企业因此更容易对产品与包装进行改进，开发新产品，实现营销手段，更好地满足消费者，从而使整条需求链获益。

学会利用众包

网络时代为企业打造需求链提供了更多的工具与手段，其中非常有价值的便是"众包"。通过众包改变你和消费者之间的关系，从向他们销售产品变成与他们合作，让用户参与到产品或者服务的设计、制造、包装、交付以及服务过程中。而且这种参与度将为企业提供一个强有力的信息反馈，帮助你更好地了解消费者的需求状况。

穷游网就是用众包的手段推出了畅销产品"穷游锦囊"。传统的旅游指南（如 *Lonely Planet*）是由国际上的旅游作家依据他本人的视角编写的旅游指南，其信息传递是单向的。而穷游锦囊则不同，它是由穷游网策划并组织网友集体编写的一份"最精炼"、"最实用"、"最新鲜"的免费迷你城市系列旅行指南，它是从国人的视角出发，由去过当地游玩的中国游客自己编写的旅游指南。任何游客既可以是"穷游锦囊"的读者，也可以是它的作者。这样的旅游指南是从游客的需求出发的,因为只有游客自己才最清楚需要什么样的信息。"穷游锦囊"一经推出就广受欢迎,数十个热门城市近 7 天的下载量都高达 40 万次。这不仅是因为它免费为游客提供全方面的旅游信息,更是因为它的编写是从游客的真实需求出发的。

● "精益创业"也用需求链?

"精益创业"一词,来自畅销书 *The Lean Startup*,即产品设计不再由产品经理和设计师主观臆断,一切全凭用户需求说了算。如果与需求链的理念相比对,我们认为,精益创业的核心其实就是"创业公司如何打造自己的需求链"。其关键是"验证用户需求"和"迭代更新"。

对于创业公司,特别是新经济类型的创业公司,调查问卷是不会帮你发现需求的。因为所有的调查问卷都是基于当前的技术和当前的市场做的,这对于洗发水之类的成熟行业很合适,而对于大部分有创新业务特别是破坏性创新(disruptive innovation)的创业公司来讲并不适用,因为客户并不熟悉你的技术和想法,他们甚至无法理解你的意图。

在 iPod 发明之前,绝大部分用户永远无法理解,为什么要放能听一个月的歌曲到他的 MP3 播放器里面。所以市场调查问卷会告诉你,绝大部分用户只要携带一天上下班路上能听的音乐就够了——如果乔布斯真的照这个思路做,他显然失去了成就今天的 Apple 的机会。那么,具有破坏性创新的创业型公司是如何验证用户需求和迭代更新的呢?

两个案例

大家都比较耳熟能详的是小米的案例。以前,做手机的人都是先做硬件,拿着成型的产品测试用户。如果和用户需求不符,产品改或者不改,损失的成本都会很高。小米则是先制作出简单的 MIUI 系统,任何安卓手机用户都可以通过刷机安装试用。用户先提出改进意见,小米再按照用户的需求,每周都快速更新产品。在频繁又定期的互动中,MIUI 一边收集反馈、升级产品,一边积累用户。当 MIUI 的用户达到三四十万时,按照一定的转化率,如果能卖出 15 万台就差不多能够收回成本。当用户和需求都成熟后,小米才开始生产硬件。据说第一年只计划卖 30 万台的小米,结果卖出了 300 万台。用产品原型做测试,由于不需要修改硬件,所以,MIUI 的改进成本低,迭代速度快,而且还积累了大量忠诚用户。

同样,APP 荔枝 FM 在刚开始的时候,不太敢投入太多时间和金钱。最初想到做一个手机电台,但是电台播客在国内并不受欢迎,而且使用手机收听,流量耗费大。那么,用户到底有没有用手机听电台的需求? 在这个想法的基础上,荔枝 FM 团队花了三天时间开发了产品雏形,并注册了一个微信公众账号。利用微信的接口,做了一个音频的对接。然后,用软件统计了 4 000 多个中文播客,并精选出 500 家,再逐一同主播沟通,将最后确定的 300 多家放到微信公众账号上。最初产品很粗糙,没有自定义菜单,当用户想要听歌时,先向公众号发一个数字"1",公众号就随机回复一条电台节目。一个月下来,微信公众号就积累了 3 万多粉丝,第二个月粉丝又增长到 5 万多人。虽然数字看起来不错,证明了确实有用户需求存在,但团队很快发现了问题:用户增长速度缓慢。

于是,他们做了调整,又推出了"标签云",试图激发用户的兴趣。而新功能确实有效果,微信粉丝数量突破了 50 万,一个月后又增长到 100 万;同时,日活跃用户 20 多万,日收听次数稳定在 100 多万。团队发现,尽管手机电台耗费流量很大,但依然有大量的听众。而根据用户热度改进产品,针对性更强。在过去,如果团队直接上手开发产品,一旦没有迎合用户需求,失败的成本就很高。而荔枝 FM 相反,先用最低的成本,验证了原本不确定的用户需求后,再正式推出 App。所以,产品发布后,忠实用户已经在那里,只会多,不会少。

从小米到荔枝FM,共同点都是先"确定用户需求"。如果验证了用户有需求,产品又恰好可以解决痛点,则顺势推出。投放市场后,再根据市场的反馈不断作调整,在此过程中(可能过程比较痛苦)慢慢积累起用户,并且获得投资人的青睐,然后商业模式越来越清晰;相反,如果用户都毫无兴趣,就说明应该换个思路,放弃不成熟的产品。[1]

创业公司验证用户需求四步法

有一篇文章曾经把创业公司验证用户需求归纳为五个步骤,我们将其简要概括如下。[2]

步骤1:按照创业的想法用最快的方法做出一个非常粗糙的原型,可以团队内部先使用,从非常苛刻的客户的角度看看是否会接受。目的是在初期用尽可能小的代价,发现产品的不足。因为错误和不足发现得越晚,改正的代价就越昂贵。

步骤2:找出创新意识强且愿意和你一起玩的几个非典型客户,做出一个只有简单的核心功能的原型请他们试用。这些客户是极其宝贵的,能找到这种客户并不容易。因为他们不仅会指出很多你没有考虑到的地方,帮你拓展思路,甚至会推翻原有的设计!在这过程中你要注意观察这些极端客户的行为,不仅要听他们说,还要琢磨他们为什么这么做。在这个基础上你可以发现很多新的需求,甚至产品的独到卖点,因为很多客户需求是客户自己都没有意识到的。

步骤3:根据上面的需求分析,再反馈回来,做新的改进,并进一步完善产品。也就是说重复第一步和第二步。直到非常确信这就是客户想要的东西,而且产品也可以做公众测试了。这时候基本功能就稳定了,尽管还有很多bug,没有关系,因为你下一步要做的是寻找更多客户验证需求。

---

〔1〕参见《荔枝FM CEO赖奕龙:如何用最低的成本,验证最核心的用户需求》,http://www.36kr.com/p/211150.html。
〔2〕参见《创业公司如何确认用户需求?》,http://www.zhihu.com/question/19554587。

步骤4:寻找更广泛的友好测试用户群体,通过观察和倾听,了解更多的需求。大部分都是比较细微的需求,比如"那个颜色的遥控器我不喜欢",等等。若有重大的需求改变,就需要做出取舍,因为这时候做改进已经非常昂贵了。提问的时候多问开放型的问题,例如 why,what,where,which,how,等等,而不要只是问:"你喜欢吗?"这样封闭的问题。

步骤5:把产品做稳定,安排市场推广等等常规的流程。

通过这5个步骤发现潜在客户的真正需求,找到他们的"痛点",对于创业公司而言是至关重要的。

迭代更新

需求创造从来都不是一次成型的事,也不可能因成功产品的发布而告终。真正的需求创造,是一个日复一日的过程,在成百上千个你想都想不到的地方,以一种冗长而反复的方式徐徐展开。一件产品,只有不断改进,才能把竞争者甩开,只有快速迭代,才能创造需求的赢家。只有每个人成为需求的协同创造者,才能实现真正陡峭的提升力。

微信,从1.0时代的快速文字消息和图片分享功能,到2.0时代的语音对讲机功能,到3.0时代的摇一摇和漂流瓶功能,到4.0时代的朋友圈和开放API接口,到5.0时代的表情商店、游戏中心、扫一扫和移动支付功能,它在不断地进行产品更新,背后隐藏的正是对消费者需求的不断挖掘。所以,对于创新型创业公司,想要获得成功,想要打造一款魔力产品,就要从产品上市的那一天开始,不断深入分析研究消费者的需求,据此来完善产品的精进曲线,进行迭代更新。

结语

数字化时代迎来了需求驱动经济的美好时光。需求,无论是来自于企业、消费者、产业链上下游，还是来自于不同国家、不同地区，乃至不同文化，曾经隐约模糊的被清晰预见，看似无关的被跨界连接，可能被排斥的获得接纳，昔日分散的需求得以归类聚合，原本粗放的市场得以精细划分。需求，从来没有像今天这样被倾听，被挖掘，被重视。

在结束基本生活品的蜂拥追逐式消费后，更个性化、多样化的消费渐成主流。只有充分认识需求的复杂性，才能让需求成为真正的经济驱动力。

谁会赢得未来的竞争？毫无疑问，是那些洞悉消费者需求、那些把需求变为盈利的企业家们！

8 趋势八：长尾市场
——从规模经济到长尾市场

> 我们可以把创造一个繁荣长尾市场的秘诀归结为两句话：①提
> 供所有产品；②帮我找到它。
>
> ——《长尾理论》
>
> 最大的财富孕育自最小的销售。
>
> ——Kevin Laws，风险投资家

让我们回顾一下 2008 年如火如荼的美国总统大选。当总统大选最终尘埃落定时，最后只剩下了两个关键词：黑人和互联网。这两个关键词都属于同一个人，他就是奥巴马。

奥巴马建立了一个美国政界前所未有的筹款机制，同时吸引了"大户"和"散户"、想给钱的人和想筹钱的人、经验丰富的老手和首次关注大选的新鲜人，还有任何能上网的人——有电脑、手机的人。奥巴马仅在 2008 年 2 月份一个月就筹集到 5 500 万美元，打破了美国历次选举募款纪录，其中 4 500 万美元来自网络，而奥巴马本人甚至一次也没出席过募捐会议。超过 10 万人捐钱给奥巴马参加总统选举，其中 5 万人是通过互联网捐款的。奥巴马阵营报告说，奥巴马 94％的捐款由 200 美元或更少的捐赠构成，希拉里这一比例为 26％，麦凯恩为 13％。

在 2008 年整个 3 月份,有 127.6 万人为奥巴马捐款,奥巴马阵营的筹款数额每个月都在增长。

奥巴马成为"网络吸金王"的秘诀在于掌握了其目标支持者的生活习性和兴趣爱好。他的团队通过 Facebook、Myspace 等社交网站聚拢习惯在网络上交友、聊天、找数据的年轻一代。于是网上的奥巴马的"粉丝团"如雨后春笋般涌现。例如奥巴马的一个平民支持者曾制作过一段 74 秒的视频"Vote different",自 2008 年 3 月上传以来获得了上千万的点击。而这 150 万之巨的小额捐款人的支持也为他积累了充沛的"银弹"。

"能够利用网络全部潜力的竞选者,将在总统大选中脱颖而出。"一位硅谷的资深专家评论道。《纽约时报》同声附和:"2008 年,决定总统大选结果的关键因素不是谁更懂政治,而是谁更懂网络。"《华盛顿邮报》的专栏作家豪尔德·库尔特则一针见血地说:"网络时代,一个稍懂技术的平民,就能让政客们学富五车的顾问自愧不如。"

从某种意义上说,奥巴马的胜利是一种全新的信息体系带来的变革胜利,是互联网的胜利,是长尾理论的胜利。

认识长尾

工业化时代的金科玉律:规模经济

工业化时代,企业更多追求的是实现规模经济,即平均长期成本随产量的增加而递减。换言之,如果收益随着规模的扩大而递增,则规模是经济的;反之,则是规模不经济的(见图 8-1)。

规模经济反映的是在资本专用性条件下的单一品种大规模生产。在企业实践中,长期平均成本的降低源于更高的专业化程度、运输和采购原材料方面的经

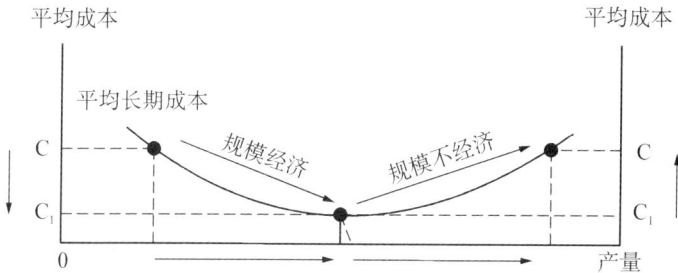

图 8-1 规模经济与规模不经济示意图

济性、价格谈判上的强势地位,以及随着产量增加导致的学习效应。在供应不足、需求相对单一的工业化时代,规模经济大行其道。

福特模式充分体现了"规模经济"的理念,其核心是通过产量的规模化、生产过程的标准化和高效率,来持续降低产品和服务的单位成本。福特汽车公司的口号是"我们只生产一种颜色的汽车——黑色"。1908 年,福特汽车公司开发出了世界上第一条流水线。第一年,T 型车的产量达到 10 660 辆,创下了汽车行业的纪录。在 T 型车取得巨大的市场成功以后,亨利·福特不断改进他的生产线,几乎把单一型号大批量生产的潜力发挥到了极致。1921 年,T 型车的产量已占世界汽车总产量的 56.6%。T 型车的最终产量达到 1 500 万辆。由于生产规模扩大,汽车产量上升,生产成本下降,这款福特 T 型车在 1909 年的价格为950 美元,到 1924 年停产时,已经降到了 300 美元。

长尾的提出:从钱德勒到迪克西特到安德森

如果我们是用数量—成本维度来刻画规模经济,范围经济揭示的则是"品种—成本"之间的关系。其核心是共享要素资源(生产设备、管理知识、研发成果、品牌等)与网络资源(销售网络、采购网络、物流网络等),通过品种多样化分摊固定的初始成本,降低长期平均成本。规模经济和范围经济不仅适用于生产领域,也适用于批发销售等领域。

钱德勒在《规模与范围：工业资本主义的原动力》(*Scale and Scope：The Dynamics of Industrial Capitalism*)一书中指出，西方工业时代一直在规模经济(数量)与范围经济(品种)之间保持一种平衡。钱德勒的观点已内在隐含了数量—品种的二维框架。但钱德勒是经济史学家，并没有从理论模型上对此做进一步说明。

经济学家迪克西特则把品种这个维度作为内生变量，正式纳入经济学的数学表述体系，通过 D-S 模型(迪克西特-斯蒂格利茨模型，Dixit-Stiglitz Model)阐释了产品数量和产品品种之间的关系：一方面，规模经济要求生产产品的种类越少，每种产品的产量越大，经济性越好；另一方面，消费的多样化偏好又要求较多的产品种类数。市场会折中这一两难冲突，内生地决定市场上的产品种类数。这一模型为解释新经济的很多现象提供了基础。

美国人克里斯·安德森(Chris Anderson)提出了长尾理论。如果说 D-S 模型是"数量—品种"二维坐标上的函数解析，那么安德森的长尾理论讲的则是"数量—品种"二维坐标上的统计分布(长尾理论名称来源于"长尾分布"这个统计学术语)：以数量为竖轴，品种为横轴，头部是销售数量较大的少数品种，或大热门商品；尾部则是备受冷落、销售数量较小的很多类品种的聚合。

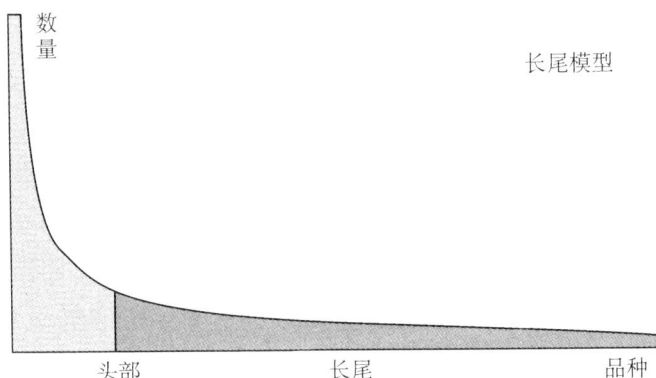

图 8-2　长尾理论示意图

举例来说,同是销售CD,完全线下经营的沃尔玛,进货中65％的CD在热榜前100名之内;完全线上经营的拉索迪,进货中53％的CD在热榜前100名之外。拉索迪营销故意挑冷门货卖,是因为冷门货对需要的小众来说,不用打价格战;而且互联网可以低成本地把小批量产品聚在一起,形成长尾。

长尾的价值

长尾的本质在于低成本差异化。过去在波特的理论中,成本领先战略与差异化战略必须要二选一,不可能长期并存于一家企业或一项业务中。但互联网让二者从对立状态变为互补状态,使兼具成本领先战略的低成本特征和差异化战略的增值特征融为一体,这就是互联网导致的战略创新,这正是长尾的价值所在。

市场对此也作出了应有的反应。从2009年金融危机后市场见底以来,与长尾需求相关的公司表现名列前茅,涨幅前100名的公司中相关公司占到25％。[1]

广告长尾：Google

Google的成功就在于它找到并铸就了一条长尾。以占据了Google业务半壁江山的AdSense广告系统为例,它面向的客户是数以百万计的中小型网站和个人——对于普通的媒体和广告商而言,这个群体的价值微小得简直不值一提。但是Google通过为其提供个性化定制的广告服务,将这些数量众多的群体汇集起来,形成了非常可观的经济利润。目前,Google的市值已超过千亿美元,被认为是"最有价值的媒体公司",远远超过了那些传统的老牌传媒机构。

金融长尾：余额宝

如果说云是余额宝成功的技术工具、幕后推手(见第三章),那么长尾则是余

---

〔1〕数据来源：Bloomberg,长江证券。

额宝的市场策略、台前拉力。

2013 年最为传奇的故事莫过于余额宝的异军突起。余额宝的成功正是得益于长尾理论。过去商业银行的理财产品都是针对中高端客户的,根本无意也无暇顾及小额业务。阿里集团面向众多小企业、贸易公司以及个人用户,抓住这一长尾市场,成为传统企业利用互联网金融成功突围的神话。与传统基金理财户均 7 万至 8 万的投资额比起来,余额宝用户 2014 年第二季度人均持有金额 5 030 元,甚至很多用户只有几十、几百元。但过亿用户的"长尾"让这个市场变得无比巨大。截至 2014 年 6 月 30 日,余额宝规模达 5 741.60 亿元,与 2013 年末相比增长 3 倍多[1]。

在余额宝崛起之后,众多"宝宝"开始步其后尘。易付宝、现金宝、活期宝等"宝宝军团"各显神通。虽然各有特色,但核心仍是围绕金融长尾市场做文章。

表 8-1　部分金融长尾市场中的理财"宝宝"们的产品特点

产品名称	电商企业	合作基金公司	产品特点
余额宝	阿里巴巴	天弘基金	平台贯通——以电商平台聚众;从支付平台聚财
易付宝	苏宁云商	广发基金、汇添富基金	采取 O2O 模式,"双线推广"互联网理财
白发	百度	华夏基金	预计年化收益率将高达 8%,限量申购 10 亿元
现金宝	腾讯	众禄基金	手续低廉,闲钱不闲
活期宝		天天基金网	品类众多,择优而投
活期通		华夏基金	赎回迅捷,微信"小夏"助存取

资料来源:上海数字化与互联网金融研究中心。

生活服务长尾:58 同城

58 同城除了装修、搬家、保姆、保洁等各种生活服务信息的汇集外,目前发

---

[1] 搜狐财经,http://it.sohu.com/20140702/n401651569.shtml.

力的重点业务是招聘、租房、二手房、二手车等使用信息。这些信息虽然使用频次低，但其覆盖范围十分广泛，涉及生活服务的方方面面。据 58 同城 CEO 姚劲波介绍，截至 2014 年 7 月，58 同城已经有 27 个直营城市，180 多个代理公司，信息覆盖 380 多个城市，收录了 500 多万本地生活小微商户的资料，其中近 50 万为付费会员。

"长尾效应"的结果显而易见，58 同城聚集了大量长尾用户。据 58 同城 2014 年 Q1 财报显示，月度独立用户已经超过 2 亿，日活跃用户数超过 3 000 万，付费会员数量已超过 44 万，同比增长 85%，其中来自移动端的用户已经超过 50%。会员费用收入达到 2 750 万美元。其在线推广收入则在 1 季度实现收入 2 050 万美元，较 2013 年同期增长 146.8%，发展十分迅猛。

● 重新认识二八和八二

将规模经济与长尾市场相比，我们会发现，规模经济以供应稀缺为常态，遵循 80/20 法则，追逐大规模生产或销售的"短头"，长尾市场则以丰饶为常态，逆 80/20 法则而动，追求多品种的"长尾"。前者是大规模生产、成本导向的，后者是个性化定制、需求导向的。

传统的二八理论告诉我们，20% 的产品或客户带来 80% 的销量，因此企业把 80% 的精力放在服务好这个短头，而忽略掉曲线中需要更多精力和成本才能关注到的"尾部"。

但克里斯·安德森在《长尾理论》一书中详细阐释了长尾的精华所在，指出商业和文化的未来不在于传统需求曲线上那个代表"热门商品"的头部，而是那条代表"冷门商品"的、经常被人遗忘的长尾。例如，亚马逊有超过一半的销售量都来自于在它排行榜上位于 13 万名开外的图书。奈飞有 1/5 的出租量来自于其排行榜 3 000 名以外的内容。Rhapsody 每月被下载的歌曲中，在排行榜 1 万名以外曲目的下载次数甚至超过了在排行榜前1万名的曲目。

但我们在继续讨论长尾的价值及催生长尾的力量之前,有必要探讨并澄清一下几个问题。

是不是二八原理就没有意义了呢?

克里斯·安德森在2004年提出的长尾理论,强调从传统意识中认为不能盈利或者难以盈利的长尾中找到新的盈利点,而长尾的价值就在于"只要存储和流通的渠道足够大,需求不旺或销量不佳的产品共同占据的市场份额就可以和那些数量不多的热卖品所占据的市场份额相匹敌甚至更大"。

这句含义并不明确的话对于互联网公司或许更有指导意义。互联网企业可以进一步降低单品销售成本,甚至没有真正的库存,而网站流量和维护费用远比传统店面低,所以能够极大地扩大销售品种。同时,由于互联网经济有着赢者通吃的特点,因此网站往往在前期会不计成本、疯狂投入,这更加剧了品种的扩张。如果互联网企业销售的是虚拟产品,则支付和配送成本几乎为零,从而把长尾理论发挥到极致。可以说,虚拟产品销售天生就适合长尾理论。

但对于传统商业来说,首先面临的一个问题就是如何降低固定成本。在理论状态下,如果能够将固定成本降到足够低,供货量的大小就和单个产品的成本无关,此时量大和量小的产品具有同样的市场开发价值。但这在传统商业现有的游戏规则下近乎不可能,长尾需求作为冷门产品或服务的整体体量确实很大,但每个细分市场的需求十分有限且过于零散,对于传统的销售商而言,其销量无法覆盖相关成本,因此也就很难去满足。销售每件产品需要一定的成本,增加品种所带来的成本也要分摊。所以理智的零售商不会销售那些最终招致亏损的商品。

要在"长尾市场"中做生意,传统商业仍不得不以传统的"销售量带来的收益打平或者超过成本"这一商业常识作为指导,如果在自己的"零售网络"中最终聚集的用户数量还是非常少的话,依然无法通过这种产品赢利。换言之,即使在今天,二八定律也有其存在的基础,特别是对于实体产品的生产与实体店的销售,至少在今天仍然适用。

是不是20%的头部就没有价值了呢?

即使在虚拟产品的网络销售中,头部也有存在的价值。如果没有头只有尾巴,在某些行业,吸引消费者时就会显得杂乱和无序;人们需要一个亲切的开端,然后通过信任的推荐才会开始了解不熟悉的领域。

曾经的MP3.com成为了最典型的"无头"失败案例。[1] 1997年,麦克·罗伯特森启动了这个看似经典的长尾商业模型,它让每个人都可以上传自己制作的音乐,这项服务也让艺人们可以越过唱片厂牌,直接和听众取得联系。当时,创业者曾经乐观地预计,那些艺人会为了推广音乐而向网站支付费用,而唱片厂牌们将因为这个新式平台而被彻底摧毁,音乐之花从此遍地开放。

还有几个人记得在纳斯达克崩盘的MP3.com是什么模样?它最后定格在公众脑海中的印象是无数不堪入耳的噪音遍布于网站的各个角落,一桩似乎可以改变世界的生意最终惨淡收场。问题的根源在于,它没有从那些大厂牌取得授权,在网站上放置一些脍炙人口的作品——观众找不到熟悉的切入点,更别提之后进行更加深入而广泛的探索。这个情况在当时谁都看得出来,但是从来没人把它当做问题看待。事实证明,只注重"长尾"却看不到"短头"可能同样无法成功。

长尾市场是否就是细分市场呢?

长尾是从整体上描述一种市场现象,而不是从个体角度看。长尾市场,重要

---

[1]《不可忽视的'短头'》,林嘉澍。

的不是一个个碎片化的"利基市场",不是个体品类,而是聚合,是"共同占据"的市场份额。正如克里斯·安德森所说:"你能在长尾中赚到钱吗? 这取决于'你'是谁。如果你是一位聚合者(aggregator),那么,当然可以。但是如果你是长尾上大多数的小生产者,想要得到直接的收益还是比较难的。"

🔘 催生长尾的力量

小众需求的兴起

需求日趋个性化、多元化,各种奇特的"小众需求"蓬勃发展。当消费者们聚在一起相互交流时,他们会发现,他们的品位千差万别,根本不像那些铺天盖地袭向他们的广告所暗示的那样一致。兴趣更趋多元化的消费者正分散到越来越个性化的不同小圈子,越来越深入地探讨着圈内的主题爱好。在今天,"周日一起去跑步吧"或者"一起去看一场摇滚音乐会"已经不算什么了,"周日一起去跑酷吧"或者"组织一帮刚入门的音乐爱好者一起准备一场自己的摇滚音乐会"才称得上与众不同。

而作为展现个性的标志,对于差异化产品的追求也逐渐兴起。吸引大众眼球的"热门"不再成为人们追逐的唯一焦点。在网络科技对唱片和电影产生冲击以前,需求的分散化趋势已经非常明显。事实上,不仅在上述两个行业,在许多其他行业也有类似的情况。在需求变迁的背景下,需求的长尾就成为一个重要的商机。

互联网技术的发展,使长尾模式能够从客户的需求出发,为消费者提供多样性选择,并催生了一大批卓越的公司。那么,为什么长尾市场在互联网时代不仅可以盈利,甚至还能超过传统的头部市场呢? 这就是下面我们要分析的重点。

降低的定制化生产成本

模块化制造、大规模定制、柔性生产等方法，为定制化生产提供了技术上实现的可行性；快速、有效、即时、不受区域限制地传递客户需求信息则进一步促进了定制化生产；一些数字化产品的边际生产成本和边际销售成本趋近于零，如音乐、书籍、软件等等可以在几乎无成本的前提下复制和通过网络传输；生产工具的普及，使得生产者与消费者之间的传统分工变得模糊，越来越多的消费者转型为生产消费者，现在业余爱好者们能做到短短几年前还只有专业者能做的事。以上种种因素的合力，使尾部生产在经济上从原来的不可承受转变为可以承受，并引发了产品世界前所未有的丰富，选择种类前所未有的膨胀。

例如，如果你在淘宝网上搜索"定制"这一关键词，会找到相关产品 439.4 万件，搜索"DIY"这一关键词，则有相关产品约 324.24 万件（2014 年 8 月 26 日数据）。阿里巴巴上的一家"酷绅公司"能够提供的定制衬衫包括近 3 000 个号型，合体满意率达到 95% 以上。除了尺寸，顾客还可以自主选择衬衫的颜色、面料、领型、袖型甚至包括纹理。

降低的销售成本

传统的实体商店或超市，不管规模多大，仍然摆脱不了货架、围墙、员工、地点、工时和天气的问题。对于理性经济人而言，成本不菲的货架和广告投入，意味着必须权衡资源的配置效率，把资源向 20% 的大热门产品倾斜，而忽视掉剩下的 80%。但在互联网和数字化时代，可以在固定初始投入的条件下，不需要实体的店面、货架、展台甚至是库存，销售不受任何地域与时间的限制，销售成本不受销售规模、品类多少的影响，真正实现"无物不销，无地不送，无时不售"，以极低的销售成本满足无限多的长尾客户需求。

像淘宝这样的 C2C 网站中，网民不需要花费一分钱就可以拥有自己的线上商铺，进行二手商品或是自制手工艺品的交易。而由交易平台提供的即时通信软件、诚信安全系统以及支付保障设置都令买卖双方的风险得以尽可能地降低。特别是对于纯数字产品和服务来说，不仅不再需要货架，也没有制造成本和分销费用，卖出一件热门产品与卖出一件冷门产品之间没有任何区别，它们的边际利润都是一样的，都只不过是数据库中的一条记录，等待对其需求做出响应，因而具有同样的存货价值。于是热门不再是利润的唯一代名词了。过去从未在电影院里放映过的电影，电台从来没有播过的音乐，书店里从来没有摆放过的书籍，其实一直都默默无闻地存在着，只因数字化和销售成本的降低，让它们有机会被消费者发现。

更多的发现渠道

面对数量极为繁多的长尾商品，找到自己中意的那一个是件非常麻烦的事情，加之长尾需求本身就是一种非常个性化的需求，因此对于搜索的全面性和精确性会有更高的要求。互联网时代为需求方和供给方之间提供新的信息链接渠道，能令提供长尾产品的供应商与消费者形成对接。长久以来消息流通不畅的沟壑得到填平——消费者的注意力和购买力借此从"头部"被分流到"长尾"，小众商品被眼球和钱包更多地眷顾。

更多的发现渠道不仅包括搜索引擎，也包括通过大数据挖掘向客户进行精准推荐。此外，提供样本、允许用户试听或试读也为长尾用户选择产品或服务提供了极大的便利。在今天，一个更重要的降低搜索成本的途径是消费者自己。在各种社交网络、各种圈子、各种自媒体平台上，消费者通过信息发布而成为产品最好的推荐者和传播者，"推荐"、"评分机制"像"事后过滤器"，让人们更容易比较产品的优和劣，成为比"厂商广告"更有效地降低搜索成本的力量。特别是移动互联网的到来，使人与人之间连接的成本大幅度降低到几乎为零，在搜索成本变得更低的同时，也让搜索变得更快，更及时，更有效。

在长尾市场上，因为有了新的信息传播渠道，消费者得以在海量的信息中找到属于自己的最爱，而那些原本可能因为归类不当或消息阻塞而被忽略的商品，则因此有幸在无尽的"长尾市场"中脱颖而出。比如，国内的豆瓣网上广受关注的内容，多半不是畅销榜上的热门。豆瓣网由各种各样的"兴趣小组"构成，以个人为核心，跟每个用户自己的兴趣有关。它不像门户网站那样去大规模地推动资讯，而是靠每个人自发的拉动。通过这个平台，人们的视野逐渐从已知的领域（热门商品）转向未知的领域（小众商品），形成了他们备受推崇的"发现"功能。

在豆瓣网上随手点开一本书的页面，在各个角落中，用户可以通过如下渠道直接发现与之相关的其他书籍："豆瓣成员常用的标签"、"谁读这本书"、"喜欢这本书的人常去的小组"。这样的机制在豆瓣网的音乐频道中也同样有效，比如喜欢张靓颖新专辑的年轻网民会在"喜欢这张唱片的人常去的小组"中找到"时尚联盟"小组，再从其中发现同龄人正在关注的书籍、电影和音乐。

线上商店对货架的颠覆，也让小众商品可以得到更多的机会被"门当户对"的顾客发现。在传统商店中，货架资源是稀缺的，一本书不能同时现身于两个书架。在若干并不互斥而又大致吻合的分类中，最终选择哪个、舍弃哪个应该都算是"不得已而为之"。但看看亚马逊网络书店上琳琅满目的图书和音像制品，它们不但被管理员赋予了多种类型和关键词，而且用户还可以为它贴上自己中意的标签（Tag）。在拥有"无尽选择"的市场上，每个产品都会满足某个特定的需求，产品已经很难再用单一的标准进行归类。过去说的"好"与"坏"、"优"与"劣"，在现在看来，更应该被"适合我"与"不适合我"所取代。

因此，当生产成本急剧下降以至于个人都可以进行生产时，当商品储存流通展示的场地和渠道足够宽广而商品销售成本急剧降低时，当用户可以很便捷地搜寻到满足自己需求的产品时，原本需求和销量不高的产品所占据的共同市场份额，可以和主流产品的市场份额相媲美，甚至更大。如此这般，几乎可以实现"任何人、在任何地点、任何时间"都能得到他所想要的。

● 长尾＋蓝海

长尾 vs 蓝海

如果说长尾是在原有市场中寻找原来未被开拓的 80％的长尾市场,那么蓝海则是超越现有需求,重新界定市场的边界。长尾与蓝海二者有交叉重叠。

蓝海战略(Blue Ocean Strategy)最早由 W. 钱·金(W. Chan Kim)和勒尼·莫博涅(Renée Mauborgne)于 2005 年 2 月在二人合著的《蓝海战略》一书中提出。蓝海以战略行动(Strategic Move)作为分析单位,战略行动包含开辟市场的主要业务项目所涉及的一整套管理动作和决定。在研究 1880 年～2000 年 30 多个产业 150 次战略行动的基础上,作者指出价值创新(Value Innovation)是蓝海战略的基石。

表 8-2　长尾理论与蓝海战略的比较

比较项目	长尾理论	蓝海战略
理论核心	聚沙成塔	价值创新
理论基础	范围经济理论	企业家创新理论
战略手段	寻找未被充分开拓的利基市场	创造规则,重建市场边界
客户服务	提供个性化需求	超越现有需求
企业愿景	扩大长尾	远离红海,创造蓝海

资料来源:上海数字化与互联网金融研究中心。

价值创新挑战了基于竞争的传统教条,即价值和成本的权衡取舍关系,让企业将创新与效用、价格与成本整合为一体,不是比照现有产业的最佳实践去赶超对手,而是改变产业框架重新设定游戏规则;不是瞄准现有市场的"高端"或"低端"顾客,而是面向潜在需求的买方大众;不是一味细分市场满足顾客偏好,而是合并细分市场整合需求。

蓝海战略认为，聚焦于红海等于接受了商战的限制性因素，即在有限的土地上求胜，却否认了商业世界开创新市场的可能。运用蓝海战略，视线将超越竞争对手移向买方需求，跨越现有竞争边界，将不同市场的买方价值元素筛选并重新排序，从给定结构下的定位选择向改变市场结构本身转变。

用简单的话来解释：红海就是红色的大海，防鲨网的范围之内，水质混浊，营养贫乏，但是人很多，在这个小圈围之内不能出围，人人都竞争激烈；而相对红海，蓝海就是蓝色的大海，防鲨网之外海之深处，水质和营养物都很好很丰富，范围也相当广泛，竞争的人也少，蓝海竞争胜者将得到比红海多得多的利益。

聚焦到产业，红海战略就是现今存在的产业，是已知的市场空间；与红海相对应，蓝海战略其实就是企业超越传统产业竞争、开创全新未知市场的企业战略。蓝海战略要求企业突破传统的血腥竞争所形成的红海，拓展新的非竞争性的市场空间。与原有的抢夺市场需求不同，蓝海战略将关注点放在如何创造需求、突破竞争上来。对于习惯模仿而在竞争困境中挣扎的企业而言，蓝海战略无疑为它们描绘了一个个可以畅游航行的蓝色海洋。

"驴妈妈"：捕捉长尾，拓展蓝海

中国旅游产业蓬勃发展，竞争也日趋激烈，高水平的服务要求、科技的日新月异、网络营销的兴起等，既给旅游业的发展带来了机遇，也带来了挑战。近年来旅游业的定义已经越来越广泛，除了传统含义的旅行社景点游之外，旅游更包含了旅游地产、旅游社区、自驾游、自助游等概念。随着旅游的定义一再被打破，一批具有新卖点、新模式的旅游品牌迅速崛起，受到风险投资公司的追捧，充足的资金更加助长了新型旅游品牌更加快速地抢占传统旅游行业的市场份额。在激烈的竞争中，行业洗牌在所难免。

在众多的旅游电子商务平台中，"驴妈妈"的故事很有趣，也非常具有借鉴性。目前，以携程、艺龙、芒果等服务商务人士的平台为代表，国内众多旅游电子商务网站大多将重点停留在"旅"上,没有解决"游"的问题。两年前,"驴妈妈"总经理洪清华将目光锁定在占中国旅游市场70%的散客身上,抓住了自助游的长尾,进军旅游行业,依托景区,既解决了"旅"的问题,也解决了"游"的问题。由此,"驴妈妈"也得到了国外风险投资的青睐和资金支持。

回顾"驴妈妈"的创业史,洪清华直言,"当时要做中国第一家景区门票分销网站,以前只有旅行社门票才打折,从'驴妈妈'开始,一个人一张票也可以打折,这是不可想象的。所以我们不断地细分,只要在最后细分这个点上面市场足够大,我们就可以赚钱。"[1]

"一个人、一张票也打折",这是"驴妈妈"为长尾客户提供的最核心、最个性化的服务。比如想去杭州看《印象西湖》,一个人或几个人去窗口买票都是220元/人,如果从"驴妈妈"旅游网订票,一个人160元就可以了。

"驴妈妈"的付费形式与国际接轨,即"先付费再旅游"。游客在旅游前先将费用通过网站的支付宝或网上银行进行支付,便捷高效、省时省力。在国外,"先支付再体验"的模式已经被广泛采用,但国内很多人刚开始,并不习惯这样的消费模式。"驴妈妈"为了培养游客习惯这种消费模式做了很多辅助工作,比如说,实行双倍赔偿制度,专门成立了质量保障部门等措施。

在为长尾客户提供个性化服务的过程中,如果成本高企不下,也难以实现最终的盈利,因此有效降低成本是长尾策略的关键一环。电子商务企业几乎都避免不了物流环节,必须要将消费者购买的商品通过物流系统送到消费者手中。"驴妈妈"通过"电子门票"成功实现了零物流。游客只要在"驴妈妈"平台上预定旅游产品,就会收到一条手机短消息,客户根据这个含有二维码的手机短信,就能顺利地通过景区"驴妈妈"的专用通道,实现数字化通关。这不仅节省了纸张和能源,缩减了印制门票和配送的成本,还大大地提高了工作效率,同时也为消

---

[1]《波士堂》2012年10月份视频。

费者提供了更好的消费体验。

营销费用通常也是高成本的主要来源，但是"驴妈妈"另辟蹊径，通过"口碑传播"来加强影响。信任度最高的营销方式莫过于亲朋好友之间的口口相传，而新营销媒体博客、微博、微信等渠道正是建立良好口碑的绝佳选择。"驴妈妈"找到消费者中的"意见领袖"，并通过这些"引爆点"将某一旅游目的地的知名度迅速升温，并且形成潮流趋势。"驴妈妈"通过费用低廉的营销方式，有效地达到了宣传效果，从而为顺利实施长尾战略打下了关键基础。

避开正面市场，抢占蓝海市场，走向更大市场

昔日的"驴妈妈"，今日已是景区旅游的杰出代表。然而，景区票务直销仅仅是"驴妈妈"旅游网梦想的开端。提供景区管理咨询，做景区规划设计，产业链彼此之间能够相互输送价值，走向更大市场，才是其更宏大的构想。

根据 eMarketer 的统计，在全球主要国家和地区的在线旅游市场的发展速度上，中国目前已是全球在线旅游市场发展速度最快的国家之一，尽管如巴西、墨西哥等国家在某些年度的发展速度要快于中国，但中国在未来几年的发展速度依然会很快。

"驴妈妈"的成功首先在于抓住了一个长尾，随后，又从长尾开始实施蓝海战略，开始抢占更大的市场。长尾也许起初并不起眼，可是长尾后面是更大的蓝海市场，这对于初创企业来说是不容忽视的赢利点。如果"驴妈妈"能够继续捕捉到长尾和蓝海，那么相信它也能够把握中国在线旅游不断扩大的机遇期，实现更大的成功。

◉ 应用长尾制胜

让长尾尽量长

现今，成功的企业家，一是要拥有长尾市场的头脑，二是要有开放、用户最大

化、服务最大化的理念。要使长尾理论有效,首要的一点是应该尽量增大尾巴,也就是降低门槛,制造小额消费者,让客户群尽量大。没有庞大的客户群,长尾理论也就失去了存在的市场环境。

因此,不同于传统商业的拿大单、传统互联网企业的会员费等做法,互联网营销应该把注意力放在把蛋糕做大上。通过鼓励用户尝试,将众多可以忽略不计的零散流量,汇集成巨大的商业价值。

对于我国众多的网络公司而言,无论是提供针对性专业服务的垂直网站,还是从事多元化个性服务的门户网站,若没有庞大用户的支持,进行长尾式经营无疑是天方夜谭。

以我国的音乐收费下载网站为例,相比传统的唱片销售渠道,音乐收费下载网站尽管具有商品储存与运输成本上的优势,但却远远比不上我国网络上盛行的盗版下载来得便宜与便利。新浪网最近披露的信息显示,虽然其有意推出音乐收费下载,但调查表明超过九成的网民不愿为此买单。由此看来,长尾理论在我国数字音乐领域还有很长的一段路要走。

此外,鉴于我国电子商务的安全性还有待加强,各种支付方式之间结算的复杂性与时间的延滞,现阶段市场环境下的物流仍然是制约电子商务发展的瓶颈。特别是物流提供商服务水平高低不等、信息化程度参差不齐等情况,加大了货物配送的难度与成本。

总而言之,长尾理论的实施不仅要求市场上存在数目庞大的小客户群,而且还要求商务配套服务的整体水平不断提高。

尽量降低成本

长尾理论的一个重要前提是:产品的存储和物流成本必须降到足够低的程度。否则,企业无法承受消费者个性差异化需求所带来的高昂成本。

通过互联网技术,可以使得数字化产品的存储和物流成本降到足够低的程度。但对于有形产品仍然隐藏着庞大的库存与管理费用。即便对于网站,也要考虑到管理成本的问题。如果处理不好,客服成本会迅速上升,成为主要矛盾。

最理想的长尾商业模式是:成本是定值,而销售可以无限增长。使用长尾理论必须小心翼翼,保证任何一项成本都不随销量的增加而激增。最差也是同比增长,否则就会走入死路。

短头与长尾的结合

提供比过去更多品类的产品,企业可以盈利、生存。但要取得更好的、更持久的经营绩效,企业需要形成超级热门、各大类中的热门商品以及多品种商品这样的金字塔式产品组合结构。这是因为超级热门商品有轰动效应和拉动效应:如果没有超级热门商品,企业就很难建立起强大的品牌和市场地位;热门商品可以拉动其下的多品种商品的销售。这就是为什么单独看一件热门商品可能投入产出完全不成正比,许多企业却依然大举投入。其次,尾部要具有很多利基(niches,注:看似很小、微不足道,但能量巨大的东西),只有一个头却没有尾巴,在选择时会有太多的局限。只有建立了产品金字塔结构,有了多品种的基础,投入才能获得最大的收益。

此外,长尾更多地适用于销售企业,至于生产商如何应用长尾,也是值得探讨的话题。

结语

彼得·德鲁克曾说,当今企业之间的竞争,不是产品之间的竞争,而是商业模式之间的竞争。打破现有思维习惯,冲开既定思维模式,在更广阔的范围内进行探索,借助网络和长尾的力量,在蓝海中遨游,让每一颗平凡的微尘都有机会划出不平凡的轨迹。

9 趋势九：数字金融
——从传统金融到数字化与互联网金融

互联网金融的本质是金融。

——马蔚华,招商银行前董事长

如果银行不改变,我们就来改变银行。

——马云,阿里巴巴董事长

近十几年来,整个社会出现了一种去中介化的浪潮。特别是当一些非金融企业利用互联网技术迅速渗透到金融领域时,互联网金融随之诞生。这种新业态催生了去银行支付和融资中介的新环境和新格局,使银行传统业务受到严峻挑战。

——姜建清,中国工商银行董事长

2013 年被很多人描述成中国互联网金融的元年。在这一年,传统金融机构开始积极谋变以巩固既有优势地位,BAT 等互联网企业则成为"搅局者",在金融领域跑马圈地,构建自己的业务模式,试图打破固有的金融格局。

一个个惊人的数字频繁地刷新着记录:

- 支付宝支付金额超 30 000 亿;
- 以支付宝、财付通为代表的第三方支付占市场份额的 80%;

- 2013 年，P2P 行业成交量超 1 000 亿元，同比增幅超 600％；

- 2013 年 6 月余额宝上线，不到一年时间资金规模超 5 400 亿，坐拥 8 100 万用户，原本处于行业后列的天弘基金凭借余额宝摇身一变成为全球第七大基金。

这不禁让人们好奇，非金融机构涉足金融从何而起？由何而强？

我们在本章中，没有使用大家习惯的互联网金融，而是以"数字金融"为题，可以粗释为：一是由于大家习惯把互联网企业介入金融领域称为互联网金融，而把使用互联网手段的传统金融企业名为金融互联网。这种单纯地就主体进行划分，习惯性地将金融机构和互联网企业对立起来，容易让人忽视两者融合的可能性。实际上，传统的金融机构与互联网金融机构都是数字化革命的生力军，都是金融创新的主力军，没有排他性。二是数字化时代的特征，用本书的十大商业趋势的观点来描述，"大、云、平、移（大数据、云计算、平台、移动互联网）"缺一不可，"软件定义一切"在未来将剑锋犀利，所向披靡，用"数字金融"涵盖更为完整。

具体而言，数字金融的范畴包括三类：一是互联网非金融企业开展金融业务。二是传统金融机构利用互联网技术开展业务。从金融系统的电子化建设到金融业务的电子化受理，再到今天数字化金融商业模式的建立，都可归为此类。三是纯粹的从出生第一天开始就以互联网金融为主业的企业或机构。如 1995 年正式开业、1998 年被加拿大皇家银行收购的美国第一网络银行，以及完全以互联网为平台在线上开展传统商业银行业务的美国互联网银行（BOFI）等。

● 传统金融：遭遇跨界创新

实际上，IT 企业想做金融业务远非今日始。20 世纪 80 年代，比尔·盖茨感觉到与其把 IT 系统租给商业银行使用，不如自己办银行，但这一想法由于受到当时美国银行业公会对美联储的游说而落空。彼时，盖茨的那句名言深深震撼了银行界:"如果传统银行不改变的话,就会成为21世纪一群将要灭亡的恐龙。"时至今日,互联网企业跨界涉足金融已成热潮。

互联网企业向金融渗透,与互联网技术的快速发展密不可分。互联网技术使资金供需双方直接交易,大大降低了市场信息不对称程度和交易成本。与此同时,网民数量快速增长,线上生活、网上消费成为一种时尚而蔚然成风,这使社交网络平台上积累了海量客户信用数据及行为数据。搜索引擎和云计算则使互联网企业能够准确、高效、经济地处理海量数据,形成客户的信息视图和评价体系,为金融决策提供依据,许多金融创新也因此成为可能。

另一方面,传统银行由于追求规模经济性,总是将有限的资源集中在对利润贡献度最大的客户群体和业务领域,即大企业、大客户和中高端零售客户,而对于小微企业贷款、小额理财、P2P、个人信贷担保等"尾部"业务,或无暇顾及,或由于成本、风险与收益不匹配而不愿涉足,这为互联网企业进入金融领域提供了市场空间。可以说,互联网企业跨界金融是顺应市场需求的结果,尽管这些金融需求在传统金融机构看来属于小众市场。

互联网企业能成功跨界还源于自身的主观努力。互联网企业在积累到一定流量后,意识到可以将互联网流量和金融发展结合起来,通过介入支付、融资领域使流量变现,并在积累大量的数据、资金和客户以后,逐步向财富管理和综合金融服务等领域渗透,创新出诸多新的金融业态。当然还包括监管当局的鼓励与扶持,为其发展提供了一个相对宽松的制度环境。

各种因素的叠加为互联网金融的兴起创造了很好的生态环境,促成了互联网金融新业态的蓬勃发展。

支付宝:打响互联网企业跨界传统金融的第一枪

从2002年起,阿里靠支付宝起家涉足金融,历经"三大阶段",包含"七剑战略",一度令金融行业几分敬畏、几分忧愁(见图9-1)。

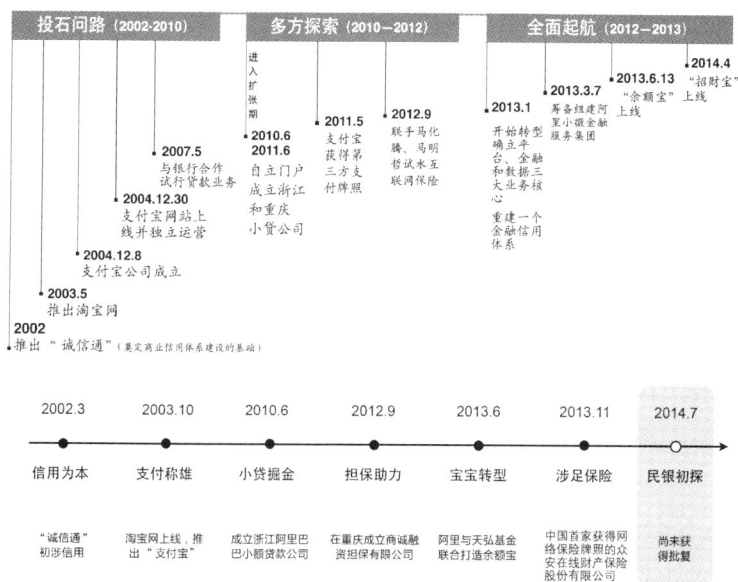

图 9-1　阿里金融布局的"三大阶段"与"七剑战略"

资料来源:上海数字化与互联网金融研究中心。

在传统支付模式下,客户因为成本和效率的限制,无法同所有银行实现清算对接。支付宝等第三方支付企业整合了各家银行的支付网关接口,充当了众多商户与众多银行间的桥梁。有人打了一个不太精确的比方,说它形成了"网上的银联"。这种一站式的接入服务使银行和客户都避免了一对一开设网关接口的高昂费用,以高效率、低成本、方便快捷等优势,满足了一大批银行无暇顾及的小微企业和小型商户的支付管理需求。具体而言,支付宝依托淘宝和阿里巴巴两大电商平台,相对于传统银行,其优势集中体现在成本低、更便捷、服务种类多等方面。

未来支付宝要在各类生活场景积极介入。2014 年 5 月,支付宝开始涉足医疗服务领域,与多家医院联合打造"移动智能就医平台",用户可直接在支付宝中完成从挂号到查看检查报告的流程,节省一半以上的就医时间。医院上线支付

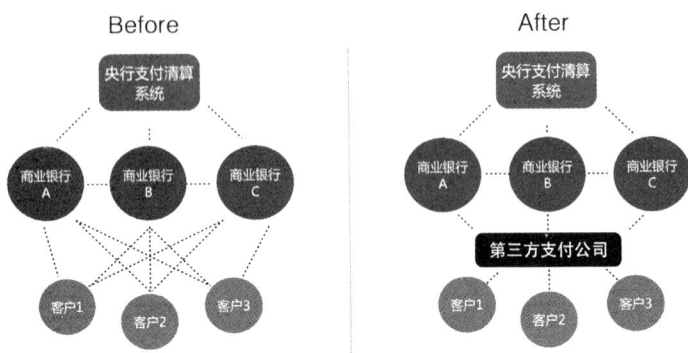

图 9-2 传统支付与第三方支付模式的比较

资料来源：上海数字化与互联网金融研究中心。

宝钱包的服务窗之后，系统还能有效识别"黄牛号"，帮助医院释放更多资源来服务真正有需要的患者。目前已经有七家医院与支付宝合作，而在全国主要城市已经有近 50 家三甲医院与支付宝达成了类似的合作意向。2014 年 8 月 10 日，阿里巴巴宣布与杭州市政府合作，打造全国首个"未来商圈"——"武林商圈"。仅凭一个智能手机，消费者就可以在逛"武林商圈"时享受搜索、定位和支付等多种服务，体验虚拟与现实的深度融合。而这一切都可以由支付宝钱包轻松完成。支付宝还在旅游支付中深挖新的价值，为用户提供旅游退税服务，旅欧、旅韩游客可用支付宝退税，最快 10 个工作日到账。

在水平领域，支付宝从 2008 年开始布局海外市场，目前已经在新加坡、美国等地注册成立了实体分公司，负责当地的业务拓展，在拓展国内市场的基础上，进军国际市场。2013 年 12 月 23 日，便利店巨头美宜佳与支付宝钱包达成战略合作，旗下 5 500 家便利店全面开通支付宝钱包条码支付，只要 1 秒即可完成全程支付。已经有越来越多的海外购物网站陆续开通了支付宝支付，其中不乏一些美国、英国、韩国等国家的知名 B2C、C2C 购物网站和一些知名服装、数码品牌的自营网站。

表 9-1　支付宝水平领域拓展国内、国际市场

类别	分类	合作公司名称
航旅商户	机票	亚航、新加坡航空、全日空、印尼鹰航、HotelClub 好客帮
实物商户	美容护肤	香港莎莎、香港草莓公司、卓越网、TenByTen、乐天(免税店)、摩西摩西购物网、TOKOYOPRETTY、FELISSIMO、趣天麦网、DHC、韩斯清 hanskin
	时尚服务	JAMY、非凡时尚、无印良品(上海)商业有限公司、Nissen Co. Ltd、KENKO 药妆、shirohato、JGS、brook's 咖啡、STYLENANDA、PARTY-SU、CHERRYSPOON、MIAMASVIN、BYTHER、HOLICHOLIC、THE JANY、JOGUNSHOP、韩巢网、Eminent Inc、洋码头、UGG、eyesave、inerb、Net-The-Globe Ltd、Sykam Solutions Ltd
	母婴保健	Lilla Mode Sweden AB、美国购物网、Extrabux
	进口食品	糖村、佳德糕饼、东森
	综合平台	美国购物网、即尚网、诚品网络书店、德国慕尼黑 Wirecard AG、乐天网上免税店等
	便利店	香港 OK 便利店(336 家)、卓悦(50 家)、佐丹奴(19 家)、东南亚国家部分便利店(如印尼、泰国)
阿里国际平台		天猫国际、海淘宝、AliExpress(国际商业零售)、alibaba.com(国际商业批发)

支付宝从 2008 年开始布局海外市场,目前已经在新加坡、中国香港、美国等地注册成立实体分公司,负责当地的业务拓展。

资料来源:上海数字化与互联网金融研究中心。

互联网企业全面进军金融领域

跨界进军金融的当然不止阿里一家。传统金融行业有支付、理财、融资、保险、基金、担保和证券等七大类,互联网企业开始向这七大金融领域全面渗透。第三方支付和移动支付不用多言,在前面已提及。网络借贷既包括基于电子商务的网贷平台,如阿里小贷、京东白条等,也包括 P2P 网络贷款平台,较为主流的是以"拍拍贷"为代表的无担保模式和以"人人贷"为代表的有担保模式,还有最近涌现出的众筹融资模式等,如"点名时间"等。互联网理财则以大家熟悉的各类"宝宝"为代表。互联网保险比较典型的是众安在线——国内乃至全

球第一家获得网络保险牌照的保险公司。如果我们仔细研究 BAT 在金融领域的拓展,就会发现在短短的三年中,这三家巨头几乎覆盖了全部金融领域(见表 9 - 2)。

表 9 - 2　BAT 覆盖全部金融业务

传统金融行业	B百度	A阿里	T腾讯
支付	百付宝、百度钱包	支付宝	财付通
理财	百度财富	淘宝理财	财付通理财汇
融资	百度财富	阿里小贷	财付通小额贷款
保险	百度财富	众安保险	众安保险
基金	百度金融	余额宝	财付通基金 e 点通
担保		重庆商诚融资担保	财付通中介担保交易
证券	百度和讯		腾讯操盘手

资料来源:上海数字化与互联网金融研究中心。

供应链金融

互联网企业进军融资领域,则是信用数据化的必然结果。核心在于实物抵押演化为虚拟信用抵押,利用信息流、资金流和社交网络的非结构化大数据,破解融资过程中的信息不对称问题,完成信用评估和风险管理过程。

长期以来,"融资难和融资贵"一直困扰着小微企业,供应链金融是解决这个问题的重要途径,即在供应链中寻找出核心企业,以其为出发点,为供应链上的企业提供金融支持。它不仅是一条连接供应商到用户的物流链、信息链、资金链,而且是一条增值链。

一般而言,供应链金融有两种操作模式:一是大型制造企业与商业银行等金融机构合作的供应链金融;二是电商企业与银行等金融企业合作的供应链金融。两种供应链金融都可以帮助缩短账期,推动供应链的快速流通。差别在于在第二种供应链金融中,商业银行可以从电商企业那里获得中小企业的各类交易数据。

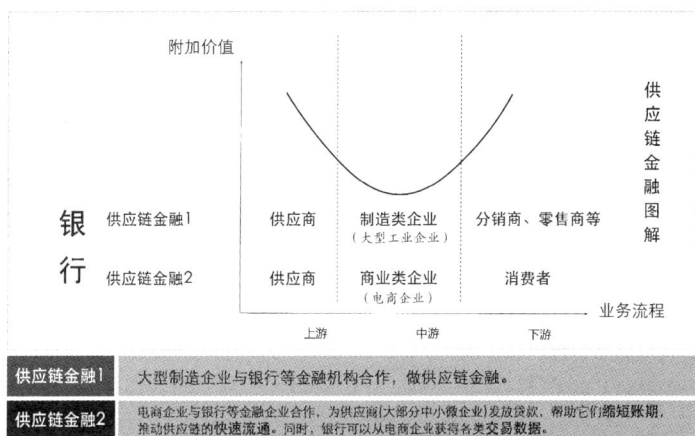

图 9-3　供应链金融图解

资料来源:2013.8.26《互联网周刊》。

　　值得向读者介绍的是京东的供应链金融。京东与中国银行合作,提供供应链金融的服务,这恐怕是电商跨界金融创新的又一个惊人之举。以每年数百亿元人民币计算的现金流为担保,京东获得了中国银行的打包授信循环信用额度。取得授信额度的供应商据此完成对京东的送货,在与京东对账并得到核对后,京东给中国银行指令,银行将货款金额提前给供应商结清。最后,在规定的结款账期日前,京东将货款还给中国银行(见图 9-4)。在这一过程中,京东扮演的是类似于中介的角色。截至 2013 年 11 月,京东供应链累计融资额已经超过了 80 亿元,最大单笔融资金额超过 1 亿元。[1]

　　京东的供应链金融是基于供应商在京东上各类数据的供应链融资,主要针对小宗商品,因而缩短了供应链融资的流程和时间。京东供应链金融的升级版

[1] 参见证券时报网,2013 年 12 月 11 日,http://kuaixun.stcn.com/2013/1211/10993845.shtml.

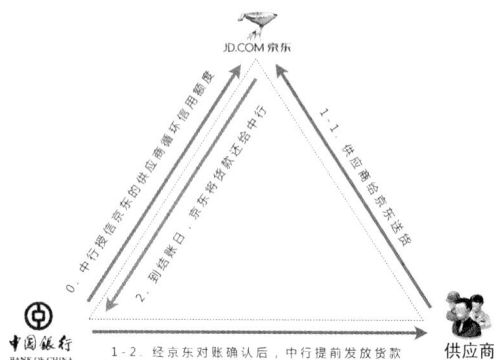

图 9-4　京东与中国银行合作发展供应链金融

资料来源:东方财富网。

"京保贝",流程更简便,自动化审批放款最短仅需 3 分钟,放款额度更灵活,供应商年化融资成本仅为 10%左右。与之相比,银行的传统供应链金融实质是商品抵押和信用担保,主要针对大宗商品交易,因而增加了供应链融资的流程和时间。

● P2P 网络融资平台

非金融的民间网络融资平台也开始挑战商业银行,形成了社会融资的一支中坚力量。在国际范围内,最具代表性和标志意义的,莫过于美国的两个 P2P (Peer to Peer)平台 Prosper 和 Lending Club。

Prosper 成立于 2006 年,是美国第一家网络借贷公司,拥有超过 200 万的会员,累计借贷额超过 10 亿美元,采用单纯平台中介模式。借款人可以在网站提起 2 000~35 000 美元的借款需求,投资人针对单个借款人的最低借款额度为 25 美元。Prosper 将借出方和借入方聚合在一个平台上,并清晰标明双方的利率,通过竞标机制来确定利率,通过分散贷款来降低风险。

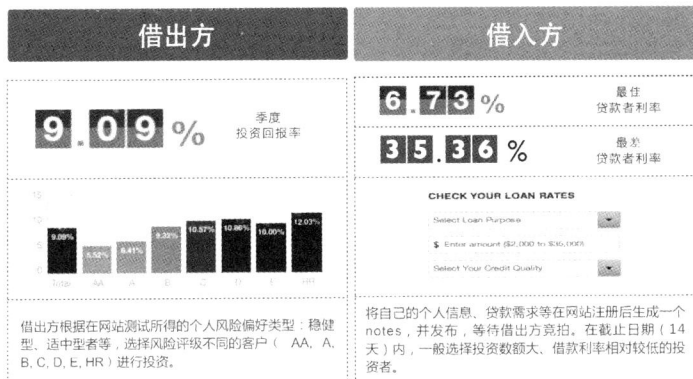

图 9-5 美国 Prosper 业务示意图

资料来源:Prosper 官方网站。

Lending Club 是美国另一个知名 P2P 小额贷款平台。创始人 Laplanche 于 2000 年创建 MatchPoint 时遇到了资金周转问题,发现信用卡透支的利率高达 18%,即便是多年良好信誉也不会带来利率上的优势,于是产生了 Lending Club 的初步设想。Lending Club 于 2006 年 10 月在特拉华州成立,2007 年 5 月开始 在 Facebook 上以一个 App 应用的形式运营。Facebook 的重点是网络交流, Lending Club 看重的是 Facebook 这样一个社交网络平台的高传播性和好友之 间的相互信任,通过把钱借给自己的社交平台好友从而达到为自己服务的目的。 Lending Club 的出借人可以浏览借款人的资料,并根据自己能够承受的风险等 级或是否是自己的朋友来进行借款交易,逐渐发展成为最受欢迎的 Facebook App 之一。2007 年 8 月,Lending Club 的网站正式上线,全面开始 P2P 借贷服 务,网站的形式实现了资金转移程序简化和成本节约。Lending Club 经营模式 的特点在于:第一,与 Prosper 不同,Lending Club 不采取竞标方式,而是将借款 人的信用等级分为 A—G 七等,分别对应着不同贷款利率(从 6%—25%不等);

第二,出借人不仅是个人,还有银行等金融机构;第三,对借款人要求更高,要求个人信用评分660分以上;第四,以Facebook为网络平台,通过朋友间的互相信任以增加借款成功的可能性,同时不必公布自己的信用历史。

Lending Club目前的贷款投向十分多元化。它在美国P2P网络借贷市场的份额占比高达75%。而Prosper的规模只是Lending Club的四分之一。主动注册、更多的流动性、更高信用等级的借款人是Lending Club市场份额领先的关键。

无论是基金理财,还是电商小额贷款、P2P贷款、众筹融资、互联网货币,丰富多样的互联网金融创新一经推出即迅速兴起发酵,展现出蓬勃的生命力。互联网企业成功跨界金融,已经成为金融体系中不可或缺且日益壮大的重要分支。

⊙ 直面跨界挑战,传统金融变身数字金融

互联网金融企业对传统金融机构带来了巨大的冲击。以银行为例,其职能端、负债端、客户端、盈利端都面临着互联网金融企业的挑战。尤其是面对蓬勃发展的电子商务,以物理网点和网银为主要渠道的传统商业银行支付越来越显得力不从心。各种"宝宝"又导致银行活期储蓄存款的转换、流动与流失,银行资金成本趋于提高,盈利来源受到侵蚀亦难以避免。

最关键的是,随着互联网企业业务的不断延伸拓展,其客户群与传统金融机构的重叠范围越来越大。客户是最大的财富,如果只是虚拟账号间资金流通的管道,而不是拥有源源不断的庞大的优质客户群及足够的客户信息,就不能掌握客户需求的变化,其产品研发、市场营销、交叉销售都将成为无源之水,最终将丧失对市场的敏感以及渗透其他行业的机会,无法实现可持续发展。

　直面互联网金融林林总总的跨界创新与挑战，传统金融绝不会束手待毙。传统金融机构本身具有 IT 属性，银行履行支付中介、融资中介和财富管理中介等职能，已须臾离不开 IT 系统的支持，信息技术对它们而言，犹如空气和水一样不可或缺。统计显示，全球 IT 设备投资额最高的是互联网企业，金融类企业紧随其后（见图 9 - 6）。

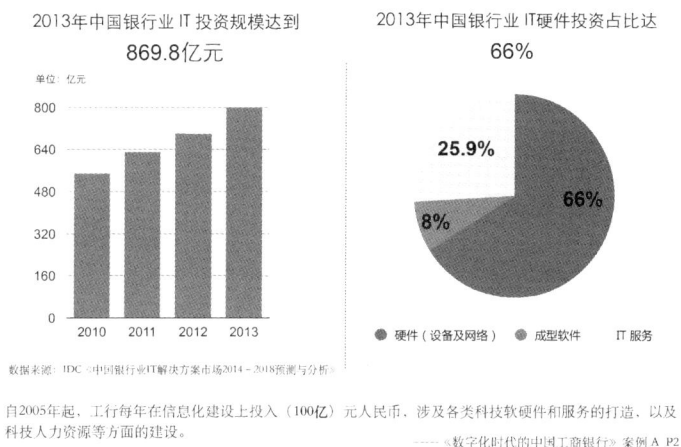

2013年中国银行业 IT 投资规模达到 869.8亿元

2013年中国银行业 IT硬件投资占比达 66%

单位：亿元

数据来源：IDC《中国银行业IT解决方案市场2014 - 2018预测与分析》

自2005年起，工行每年在信息化建设上投入（100亿）元人民币，涉及各类科技软硬件和服务的打造，以及科技人力资源等方面的建设。
　　　　　　　　　　　　　　　——《数字化时代的中国工商银行》案例 A P2

图 9 - 6　2013 年中国银行业 IT 投资规模与结构

资料来源：IDC《中国银行业 IT 解决方案市场 2014—2018 预测与分析》。

　金融机构不仅利用 IT 技术来推进管理信息化与业务电子化，还运用互联网技术积极创新金融业务与服务方式，表现为近年来银行竞相拓展手机银行和移动支付业务，积极探索开展网络贷款，创新推出网络互动银行，即微客服、微支付等。此外，多家银行还利用商务流大数据致力于市场营销模式创新，即搭建电子商务平台，发展电子商务业务。例如，中国五大银行相继推出了网络电商平台（见表 9 - 3）。这其中既有与第三方电商积极合作、借道扩张的借力者，也有专注于构建金融产品网络电商平台的"以守为攻者"，更有自建综合电商平台、意图颠覆行业格局的强势扩张者（见表 9 - 3）。

表 9-3 中国五大银行推出的网络电商平台

时间	机构名称	平台名称	产品特点
2013 年 1 月 18 日	中国建设银行	善融商务	B2C 购物平台,支持担保支付、在线个人贷款和分期付款
2013 年 4 月 22 日	中国农业银行	E 商管家	提供集供应链管理、多渠道支付结算、云服务等于一体的定制化商务金融综合服务
2013 年 10 月 25 日	中国银行	中银易商	借鉴"众包"的产品开发模式,构建"中行金融生态圈"
2014 年 1 月 28 日	中国工商银行	融购	打造消费和采购平台、销售和推广平台、支付融资一体化的金融服务平台
2014 年 1 月 28 日	中国交通银行	交博汇	十分钟内建立自己的网上商务平台,实现商品销售、企业采购、企业收款、金融理财、融资授信等众多服务

资料来源:上海数字化与互联网金融研究中心。

中国工商银行:领衔数字化的银行巨无霸

截至 2013 年末,中国工商银行(下文简称"工行")总资产 189 177.52 亿元,同比增长 7.8%,总负债 176 392.89 亿元,同比增长 7.5%;利润 2 629.65 亿元,同比增长 10.2%,问鼎英国《银行家》全球 1 000 家大银行之首,在美国《福布斯》杂志全球企业 2 000 强排名中,也成为老大。

工行多年来重视 IT 投入和数字化建设。自 1999 年起,中国工商银行每年 IT 投资超过 100 亿。技术专利在中国银行业占 46%,软件研发团队 4 300 人。截至 2013 年,工行所有业务都是用计算机处理,以网上银行为主的电子银行业务笔数占全部业务比重的 81%,网上银行交易量超过 350 万亿。网上银行用户数达到 1.7 亿,手机银行、电话银行用户数均突破 1 亿户。

经过近 30 年的信息化建设,工行业务运营管理系统经历了 3 次进化,形成了 4 个系统。工行"9991"工程用时 3 年,采用双中心模式设计方案,将分布在各省的 37 个工行计算中心集中到北京、上海两大数据中心,实现全行统一的、流程标准化的核心业务系统,保证一年 365 天、一天 24 小时不间断运行。对于为何工行自建数据中心,工行首席信息官林晓轩曾经给出了这样的答案:"数据大集中是商业银行发展过程中的必然选择。没有数据大集中,我们就无法实现管理的集中,风险控制、产品经营和决策支持等也无从谈起。"(见图 9-7)

图 9-7　工商银行探索信息化/数字化

资料来源:中国工商银行,上海数字化与互联网金融研究中心。

各类金融机构奋力直追

余额宝的神话曾经令人怦然心动,但今天,传统金融机构"见招拆招",相继推出"类余额宝"的低门槛理财产品,大有追平、超越"宝宝"之势。

表9-4 传统银行与互联网金融机构推出的互联网金融理财产品比较

理财产品	传统银行			互联网金融			
	招行朝朝盈	平安银行平安盈	民生银行加银现金宝	支付宝余额宝	百度百赚	苏宁零钱宝	微信理财通
上线日期	2014.7.10	2013.12.9	2013.12	2013.6.13	2013.10.28	2014.1.15	2014.1.15
绑定基金	招商货币市场基金B类	南方基金平安大华日增利	汇添富民生加银	天弘增利宝	嘉实	广发天天红汇添富现金	华夏财富宝未来:易方达、广发、汇添富
最低门槛	0.01元	0.01元	1元	1元	1元	1元	0.01元
最近七日年化收益(%)(截至2014.9.22)	4.536%	5.58%	4.543%	4.17%	4.55%	5.186%	4.574%
购买途径	手机客户端	官网	官网	官网手机客户端	官网	官网	手机客户端
变化速度	T+0实时转出使用	T+0实时转出使用,还可直接购买其他基金或理财产品	T+0赎回业务实时转账	5万以下快速提现,5万以上T+1工作日24:00前到账	快速提现:20分钟到账普通提现:T+1工作日到账	T+0赎回,两小时内到账	除广发银行外T+0赎回,广发银行1-3天到账

资料来源:上海数字化与互联网金融研究中心。

移动支付也不再是互联网金融的专利,近一年来,传统银行加快布局移动支付,移动支付或成为金融创新主战场(见表9-5)。

表9-5 2013年上市银行进军移动支付领域部分大事记

银行	合作伙伴	移动支付领域的合作事项	合作时间
广发银行		率先推出以SD卡为支付载体的手机支付SD-mall模式	2013.1
中信银行		用户通过手机摇动即可完成转账汇款的提交、确认和完成等操作环节	2013.1

（续表）

银行	合作伙伴	移动支付领域的合作事项	合作时间
招商银行	中国移动	双方基于 NFC-SWP 模式开展合作，包括电子现金应用、借贷记卡应用等金融支付应用	2013.2
中信银行	万事达	与万事达在中国大陆和海外拓展二维码及虚拟支付领域的业务合作	2013.4
中国银行	中国电信	与中国电信集团公司签署移动支付战略合作协议	2013.6
招商银行	中国联通	推出了"联通招行手机钱包"业务，实现小额近场支付	2013.6
招商银行		推出了全新概念的首家"微信银行"	2013.7
中信银行	苏宁云商	正式对外推出"异度支付"结算类品牌，二维码支付作为其重点产品	2013.7
中信银行	中国银联	基于 NFC 通信协议的移动支付业务成功完成了联调，下一步将商业推广	2013.7
光大银行	中国联通	双方将在手机支付、手机钱包、手机应用等移动金融领域开展重要合作	2013.8
广发银行	中国联通	签署移动支付合作协议，推出基于 SWP-SIM 卡技术的手机支付卡	2013.8
中信银行	中国联通	签署手机钱包业务全面合作协议，拓展基于 NFC 技术的手机近场支付	2013.8
浦发银行	中国移动	推出我国第一张具有自主知识产权、基于 SIM 卡的 NFC 手机支付银行卡	2013.8
中国银行	移动、银联	NFC（近场支付）手机支付产品正式投入商用并在上海地区推广	2013.8
平安银行		将在 1 月下旬推出电子钱包"壹钱包"，主要功能是转账支付和社交聊天	2014.1

资料来源：大智慧新闻通信社。

例子还有很多，如平安推出"临用钱"业务，实现了无卡、无 ATM 的取现，用户仅用一部手机即可轻松取现；广发证券、兴业证券、平安证券、华龙证券、长城证券、华林证券、中信证券、国泰君安等 14 家证券公司获批互联网证券业务试点。这不仅仅是在互联网金融平台上卖金融产品,更重要的是依托互联网平台构建一个独立于证券账户的账户体系,再加上具有竞争力的理财产品,意味着券商互联网金融之路迈出了实质性的一步。

传统金融与互联网金融的跨界合作

跨界合作而不是兵戎相见

互联网金融颠覆的是传统金融机构的传统运行方式,而不是金融的本质。金融的本质在于提高社会资金的配置效率。在这一点上,传统金融机构与互联网金融各有优势。互联网金融的优势在于服务半径更广,服务成本更低和拥有客户大数据。比如早在 2000 年,欧洲银行测算其单笔业务的成本,营业网点为1.07 美元,电话银行为 0.54 美元,ATM 为 0.27 美元,而通过互联网则只需要0.1 美元;一般而言,银行通过在线虚拟支付的成本是通过实体分支机构的 1/16到 1/6。

而传统金融机构,特别是商业银行在经历 400 余年的发展历程后,也有其难以替代的优势,比如庞大的客户基础,较为完善的客户服务网络,可持续的资金供给来源,成熟的风险管控手段以及丰富多元的金融产品和服务组合,等等。总之,互联网能够在虚拟的空间拉近距离,却不能缩短现实间的距离;能够提供海量的数据,却不能解决人和人之间的信任问题。有效的信息、人性化的渠道和现实的信任,正是网络时代最需要的。在这个意义上,互联网金融与传统金融通过优势互补、跨界合作,使投融资双方配置资金的效率帕累托更优,共同推进数字金融的发展。同样的,政府部门和有眼光的企业家,要找到它们合作的交集,而不是一味对立竞争。

以融资业务为例,银行与网贷平台具有巨大的合作空间,这是因为双方的目标市场和客户定位存在较大差异，彼此竞争的程度远远低于互补的程度。比如阿里小贷和P2P面对的分别是微型客户和小微客户，单笔授信额度在10万元和2万元左右，而商业银行的目标客户则是贷款金额100万元以上的个人或小微企业，二者分别服务于不同的市场。网贷平台客户数量庞大，但其自有资金有限，又无法通过吸收存款补充资金，商业银行资金充足，但受成本限制难以延伸至贷款金额较低的长尾市场，因此完全可以通过合作实现双赢。

再比如，在支付业务领域，互联网支付平台与商业银行各具优势。银行在线下支付占据垄断地位，拥有庞大的用户基础和很强的公信力。第三方支付企业则在线上支付占据优势，资金结算周期短，支付接口兼容性好，产品创新能力强，客户体验好。但目前无论是网上第三方支付还是手机支付，暂时都无法离开银行而独立存在，都要与银行账户、银行卡相连接才能发挥作用，一定程度上相当于助力银行支付媒介职能从现实世界延伸到了网络世界的很多角落，对此银行应以积极的态度互助并进。目前已有85家银行及金融机构与支付宝合作，52家银行与财付通合作。银行可以加大与电商平台即第三方支付企业的签约合作，共同拓展支付结算的覆盖领域。同样，在财富管理业务领域，银行可以扩大与第三方理财销售平台的支付合作，赚取交易手续费收入，同时银行自有的理财产品可以放到第三方理财销售平台销售。

数字金融是实现普惠金融的有效途径

普惠金融的原意是为社会上的所有人，特别是贫困和低收入者提供金融服务。但把普惠金融等同于"穷人金融"有失偏颇。相较于传统金融体系，"让尽可能多的人的金融需求得到满足"，也许是当下对"普惠金融"更全面的诠释（见表9-6）。

表 9 - 6　传统金融体系与普惠金融体系的比较

经济学理论	传统金融体系	数字化与互联网金融体系
信息不对称理论：传统金融体系中，金融机构与小客户之间的信息量不对等，导致金融服务的交易成本高和规模效应低，小微企业和贫困人口往往被排斥在服务体系之外。	信贷：小微企业和贫困人口的信用记录少、风险高，银行为其提供信贷服务的交易成本(如：信息收集、风险成本等)可以高达大客户的 100 倍。	信贷：(1) 借助大数据技术，银行能快速准确地对申请人的信用进行评价，降低风险成本；(2) 依靠客户的网上交易记录，信息收集成本可以大幅降低。
	储蓄/理财：10 万元的存款账户和 1 000 元的存款账户的管理费用基本相同，规模效应难以实现。	储蓄与理财：(1) 借助移动通信技术，贫困人口也可以轻松享受便利的储蓄服务，无需路途奔波；(2) 依托互联网平台，穷人也可以实现小额理财，享受投资红利。
	支付结算：10 万元的转账汇款业务和 1 000 元的转账汇款业务的管理费用基本相同，规模效应难以实现。	支付结算：凭借互联网技术和移动通信技术，低收入人群可以以 25% 的成本随时随地享受轻松便利的转账汇款服务。
	保险服务：处理一笔保费 100 元的保险业务与保费 10 000 元的保险业务，其服务成本基本相同，规模效应难以实现。	保险服务：借助互联网技术(如：电子邮件)，服务成本可以大幅降低，让穷人也可以享受保险服务，应对意外的冲击。

资料来源：上海数字化与互联网金融研究中心。

　　传统金融机构与互联网金融企业，依靠数字化手段，如"大、云、平、移"，坚持金融创新，挖掘长尾市场，降低服务成本，改进服务效率，提高金融服务的覆盖面和可获得性，使贫困地区、小微企业和低收入人群等这些原本被排斥在服务体系之外的群体也能平等地获得金融服务。正是从这个意义上，我们认为数字金融是普惠金融的应有之意，是实现普惠金融的有效途径。

　　互联网金融企业的互联网基因决定了它在实现普惠金融时的先天优势。以碎片理财为例，传统银行出于成本的考虑，不会研发设计门槛为一元钱的理财产品，而余额宝等现金管理产品则可以借助互联网，将客户的零散资金低成本地聚集起来开展理财活动，这无疑内在体现了普惠金融的精神内核。与此同时，很多传统金融机构也正在通过数字金融践行普惠金融的理念。

你相信吗？2006 年诺贝尔和平奖竟然颁发给了一个银行家！按常理，该奖获得者通常是社会学家、政治家等，但这是事实。孟加拉国的银行家和经济学家穆罕默德·尤努斯（Muhammad Yunus）认为，"每个人都享有获得信贷的权利"。正是在这种信念的激励下，他通过建立孟加拉乡村银行（也即格莱珉银行），开创和发展了"小额贷款"的服务，专门提供给因贫穷而无法获得传统银行贷款的创业者。格莱珉银行小额贷款总额逾 76 亿美元，帮助了 1 000 万穷人，并在 30 年里创造了全世界最高的还款率：98.89％。

专攻小微贷款，并不是发展中国家的银行所特有的，就是在发达国家，同样有类似的例子可循。美国富国银行专攻小微贷款，主要服务于小企业客户和其他小型客户，其中社区银行（主要业务：零售、小企业）对收入贡献最大（占 53％左右）。由于它对信用衍生品与证券化资产涉足较少，使其得以安全地渡过2008 年金融危机的困难时期，并成功收购美联银行，规模激增，资产一跃超过万亿美元（尚未超过花旗银行），是美国排名第一的小企业贷款发放者、美国第一的

图 9-8　富国银行排名与客户结构

资料来源：上海数字化与互联网金融研究中心。

抵押贷款发放者和美国唯一一家被穆迪评级机构评为 AAA 级别的银行。自 2009 年以来,连续四次登上《财富》500 强前 100 名。截至 2011 年底,成为全美总市值第一、资产规模第四的大型银行;2013 年 6 月,首次成为全球市值最高的银行。

在我国,数字金融推动普惠金融的服务创新也比比皆是。例如上海农商银行打造"家门口银行"的金融便利店服务理念。再例如,北京农商银行的掌上交易宝,一个集 POS 机、ATM 和移动通信功能于一体,随时随地为个体小商户提供综合性小额结算的移动设备,助力小微零售企业的移动支付。2007 年 3 月成立的邮政储蓄银行,将目标定位在与普通大众息息相关的"惠农"、"小微"和"养老"上,与电商合作,为中小供应商提供类信用贷款。根据邮政储蓄银行公布的数据显示,2012 年,邮政储蓄银行共发放涉农贷款 1 986 亿元,同比增长 25%,惠及 220 万户"三农"客户群体。截至 2013 年 11 月底,邮政储蓄银行已经累计发放小微企业贷款 1 500 多万笔,金额达 1.8 万亿元。

知识贴　　　　　何为普惠金融?

普惠金融(inclusive finance)的概念最早于 2005 年由联合国提出。在"2005 年国际小额信贷年",联合国提出了五项关键目标:第一,通过开展小额信贷,促进"千年发展目标"的实现,使世界赤贫人口到 2015 年减少一半;第二,通过推动小额信贷的发展,促进公众对作为均衡发展重要组成部分的小额信贷的认识和理解;第三,推广面向各类客户群体的金融机构;第四,支持对金融服务的可持续性发展评估;第五,鼓励创新,促进和支持新的战略合作伙伴关系,以扩大伙伴关系,建设和扩大小额信贷和微型金融的服务体系。为达到上述目标,联合国动员了多国专家,通过在线调查、专家访谈、研讨会等多种形式,起草了一本有关普惠金融体系(inclusive financial system)的蓝皮书,并于 2006 年 5 月在瑞士日内瓦举行了全球关于普惠金融体系的启动大会,正式提出了"普惠金融"这一新的概念。这本蓝皮书对普惠金融体系的前景如此描绘:"每个发展中国家应该通过政策、立法和规章制度的支持,建立一个持续的、可以为人们提供合适产品和服务的金融体系。它将具有以下特征:一是家庭和企业可以用合理的价格获得各种金融服务,包括储蓄、信贷、租借、代理、保险、养老金、兑付、地区和国际汇兑等;二是健全的金融机构,应遵循有关内部管理制度、行业业绩标准,接受市场的监督,同时也需要健全的审慎监管;三是金融机构的可持续性是指可提供长期的金融服务;四是要在金融领域形成竞争,为客户提供更高效和更多可供选择的金融服务"。[1]

联合国在《普惠金融蓝皮书》中描述,金融是帮助贫困及低收入人口脱贫致富的重要工具。世界银行扶贫协商小组(the Consultative Group to Assist the Poor, CGAP)也指出,金融服务是扶贫的重要工具。[2]亚洲开发银行(Asian Development Bank, ADB)认为,在一定时期内持续性地向贫困人口提供多种金融服务,能够推动金融系统及全社会的进步。[3]联合国开发计划署(the United Nations Development Program, UNDP)也指出建立普惠金融体系的重要性,一笔小额贷款、一个储蓄账户或者一份保险都将给人们的生活带来巨大的改变。[4]

对于 inclusive,中文翻译为"普惠","普"的意思是指金融体系及金融服务的外延要扩大,将需要金融服务的所有人都纳入到金融服务的范围之内。"惠"的意思是指使需要金融服务的所有人都能得到合适的金融服务,即通过

〔1〕UN. Building Inclusive Financial Sectors for Development,2006.
〔2〕CGAP. Building Inclusive Financial System: Donor Guidelines on Good Practice in Micro-finance, 2004.
〔3〕ADB. Finance for the Poor: Micro-finance Development Strategy,2000.
〔4〕UNDP. Building Inclusive Financial Sectors for Development,2006.

金融形式改善经济状况、脱贫致富。因此,普惠金融体系的基本含义就是为社会所有人,特别是贫困和低收入者提供的金融服务体系。[1]

2006年联合国呼吁各国在确定金融服务的目标时,除了审慎监管存款人资金和维持金融体系稳定这两个目标外,还应将普惠金融作为重要的工作目标。在此之后,"普惠金融"的概念得到了世界多个国家的支持。2009年,二十国集团(G20)国家领导人在匹兹堡峰会上郑重承诺"要促进更多的穷人享有金融服务",并成立了普惠金融专家工作组(Financial Inclusion Experts Group,FIEG),普惠金融的概念得到了二十国集团、国际货币基金组织、世界银行等组织的大力推广,督促各国明确作出普惠金融的相关承诺,组织研究开发普惠金融指标体系,评估各国普惠金融工作成效。2010年,G20多伦多峰会一致同意并发布了"创新型普惠金融的九条原则"。印度批准将普惠金融作为国家目标,印度央行确定了一系列普惠金融的量化指标,并采取了一系列强化措施。2012年6月,胡锦涛主席在G20洛斯卡沃斯峰会中指出普惠金融问题本质上是发展问题,并呼吁各国共同建立一个惠及所有国家和民众的金融体系,确保各国特别是发展中国家民众享有现代、安全、便捷的金融服务。胡锦涛主席的发言被视为中国政府对"普惠金融"的公开表述,也体现出中国政府大力支持普惠金融的态度。2013年11月,中共十八届三中全会《中共中央关于全面深化改革若干重大问题的决定》第三部分第12条明确提出:"发展普惠金融。鼓励金融创新,丰富金融市场层次和产品。"

─────────────

[1] 焦瑾璞、陈瑾:《建设中国普惠金融体系——提供全民享受现代金融服务的机会和途径》,北京:中国金融出版社,2009年版。

数字金融[1]

驾驭"大、云、平、移",主动实施金融创新

如前所述,"大、云、平、移"是数字化时代的软基础设施。"阿里金融"十年之路,与其成功运用"大、云、平、移"是分不开的。阿里靠**大数据**分析企业经营行为和消费者消费行为,使其成为最大的非金融信贷机构,称雄商界;五彩缤纷的**云**让阿里转型为综合云服务提供商,并助力余额宝快速攻城略地、高速扩张;林林总总的**平台**让阿里转型为众多平台的运营商,强大的平台优势使支付宝得以力压其他第三方支付机构;与时俱进的**移动**功能让阿里成为移动互联网的巨无霸,不断扩张其金融业务的市场与领地(见图9-9)。

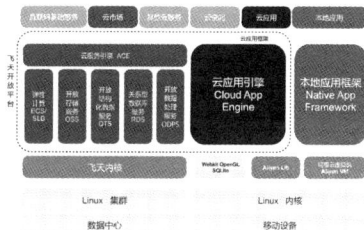

图9-9 大、云、平、移助力阿里

资料来源:上海数字化与互联网金融研究中心。

---

[1] 本节部分使用了马蔚华行长在中欧大师讲堂的发言稿。

对于传统金融机构,未来若想生存发展,也必须主动拥抱数字经济,将互联网技术与金融和新业务深度融合。重中之重是掌握好这几大利器。

首先,充分利用大数据。信息是金融的核心,金融企业各项经营活动实际上就是围绕信息的收集、挖掘、撮合与转移展开的。如今,互联网技术高速发展,信息不对称逐渐弥合,有互联网运营基础的非金融企业就能够以网络为主要渠道,在数据开发的基础上挖掘出金融业务的商业价值,从而动摇传统金融机构的生存基础,让依靠信息不对称来赚取中介费用的商业模式面临严峻挑战。

因此,传统金融机构要在数据信息积累与挖掘方面下更多的工夫,要能通过对客户身份信息、社会关系信息、生活信息和行为信息等各类数据的深入分析,还原出一个个活生生的客户,准确洞察他们的需求、偏好及其变动趋势,从而有针对性提供个性化、差异化的服务,进而获取持续、稳定的超额利润。此外,要能利用大数据技术有效破解介入长尾市场所面临的风险、成本与收益匹配难的问题,开展精准营销,实现长尾市场的批量获取客户。最后,要能共同打造集中、统一、实时的数据仓库,将用户行为数据转化为信用数据,并以此作为依据控制信用风险,凭借海量数据,对客户的交易行为进行全程、动态、实时的观察和检查,在第一时间发现风险行为并做出反应。

其次,发挥平台与流量的作用。大家所熟知的余额宝、理财通、百发等互联网金融产品,其背后恰恰是国内最大的电商平台阿里巴巴、社交平台腾讯和网络搜索平台百度,将自身所积累的电商流量、社交流量和搜索流量变现的结果。无论平台企业连接的哪一方市场规模扩大,网络效应都会赋予平台企业更大的话语权,进而带动其客户流量呈现出几何级数的增长。

对传统金融机构而言,客户流量意味着数据积累和市场机会,如果没有足够的客户流量,银行的客群增长和价值创造也就无从谈起。因此,面对互联网金融在平台与流量方面的强有力冲击,传统金融机构必须学会基于客户细分领域的强需求、硬需求,着力打造多层次的平台,哪里有集中的交易流,就跟哪里对接。

不仅与线上电商合作,也与线下商圈合作;不仅重视自身业务平台的打造,也积极地合纵连横,开展跨业、异业的合作,逐步建设成为交易流的枢纽平台,在大流量数据中寻找客户,批量获客,发现机会,精准营销,嵌入服务。

最后,接轨移动互联网,线上线下有机结合。传统的金融消费以推为主,依靠客户经理的推销和柜面人员的推介,而互联网金融开创了以拉为主的金融消费模式,通过网上交易、移动支付等手段增强金融服务的可获性、及时性和便利性,从而自发地吸引客户。互联网金融之所以能够做到这点,很重要的一点就是把看似无关的金融应用和具体的生活场景连接在一起,实现了线上金融服务与线下客户需求的有机结合,即做到了线上线下一体化,也被称为应用场景化。

应用场景化是移动互联网的一个突出特征,在"微信支付马年红包"中得到了充分的展示。据统计,微信红包仅用两天的时间就绑定了 2 亿张银行卡,从2014 年除夕开始至大年初一下午四点,参与微信抢红包的用户超过 500 万人,总计抢红包 7 500 万次以上,领取到的红包总计超过 2 000 万个,平均每分钟领取的红包超过 9 400 个。

表 9 - 7　微信红包 vs 支付宝红包(2014 年除夕夜)

	微信红包	支付宝红包
用户数	500 万人	22 万人
总金额	2.4 亿元	1 800 万元
发红包的主要人群	70 后、80 后、90 后	70 后、80 后
收红包的主要人群	长辈、晚辈、朋友、恋人、同事	长辈、晚辈、朋友、恋人、同事

资料来源:上海数字化与互联网金融研究中心。

为此,要主动贴近客户,将金融服务融入到百姓的日常生活中。具体而言,一方面,要将现有的电子银行业务按照应用场景进行整合与分类,然后通过对业务的融合与打包,推送给用户;另一方面,加快物理网点由支付结算为主向营销服务为主、由业务处理为主向应用体验为主的转型,同时通过线上与客户的实时交互,引导客户到线下体验更好的服务。

补课"科技预测与金融创新",刻不容缓

无论是传统金融企业还是互联网金融企业,都需要补上科技预测的课,站在技术发展与商业趋势的前沿,实现金融创新。根据世界最前沿的科技资讯公司(如 Gartner)的预测,当下支付领域最前沿的科技创新有 42 项。支付宝和微信支付在这 42 项科技创新中分别占据了 9 个点,重合 7 个点,两者共有 11 个创新点。重合的 7 点分别是礼品经济学、电子钱包解决方案、二维码识别、互联网微支付系统、电子支付网关、电子支付处理、信用卡替代解决方案。微信支付由于基于社交平台,并和大型团购网站合作,因此包含"零售电子优惠券"和"社交网络支付系统";支付宝则包含了 MintChip 电子钱包和生物支付系统。仔细了解并把握这 11 点科技创新,无疑对于金融机构转型与创新都有十分重要的价值。下面选取其中几项作简要的说明。

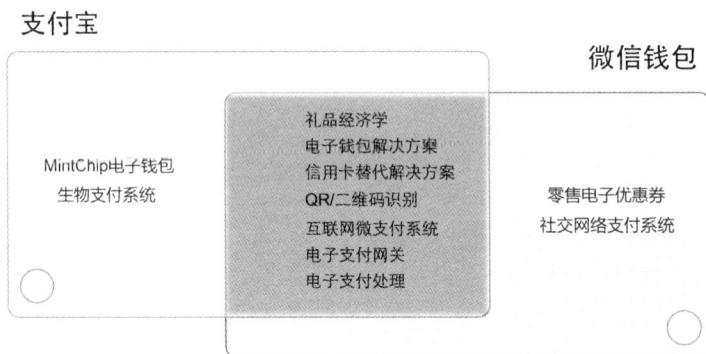

图 9-10　支付宝和微信钱包的金融科技创新

资料来源:Gartner。

用户行为分析

在传统信用体系中放贷前的风险控制主要靠查阅借款人的付款和借贷记

录。在美国 FICO 信用评级中,无借贷经历者难以获得贷款。而互联网金融公司 ZestFinance 认为"一切数据皆是信用数据"。那么如何判断要不要贷款给某个人呢? 用户行为网页分析技术告诉你:依据个人网上信息(数万条),通过算法模型分析,5 秒内可依据几十个或几百个或上千个对风险高低的评估给出信用评级。例如,由于不同地区平均收入水平的差异,在上海花费 4 000 元租房可以判断为稳健型消费习惯,而同样的租金在中西部地区的二三线城市则可能被认为不太稳健。频繁更换手机号码可以解读为"失联"几率大,可能会有坏账风险。相对开跑车的来说,开四门轿车的人更有家庭意识,还款能力稳定。连在线填写表格姓名是否规范使用大小写都能用以判断申请者是否责任心强,成为信用判断的依据。

量子货币

在了解量子货币的技术之前,先谈一下量子货币的基础——量子计算。举个例子,现代计算机处理计算机二进制语言采用串行处理的方式,从 00 到 11,就是十进制的 0~3,信息处理过程一共需 4 步。而量子计算机采用并行处理,只需 1 步。量子计算技术一旦成熟,从密码学的角度,对 1 024 位复杂字符的密码进行破译,现在的计算机需上亿年的工作量,而量子计算机只要一秒,这对目前的密码系统来说意味着什么,将不言而喻。天气预报也如此,使用量子计算,能精确地知道未来某一特定时间点,比如某日某时某分某秒的天气实时情况。此外,量子计算摒弃了空间、距离的概念,能将一个地点的信息隐性传输到另一个地点。

量子计算机超强的运算速度可以在很短的时间内破解现有的防火墙。未来,我们如何保护我们的金融系统不被黑客攻击? 答案就是使用基于量子防伪技术的量子货币。早在 1982 年,美国物理学家威廉·沃特斯(William Wooters)就发现"量子不可克隆"定理,认为一个未知的量子态不可复制,一旦被复制就会损坏。因此,量子态作为货币的防伪标识,可防伪币,防黑客。如果拿矛与盾作比喻,量子计算机就好比矛,可破译密码,而量子防伪就好比盾。

量子货币,是一种防伪的货币流通设想,它有两大特点:一是量子货币能被中央银行所发行;二是除中央银行外其他任何人都无法复制。但需要突破一点,那就是要让所有人都能检验真伪。在 Gartner 新兴技术的技术成熟度曲线上,量子货币这项技术要至少 10 年以上时间才能成熟。

时间银行

2014 年 8 月,加拿大多伦多新开了一家"时间银行"。时间银行里储存的不是金钱,而是时间。登记的用户可以通过帮助别人获得积分,也可以通过积分换取别人的帮助。目前,中国的南宁、南京、重庆等城市已经出现了类似"时间银行"的模式,主要通过在社区中服务老人的时间来换取其他服务。有预言家认为,未来支付劳动力和支付时间这些交易行为将具有同等重要的意义。

当然还有很多项与金融相关的科技预测与科技创新,限于篇幅就不一一列举了。传统金融转变为数字金融,必须要关注并下工夫研究这些技术,把用户需求和这些前瞻性的技术创新结合起来,才有可能在金融创新上先行一步,获得领先优势。

拥抱互联网思维,变革传统金融经营管理

用户体验至上

在互联网时代,如果你的产品或者服务做得好,好得超出用户的预期,即使一分钱广告都不投放,消费者也会愿意在网上分享,免费为你创造口碑,免费为你做广告,甚至让你变成一个社会话题。为什么银行线上支付的支配权会旁落?原因在于第三方支付的所有创新无一不是为了力求更加方便地为用户服务,而相比之下,传统金融机构恰恰欠缺这种接地气的姿态。尽管它们一直在致力于

改进客户服务,但与互联网金融企业相比,仍有较大的差距。究其根本,主要是两者在经营逻辑上存在差异。银行讲究的是通过规范的制度流程和严密的风险控制,最大化地提高投入产出效率,而互联网企业则通过提升客户体验尽可能地为用户创造价值,财务目标是水到渠成的结果。因此,对传统金融机构而言,想要真正做到用户体验至上并不是一件简单的事情,它需要从经营逻辑层面出发,对既有的产品设计理念、用户服务理念、品牌价值理念等进行全方位的变革。

在产品设计理念上,要以用户需求为起点,以用户体验为重点,快速响应,把金融交易过程转变成数据交互过程,通过与用户的金融交易不断收集、分析用户数据,并在此基础上为其提供更加贴身的综合服务,打造极致的用户体验。例如,在用户服务理念上,不仅要为用户提供温馨舒适、便捷时尚的网店环境,还要通过各种渠道将服务下沉,走进社区,贴近居民。

在流程管理方面,银行可以借鉴互联网企业以客户为中心设计和管理流程的思路和做法,使前台专注于客户关系的管理,中台直接进行客户挖掘和分析,后台实现运行的集中处理,前中后台通过顺畅的流程贯穿起来,高效率、高质量地为客户服务,以提升客户的服务体验,等等。

开放包容

互联网是一个开放的生态系统,可以充分利用众包、众筹以及众创的模式,用集体的力量和智慧创造普世价值。互联网企业习惯于主动邀请顾客参与到从创意、设计、生产到销售的整个价值链创造中来,在用户参与和反馈中逐步改进,精益求精。相比之下,传统金融机构需要更多的突破,如体现在产品创新中,过去那种分工明确、高度协同、相互牵制的模式,以及通过机械式的运动研制产品,已经很难满足互联网时代的创新要求。那么,传统金融机构如何才能具备开放的思维呢?

首先,要在多维度整合客户信息和业务数据的基础上,建立开放的服务平台,联合所有可以合作的机构组织,实现跨业跨界、线上线下、近场远场服务的融合,构建多方共赢的商业生态环境。其次,要利用互联网充分发挥众包、众筹以及众创的力量,在创设产品与服务时,不仅仅局限于听取专业人士的意见,而是广泛吸纳普通员工以及非专业客户的创意,甚至让他们参与其中,对产品服务加以改进和完善。

再次,也可以与互联网企业合作。例如,花旗银行与Facebook已在数据合作方面进行了初步尝试,并取得了良好的成效。它们打通信用卡积分,允许用户出让自己的积分给他人,加强了客户与银行的互动,吸引更多人来办理信用卡和注册积分会员。花旗银行不仅收集到了更多客户的姓名、生日、住址等"硬数据",还基于社交网络收集到了客户的消费习惯、消费意向等"软数据"。更重要的是,花旗银行得到了有着共同爱好或特定思维的一群或一类客户,针对这些客户完成精准营销变得简单。Facebook也得到了来自花旗银行的众多优质客户。

● 结语

2012年12月20日,上海数字化与互联网金融研究中心[1]成立。在揭牌仪式上,平安集团副总经理兼陆金所[2]董事长计葵生在结束演讲时说:"我每天晚上都在做一个梦,梦见苹果在做金融。"其后,我也做了主题演讲,在演讲结束前我说:"计总的那个梦是说,苹果想做平安,或者说是数字要做金融,进而言之,以苹果打平安即以数字打金融,或是反过来,以金融打数字……有时难分难解的最好结果是从竞争走向竞合。"

---

[1]上海数字化与互联网金融研究中心设在中欧国际工商学院,朱晓明教授任主任。
[2]"陆金所"全称为上海陆家嘴国际金融资产交易市场股份有限公司。

　　《数字金融》是我在中欧国际工商学院多次给学生上课的教材，这个名字本身就意味着"数字"与"金融"二者的竞合。互联网金融不可能颠覆传统金融，传统金融与互联网金融从竞争走向竞合而为"数字金融"后，得益者是谁？是企业，是消费者，也是上述两种金融业态。

10 趋势十:O2O 模式
——从纯线下、全线上到 O2O 模式

移动互联网模式下 O2O 的商务规模至少是目前互联网模式下电子商务规模的 10 倍以上。

——《O2O:移动互联网时代的商业革命》

服务经济的下一步是走向体验经济,人们会创造越来越多的跟体验有关的经济活动,商家将靠提供体验服务取胜。

——美国未来学家阿尔文·托夫勒

为什么线下的房地产企业万达集团在 2014 年 7 月居然高调宣称要全力发展电商?

为什么线上的电商企业顺丰在 2014 年 5 月转而开设 518 家实体便利店"嘿客"?

为什么线上电商阿里巴巴和线下零售集团银泰商业在 2014 年 3 月组建合资公司致力于全面打通会员体系、支付体系,同时将实现商品体系对接?

为什么线上电商京东和上万家线下便利店以及 ERP(企业资源计划系统)服务商会在 2014 年 3 月牵手,以线上流量+物流配送+信息技术为切入口进行合作分成?

互联网时代的商业世界，犹如春秋战国时的战场，精彩纷呈。无论是大巨头还是小企业，都在上演着一出出连横合纵、争霸天下的精彩剧目：或线上搅局线下，或线下反击线上；或线上试水线下，或线下触网线上；或自己单打独斗，或联手各方结盟。然而，在变幻无穷的攻防之战中，线上线下融合日渐明朗，O2O 模式趋于普及。

● Online 冲击 Offline

线下模式遭遇电商挑战

当下，新生代消费者网络购物足不出户即可享受直接配送到家的体验，城市人口的高密度聚集，电子支付手段和物流快递系统的不断完善，在促进电子商务爆发性增长的同时，也让纯线下模式陷入重重包围，面临巨大挑战。

例如，随着服饰类产品在网络上的热销，实体店开始沦为电商的"试衣间"。这样的结果导致实体店的经销商无法与网络购物相抗衡，大量客户从线下转移到线上，实体店收益下降，无法承受高额的租金，甚至在国内部分地区迎来关店潮（详见表 10-1）。

表 10-1 2014 年 5—9 月全国主要零售企业关店统计

超市	关店总数	百货	关店总数
家乐福	2	百盛	3
沃尔玛	4	新光百货	1
永辉	1	尚泰百货	1
麦德龙	1	乐天玛特	1
华润万家	1	王府井	1
乐购	1	春天百货	1
胖东来	1	重庆瑞富	1
		华堂商场	1

资料来源：联商网。

2012 年初,苏宁计划年内要新增 400 家门店,但 4 月底发布的一季报却显示,当季关店 36 家,新开门店数量仅 26 家。2014 年第一季度财报显示,苏宁线下实体店收入同比下降 14.2%。面临电子商务的冲击,苏宁等传统零售商纷纷触网应对。

线上模式方兴未艾,但不可能完全取代线下模式

伴随着互联网的逐渐普及,尽管网购的增速已经逐渐平缓,但未来网络购物仍会有不小的增长空间。尤其是移动互联网的兴起,为线上购物提供了新动力。2013 年移动网购整体交易规模 1 676.4 亿元,同比增幅高达 165.4%。预计 2017 年市场规模将近万亿,增速达 39.4%。[1]

我国国内电子商务的市场潜力也十分巨大。网购人群从 2006 年的 3 357 万增长到 2013 年的 3.02 亿,人均网购金额从 2006 年的 929 元增长到 2013 年的 6 125 元[2]。未来几年中国网民规模还将较快增长[3]。国内用户线上消费习惯渐成风气,电子商务平台黏性迅速提升,这些都为中国电子商务未来发展提供了良好的基础。

2012 年,国内电子商务交易总额突破 8 万亿元,达到 80 163 亿元,同比增长 31.7%;其中,网络零售额超过 1.3 万亿元,同比增长 67.5%,相当于 2012 年社会消费品零售总额的 6.3%。网购占社会零售品总额的比率从 2006 年的 0.41% 增长到 2013 年的 7.89%。

网购市场以商品交易为主,而如今人们的日常消费中,更大的支出或许会转向包括吃喝玩乐的本地生活服务。下一步,生活服务和互联网的结合将产生一个远远大于商品网购的市场。

---

[1] 数据来源:招商证券。
[2] 数据来源:招商证券。
[3] 艾瑞公司预计 2015 年将达 7.31 亿。

虽然线上模式方兴未艾,但线上模式不可能完全替代线下模式。以中国和美国为例,2011 年,尽管在全球网络零售市场规模中中国排名第二,美国排名第一,但两国在 2010—2013 年网购规模占社会消费品零售总额的比例均小于10%(见图 10-1)。

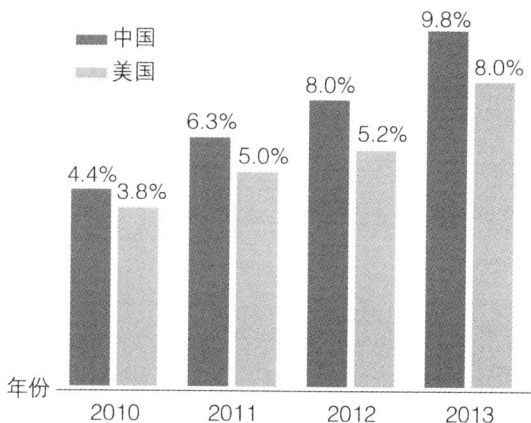

图 10-1　2010—2013 年中国与美国网购规模占社会消费品零售总额比例

资料来源:中国电子商务研究中心,《2013 年度中国网络零售市场数据监测报告》,2014 年 3 月。

面临互联网的崛起对传统零售产生的巨大挤压与冲击,商界、消费者的问题接踵而来:线下模式的业态能坚持多久? 线上模式的大旗能扛多久? 有没有更好、更合理、更久远的模式?

线上线下融合,知易行难

如今,无论是电商企业还是传统实体公司,都在努力打通线上与线下的通道,大家都看到了将两个"O"融合起来的巨大"钱景"。不过,知易行难。线下和线上是两个相互独立的渠道,有着不同的盈利模式、价格体系和营销手段,融合并非像把方糖加入牛奶那样简单。措施得当,两者能互动共赢;处理不当,将随时陷入内斗困境。[1]

线上企业试水线下

相当一部分线上企业试水线下的目的是为了改善客户体验,增加用户对产品的信任度,以及提升品牌美誉度等。这里就有一个线上企业试水线下的例证。聚美优品是一家化妆品网站,其单日最大销售额据称已经突破 5 亿元,相当于上千家线下店铺的规模。2013 年年底,聚美优品的线下旗舰店正式与消费者见面。店面地处北京繁华的商圈前门步行街,因人流量大而占据了足够的位置优势。聚美优品实体旗舰店给消费者带来了直接体验,提升了品牌的可信度。

消费者在聚美优品的旗舰店内随处可见其 APP 的二维码,用户扫码登录客户端还能获得一定程度的奖励。聚美优品利用旗舰店实现了线上和线下互动。不过尽管店内的商品都有一定的价格优惠,与线上价格相近,但线上电商活动频繁,优惠多多,而且调价更加灵活,线下店在这些方面很难与线上店保持同步。聚美优品如此,一些线上企业试水线下时,甚至会遭遇噩运。

这样的故事正在商业世界中真实上演。2008 年入驻淘宝商场的网络女装原创品牌茵曼,只用了四五年的时间就实现了销售额破亿元。线上的成功,令茵曼开始大量开设线下实体店。2011 年 9 月茵曼位于广州的第一家实体店铺开业,随后在山东、内蒙古、黑龙江、安徽等地陆续开店,店铺数一度达到了 40 家。线下实体店首先遭遇了来自线上活动的冲击。由于线上销售的灵活性更大,活动更多,货品调动速度更快,这"对于线下的经销商而言是一种伤害"。茵曼最初的设想是线上线下 70% 售卖相同的货品,采用完全一致的价格。然而在实际操作中那些线上线下重叠的货品,常常会在线上打折,顾客到实体店买了衣服,后

---

〔1〕该节案例来源于中国信息产业网,作者:遥歌、解语、晓中、丛文、黄鱼,2014 年 4 月 4 日。

来发现网上卖得更便宜,转而投向网购。茵曼的实体店以全面关闭告终。

线下企业触网线上

实体店模式碰上了天花板,这是线下企业不得不正视的现实,于是触网试电成了它们的选择。

优衣库是目前服装零售商中 O2O 模式较为成熟的一家企业。优衣库从 2008 年开始探索线上营销策略,增强线上推广。2013 年,优衣库推出了自己的 APP。通过这个应用用户能查找距离自己最近的店铺、联络方式、营业时间、销售商品范围以及商品优惠等信息,并通过导航工具查找到达店铺的路线。

购物环节则与天猫进行打通。2013 年,优衣库天猫旗舰店"双 11"单日销售额突破 1.2 亿元,销量超过百万件,同比增长超过 500%。优衣库不仅利用天猫旗舰店让无法前往实体店的用户可以从网上购买到商品,还根据线上用户反馈回来的数据,确定用户的地理位置、消费需求等,为实体店铺选址和建设进度提供参考。

除了在线上推出各种吸引流量的活动外,优衣库也一直在积极探索如何改善线下实体店的体验。纽约优衣库旗舰店是全美第一家在店内引入星巴克咖啡的服装零售商。此外,为了增加用户的停留时间,优衣库还在店内摆放了桌椅、沙发以及 iPad,这种做法可以吸引消费者到线上进行浏览购物,增加销量。此外,优衣库线下实体店积极以店内海报、收银员介绍、优惠打折、店内广播的形式向线下用户推荐自家 APP。

值得关注的一点是,由于优衣库实现了线上线下价格的相对隔离,为线上线下业务的融合奠定了很好的基础。比如优衣库利用 APP 引导用户前往实体店购物,有些优惠二维码在线上获取,但只能在实体店使用。此外,线下实体店成为线上部分很好的承接与导流者,加上线上店和线下店商品种类和优惠时间都存在差异,避免了"双手互搏"。因此,与很多加强线上部分建设、缩减线下部分的企业不同,优衣库对线下实体店的铺设脚步没有停止,反而在加快。

但是,触网线上却烧钱多、成效小的线下企业也大有人在。知名家居品牌红星美凯龙在 2012 年投资了建材家居类网上购物商城"红美商城",成为国内首家试水电商的大型传统家具零售商。红美商城 2012 年上线,由于未能获得线下实体店的支持,线上线下没有充分打通资源,与实体渠道品牌效应脱节,导致线上流量不佳。结果是投入不少却成交不多。红美商城员工在接受媒体采访时表示:线上的团购业务得不到红星美凯龙线下商场的支持,"商场没有认可我们,认为我们是来与他们抢饭碗的,我们向商场拿资源,商场需要我们付钱"。

2013 年年初,红美商城开始了大规模裁员,并更换负责人。为了走出困境,红美商城尝试将线上销量纳入线下商城的考核体系,让线下商城共同参与电商业务,打通流程,资源互享。2013 年 3 月,红美商城正式更名为"星易家"。今天它仍在继续探索着线上线下融合之路。

线上线下能否两全?

对于传统商业来说,虽然触网是大势所趋,但是其中的方式和形态却因企业核心业务各异而千差万别。电商对传统行业的冲击,其实是用户思维对产品思维的冲击。利用互联网技术,抓住用户个性化的需求,不断地改善用户体验是关键之关键。因此,上线之前,需要在思维方式、供应链、营销等各方面,审视自身是否融入了互联网时代生存的基本法则。

对于线上企业来说,首先要思考的问题是线下实体店的定位究竟是什么?是仅为消费者提供一个体验场所和产品展示场所,还是实实在在的商业化经营?这是线上企业在决策之前必须思考的问题。此外,对于习惯了轻资产运营思维的电商企业,你是否具备同线上一样的线下资源开拓能力?是否具有较强的地面深耕能力?是否能够提供很好的门店服务和很好地处理线下将会碰到的各种问题?这些也是在试水线下之前需要考虑的。在某个阶段,提升自己的电商运营水平可能比急于拓展线下阵地更为重要。

无论是线上还是线下企业，走融合之路都将面临一些共同的问题：首先是如何处理线上与线下定价问题，规避线上线下同时销售可能导致的价格混乱现象，保证市场的良性发展，特别是那些仍然保留了传统经销渠道的实体企业，还须保证中间商的利润不受损害；其次是应当如何保证运营者思维在线上模式和线下模式之间自如切换，谋求组织内部线上部门、线下部门间合理的利益分配。如果这些问题处理不好，线上线下融合或许会步履维艰，甚至深陷泥淖。

总之，企业是否需要线上线下融合要考量自身的产品属性、考量消费者的消费情景等多重因素。企业完全没有必要为了融合而去融合。有时企业也许应当回归到零售的本质属性，找到消费者并理解和把握他们的个性化需求，用超出预期的商品、服务和体验满足他们的期待，不断地为他们制造惊喜。

值得探索的 O2O 闭环模式

借力于各种智能终端的普及应用，在最大限度积累消费用户和运营网点大规模覆盖的前提下，保证用户可以走到哪、玩到哪、享受到哪，最大限度地提升用户体验，在无形中进行商业服务的再推广，用户的再积累，并形成商业服务的良性循环链。这一场景的实现要求继线上线下融合之后，最终形成一个完整的商业闭环，赋予新的商业模式和全新的客户体验，那便是 O2O 闭环。O2O 将线下商务的机会与互联网结合在了一起，让互联网成为线下交易的前台，线上进行产品和服务筛选，线上支付或预约，线下享受产品和服务的模式。

O2O 闭环缘何而兴？

O2O 闭环作为一种趋势或者模式不是一夜之间突然出现的，而是在互联网大背景下多种因素合力驱动的产物。

传统商户的互联网化是实现 O2O 的基础。从商家的角度看，在日益激烈的市场竞争形势下，和传统线下发传单的方式相比，合理利用互联网渠道进行推广将是更高效的方式。日益增大的竞争压力将迫使本地线下商户互联网化，主动去线上寻找客户。本地线下商户经过了团购的教育后，它们的网络意识明显加强，商户的营销推广即管理需求也促使商户顺应互联网化趋势进行触网，为 O2O 模式的风行奠定了基础。

用户生活消费习惯的升级。年轻消费者个性自由，对性价比敏感，对品质要求高，而且服务性消费（包括餐饮、电影、美容、SPA、旅游、健身、租车、租房等等）和线上消费在年轻消费者的总消费（包括购物和就餐等消费类型总和）中比例越来越高。他们的生活方式和消费需求变化，特别是服务具有无形性、生产与消费不可分离、无法储存等特点，原有单纯的电子商务模式或传统的线下模式都无法很好地满足，从而促进商家不断改善营销途径和创新服务方式来满足市场变化。

由于移动设备的位置属性、便携性与用户的实时性生活需求正好吻合，决定了移动端更加适合 O2O 的发展。2011 年和 2012 年，移动端技术日益完善，各类创新型技术和应用涌现，为 O2O 闭环模式的扩张提供了加速器。从实际情况来看，移动端也已成为各 O2O 企业的业务重点。大众点评网在 2012 年 8 月宣布其移动端用户数即将突破 4 000 万，移动端的浏览量已经超过 PC 端；58 同城 2012 年 10 月的数据显示，其移动端的访问量占比已超过 40%；而美团网移动端的增速明显快于 PC 端，其移动端的销售占整体销售的比例到目前已接近 20%。

此外，在与 O2O 业务开展联系最为紧密的支付技术方面，针对部分传统行业标准化程度和信息化程度较低的问题，大量技术企业通过创新为它们提供了相应支持。如在国内，2011 年后支付宝等各相关企业大力简化支付流程，改善用户体验；特别是在移动支付领域，快捷支付、二维码支付、盒子支付等创新支付方式开始得到推广。

可以说，无论是线上的商家、线下的消费者，还是交易的技术条件都已经具备，线上与线下进一步渗透的 O2O 模式的普及推广已是必然。

O2O 闭环由何构成？

O2O 闭环有 2 个基本要素：电子支付（E-payment）与基于位置的服务（LBS，location based services）。电子支付在前面章节中已有所介绍，就不再赘述了。

LBS 是由移动通信网络和卫星定位系统结合在一起提供的一种增值业务，通过电信移动运营商的网络（如 GSM 网、CDMA 网）获取移动终端用户的位置信息（经纬度坐标），在电子地图平台的支持下，为用户本人或他人及通信系统，提供各种与位置相关的增值业务。例如，在找到手机用户的当前地理位置后，接着寻找手机用户当前位置处 1 公里范围内的宾馆、影院、图书馆、加油站等的名称和地址。所以说 LBS 就是要借助互联网或无线网络完成定位和服务两大功能。

伴随着科技发展的日新月异，物流和导航领域内"最后一公里"的概念已经被精进到了"最后一米"，如何解决这"最后一米"的问题？以往可以用作室外导航的 GPS 在室内往往并不有效，因为对于大多处于室内的线下商户而言，技术上的短板制约了 LBS 功能的发挥。为此苹果公司推出了 iBeacon 技术来解决这个问题。

iBeacon 能做什么？室内导航、移动支付、店内导购、人流分析——总之跟人在室内的互联网活动都能联系上。想象一下，假如你带着一部 iPhone 6（运行 iOS8 并支持 iBeacon）走入一家大型商场的店铺，同时这也意味着你已经进入了这家店铺的 iBeacon 信号区域。然后 iBeacon 基站便可以向你的 iPhone 传输各种信息，比如优惠券或者是店内导航信息，甚至当你走到某些品牌柜台前面时，iBeacon 还会提示你在该品牌拥有多少积分，是多少等级的 VIP，并提供"私人订制"的个性化商品推荐信息。也就是说在 iBeacon 基站的信息区域内，用户通过手中的智能手机便能够获取个性化的位置信息以及通知。

基于这两个要素，O2O闭环会有若干基本步骤，当然，根据行业的不同，可能步骤有所不同。我们可以通过两个示例对O2O闭环有一个初步的了解。

一个是数字化医疗的"O2O闭环"解决方案。这个闭环包括六步骤、二要素。第一步，线下的患者进行线上预约挂号；第二步，根据预约时间前往医院就诊；第三步，就诊过程中生成数据上传云端；第四步，从云端推送治疗方案、检查报告到个人移动设备；第五步，家用检测设备或穿戴设备记录患者监测数据，实时上传云端进行跟踪；第六步，当实时监测数据发现异常，医生进行主动干预，通知患者返院就诊。

图 10 - 2　数字化医疗 O2O 闭环解决方案示意

资料来源：上海数字化与互联网金融研究中心。

另一个就是O2O闭环在客运业中的示例。第一步，用户在线上提出需求，包括出行时间、目的地等；第二步，结合用户的个人偏好与需求，向用户推送方案；第三步，返回线上确认并在线支付；第四步，线下出票、预订，可按需提供短驳、租车等业务；第五步，在线信息更新、反馈，包括行程、位置等信息，当然也包括诸如服务的满意度等信息；第六步，结合 LBS 与用户偏好，沿途推送增值服务，交通、餐饮、景点等等。再根据用户的新需求进入下一个循环。

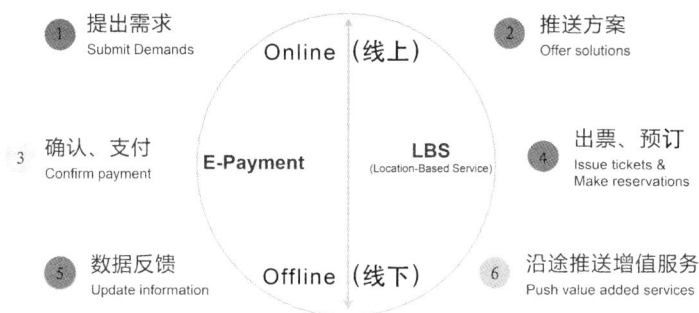

图 10 - 3　客运业 O2O 闭环示意图

资料来源：上海数字化与互联网金融研究中心。

值得注意的是 O2O 模式的价值，并不仅仅在于通过线上展示和线下体验更好地链接用户与商家，而是商家给消费者提供系统性的完整服务并贯穿于整个交易流程，甚至后续的跟踪维护。只有这样，才能让用户享受完整的购物体验和服务，才更乐意分享，从而形成口碑的二次传播和持续购买的保证。

基于此，数据反馈这个要素的重要性不可或缺，即通过订单来统计和跟踪每一笔交易，通过对用户数据进行分析，帮助商家以低成本精确地锁定用户，进行市场细分和信息推送，提供差异化增值服务，等等，这是传统模式难以做到的。如 OpenTable、SpaFinder、我爱我家等企业，对客户资料和客户房产消费与投资趋势进行数据分析，可以用很低的成本，把高价值客户从一般客户中区分出来，加以特别的服务。

O2O 闭环谁在角力？

O2O 闭环中与前面一节讲的线上线下融合相比，通常会多一个市场主体，即 O2O 平台。这个平台既可以是 BAT 三大互联网巨头，可以是生活服务社区论坛、分类信息网站、点评类网站、团购网站和折扣网站，也可以是各细分行业的垂直类网站，等等。

以 BAT 为例,它们最初在 O2O 领域都遭受了滑铁卢。腾讯自有的 QQ 团购、跟 groupon 合资的高朋网在千团大战中落败,百度的有啊团购昙花一现,阿里巴巴旗下的口碑网几乎销声匿迹。而与之相较,独立 O2O 网站有自己的 APP,已经在移动端建立了稳固的流量入口。更重要的是,这种专业 O2O 的 APP 上积攒的用户具备天然而直接的 O2O 消费习惯,不需要经过各种入口的分化和截留,因此专业 O2O 网站最终的转化率较高。

但 BAT 并没有放弃 O2O,转而发力进行行业内的一系列整合重组,并将布局 O2O 提高到战略层面。虽然近两年 BAT 并购风格各有千秋,但是我们仔细研究它们所收购的企业则不难发现,BAT 三巨头都在围绕着支付服务、社交服务、地图服务、生活服务四个方面来布局各自的 O2O 生态圈。仅仅半年的时间,BAT 的 O2O 布局之战又延伸到教育服务以及医疗健康、影视、租车等领域,席卷八个行业,且呈现出各自的特点。

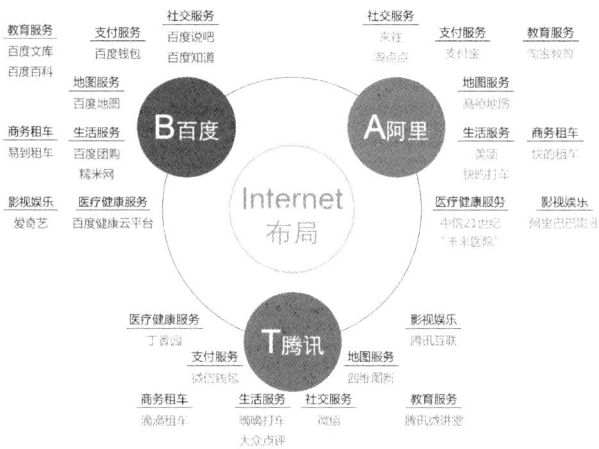

图 10-4　BAT 的 O2O 布局图

资料来源:上海数字化与互联网金融研究中心。

场景——百度。百度拥有强大的搜索和 LBS 技术,入主百度糯米后,将依托百度地图和搜索,同时借助百度糯米的线下资源布局 O2O 市场。作为未来移动化场景化应用的主要入口,百度地图在 O2O 场景化应用上的优势不容小觑。

交易——阿里。阿里集团利用自身交易的优势、支付宝的市场占有率,并通过淘宝生活、高德地图等产品支撑,将交易逐渐渗透至生活服务的各个环节,同时阿里在交易生态圈的构建也会为未来 O2O 发展当中的影响力延展提供支撑。

社交——腾讯。微信作为超级入口应用,通过移动互联网端的社交体系搭建的移动生活应用的入口是腾讯进入 O2O 市场的利器。通过与外界交易资源的补充,微信在 O2O 市场当中发挥的作用为业界看好。

如今除了 BAT,传统商业巨头也加入了 O2O 战局。继阿里与银泰合作之后,万达集团、百度、腾讯宣布共同出资成立万达电子商务公司(下称"万达电商"),其中,全国最大的商业地产商万达集团持有 70% 股权,国内互联网流量之王百度与拥有 8 亿活跃在线用户的腾讯各持 15% 股权。三强联手,致力于将大型体验式商业地产转型为 O2O 综合体。这不禁让人产生无限的新智能商圈想象,也让 O2O 战局变得更加扑朔迷离。

● O2O 闭环走进生活

对于线下商家来说,O2O 模式降低了线下商家对店铺地理位置的依赖,减少了租金支出,便于商家搜集消费者数据,进而做到精准营销,更好地维护老客户,拓展新客户。

对于消费者来说,O2O 提供了丰富、全面、及时的商家折扣信息,能够快捷筛选并订购适宜的商品或服务,享受实惠的价格。

对于 O2O 平台而言,O2O 引来了大规模高黏度消费者,从而争取到更多的商家资源。在 O2O 平台上,双方海量用户进行交易,带来数倍于 B2B、B2C 的现金流、巨大的广告收入空间以及形成规模后的更多新颖的盈利模式。

一言以概之,互联网作为线上线下服务的接口,可解决商户和用户之间服务信息不对称的问题,打破地理空间局限,满足商户推广和营销的需求,达成"三赢"的效果。这种三方多赢的结果具有充分的说服力,让人们清晰地明白了为什么O2O闭环模式被广泛看好且应用于多个领域。

O2O闭环加速生活服务业转型

目前,O2O生活服务市场主要包括票务、酒店、餐饮、生活便民、休闲娱乐、教育培训、健康服务等。团购是目前生活服务O2O的主要形式,更是生活服务O2O的引领者和推动者。

2011—2012年中国生活服务O2O市场在各参与主体的推动下快速发展起来,生活服务类网站从2011年后迅速增多,生活服务商户在2011年后对利用互联网渠道进行营销推广的态度也较以往更为积极。而随着生活服务类网站的增多及体验的改善,越来越多的用户开始通过网络渠道来查询、预订和购买本地生活服务。此外,金融支付、IT系统、验证技术等基础设施领域也在2011年后取得了较大进展,共同推动了中国生活服务O2O行业的整体发展。艾瑞数据显示,2011年中国生活服务O2O在线市场规模为361.1亿,2012年增长109.2%,达到755.6亿;预计到2015年,中国生活服务O2O在线市场规模将超过2 700亿。

受线下各行业的信息化水平不同的影响,生活服务O2O市场的发展在各细分行业呈现出一定的差异(见图10-5)。从国内实际情况来看,国内酒店和机票的O2O市场发展较为成熟,线上渗透率较高,代表企业有携程、艺龙。票务市场特别是电影票务、景点门票市场线上渗透率在近两年增长较为明显:前者有格瓦拉、蜘蛛网、时光网,后者有去哪儿、驴妈妈、同程网等。部分电影票票务网站通过在线下放置自动取票终端大大改善了用户的体验。2012年以大众点评为首的餐饮O2O进入快车道,国内餐饮O2O在线商务用户规模2012年为0.98

指标权重占比	产品和服务标准化程度	线下商户互联网化程度	用户渗透率
	35%	30%	35%
指标权重说明及分行业评估	产品和服务的标准化程度高低,直接影响该垂直领域是否容易实现O2O	线下商户的信息化系统建设,是商户和信息化平台合作的基础	用户渗透率指用户对该垂直行业服务的认知程度和互联网端体验使用程度
	☑ 票务 ★★★★★ ☑ 酒店 ★★★★ ☑ 餐饮 ★★ ☑ 休闲娱乐 ★★ ☑ 生活便民 ★	☑ 票务 ★★★★★ ☑ 酒店 ★★★★ ☑ 餐饮 ★★ ☑ 休闲娱乐 ★★ ☑ 生活便民 ★	☑ 票务 ★★★★★ ☑ 酒店 ★★★★ ☑ 餐饮 ★★ ☑ 休闲娱乐 ★★★ ☑ 生活便民 ★

行业综合评估	票务	酒店	餐饮	休闲娱乐	生活便民
O2O实行容易程度	★★★★★	★★★★	★★★	★★	★

说明:★ 数越多,表明该指标得分越高,越容易实现O2O

图 10-5 生活服务垂直行业 O2O 实行难易程度评估体系

资料来源:易观国际《中国生活服务 O2O 市场专题研究报告 2014》。

亿,相比 2011 年增长 58.1%,2013 年这一数字上升到 1.39 亿,预计到 2015 年这一规模将超过 2 亿。

大部分本地生活服务行业由于标准化程度低,信息化水平落后,其 O2O 市场依然处于早期发展阶段,线上渗透率尚不高。未来几年,受网民习惯逐步养成和移动互联网时代在线预订和购买更为便捷,以及阿里、腾讯和百度等互联网巨头推动的影响,中国本地生活服务商务用户数将继续保持较快增长。中国生活服务 O2O 市场的不断发展,将促进线下传统商务信息化运营,使应用服务贯穿整个需求环节,并朝移动化、场景化演进,将所有场景下产生的实时数据运用大数据技术处理分析,形成更为精准、更有效的决策,促进整个产业链上下游的重构和升级。

O2O 闭环助力智慧商圈

O2O 的优势在于把网上和网下的优势完美结合,把互联网与地面店完美对接,实现互联网落地。让消费者在享受线上优惠价格的同时,又可享受线下贴身的服务。同时,O2O 模式还可实现不同商家的联盟。这就是为什么在建设智慧商圈时,O2O 成为地区规划者、企业领导人、投资公司总经理竞相推崇的重要理念。

上海黄浦区的淮海路位于市中心人民广场区域,是上海最繁华的商业街之一。淮海路最繁华的地段西起陕西南路,东至西藏南路,这里老字号食品香气逼人,百货用品琳琅满目,在过去的 100 多年里,淮海路淋漓尽致地展现了这座城市独有的人文底蕴与商业气息,也成为不少老上海人心中浪漫与时尚的代名词。

然而,近两年来,随着芭比旗舰店、Me&City 旗舰店、第一百货、二百永新、万得城等接二连三地撤离或关店,这条老牌商业街似乎显得有些“落寞”。2.2公里长的淮海中路,淮海中路 680 号的 G2000 专卖店、522 号的施华洛世奇、462弄的苏菲雅婚纱、366 号的乔丹体育、193 号的 AP 表、1 号的赛博数码广场等都已关店,此外,中段 568 号至 576 号的三间铺位关门后已撤下店招,门店被用作某中档品牌的短期特卖会。

为了应对这种局面,黄浦区出台了三年行动计划,对于南京东路、淮海中路上的商铺进行了重新定位,无论淮海中路还是南京东路,传统单一的百货类都在逐一被淘汰,一批新模式的商业将被植入,比如以 K11 为代表的结合艺术与商业的体验型购物中心,延长营业时间的 APM 商场[1]。此外,黄浦区鼓励企业拓展线上业务,线上线下协同发展,以快速拉升销售业绩。2014 年 8 月底前黄浦一卡通的第三方支付平台也适时开放,并计划利用一些新技术增强互动,诸如NFC 近距离无线通信技术。未来,当顾客走过淮海路某家门店时就能收到关于

---

〔1〕APM 是源自于香港的商业理念,APM 的名称是把“AM”(上午)和“PM”(下午)融合起来,与商场提倡的夜间消闲概念互相呼应。因而大部分店铺的营业时间直至凌晨,甚至通宵营业。而夜间消闲的概念,是源于近年来在职人士的工作时间越来越长,压力亦越来越大,然而香港的购物商场多数只营业至晚上十时,令这些人士在下班后几乎无处消闲减压。开发商有见及此,特别把 APM 定位为一个店铺营业时间特长的商场,让顾客不再受时间束缚,尽情购物消闲。现在 APM 有香港、北京两家分店,还有以 APM 为经营理念的商业街、办公街,可以说,APM 已经成为一种“全天候”的理念。

企业文化、促销活动方面的短信。南京路淮海路的新模式囊括了体验型购物中心、线上线下协同和第三方支付等要素。那么是否还存在让它们更进一步的元素？LBS！借助 LBS,可以让 O2O 闭环得以在商圈更完整地构筑。

我们还可以想象一下前面提到的腾百万（腾讯、百度、万达）形成完整闭环后的情景：①可以实现定制化预约、室内导航服务、智能会员识别、空手购物和管家式导购；②所有的 POSE 机被微信支付取代；③万达购物积分、Q 币、百度积分实现互通互换,可以用购物积分去换音乐下载,可以用游戏币买咖啡,等等。

O2O 将成就无数商机。面对全国大量的"城市综合体",那些还沉湎于旧时模式、陶醉于昔日辉煌的房地产总经理,是不是该清醒了呢？

知识贴　　　　　　　**融合形式多元化**

虚拟超市：假超市,真购物

日前,被沃尔玛控股的 B2C 商城 1 号店推出新奇的"无限 1 号店"虚拟线下商店。用手机打开 App 并走到指定地点后,一个空旷的广场中就会出现一个虚拟的卖场,消费者走到相应商品"货架"前进行点击,就可以查看商品详情,未来还可能实现购买。这种被网友称为"超现代"的购物方式一下子吸引了不少人的眼球。

1 号店董事长于刚此前表示,其最大的特点是把电子商务搬到线下,并充分结合传统零售与电子商务的优势。"顾客既可以充分享受'逛超市'的乐趣,又能够享受到一站式购齐、方便实惠、送货上门等电子商务的便捷。"

虽然"无限 1 号店"仍与"掌上 1 号店"一样使用线上付款方式,与实体超市相比无需经历排队之苦,但既费腿脚又费流量的购物模式是否能继续发展,还需看 1 号店如何对"无限 1 号店"进行升级,赋予其更高的商业模式价值。

逛街签到：真逛街，假"领钱"

与"无限1号店"模式正好相反，一些互联网企业开始研究如何通过虚拟的手段让消费者到实体卖场去购物。日前记者获悉，于2014年4月正式上线的逛街类应用"趣逛"已与京城多家购物中心及超市卖场达成合作，并已颇得资本青睐。

据介绍，消费者在安装该App后，在逛到合作商户区域内时，会自动签到，获得虚拟奖励，并得到个性化的折扣信息或商品推送信息。有业内人士认为，这种定制化的营销方式"适合品牌或零售商用来维护VIP顾客"。未来，手机签到与商场会员卡进行绑定或统一化，也被看做实体零售商"轻触网"的保守方式之一。目前，趣逛与凯德商用、物美等零售商都建立了合作关系，下一步还将继续拓展购物中心以及品牌商的覆盖面。

O2O移动支付：线下买，线上花

手机下单、手机支付在很多领域都已是平常事。但线下购物、线上花钱的"O2O移动支付"却依然是新鲜事物。

2014年8月底，支付宝与线下卖场上品折扣共同推出移动支付服务，消费者在商场购物时，只要使用安装支付宝客户端的手机拍摄商品二维码并完成支付，即可提货离开，免去了往返收银台和排队的辛苦。这是支付宝进入O2O支付领域后，首次与商场进行合作，这种"线下购物，线上付款"的方式也颇得用户关注和业界认可。

此前支付宝还推出"超级收款"业务，针对线下小微商家，欲填补POS机市场未覆盖到的空白市场。有支付宝高管当时表示，移动支付的大市场在线下，而非互联网。未来支付宝的移动支付战略将逐渐把重点往线下转移。

资料来源：虎嗅网。

● 你准备好迎接 O2O 了吗？

一个好的 O2O 模式可以描述如下：①线下资源占有量较高，挖掘能力强，产品内容丰富，盈利模式清晰；②服务机制、信用机制不断完善，用户体验度及渗透率较高；③用户线上交易、线下体验，利用社交反馈信息形成粉丝效应；④交易数据的分析利用更有助于用户需求挖掘及提升运营管理水平；⑤随着与商户一体化服务网络体系的融合，更有助于商户和团购网站进行智能决策。当然，这是完美状态。O2O 模式从现实到理想，仍有许多问题需要回答。

你了解用户的痛点吗？

O2O 产业链参与者纷繁复杂，网络模式不太规范。大多数消费者被要求通过支付宝、网上银行等支付平台预先付款，而并不是收到、确认商品质量或者接受服务并对服务满意后才付款。这种在线支付、线下消费的模式，导致消费者处于非常被动的地位，并容易造成"付款前是上帝，付款后什么都不是"的窘境。

常见的有定制类实体商品与消费者预定不符，一旦质量低于预期，由于网站与商户之间的职责不明，很难在短时间内解决售后服务问题，双方互相推诿扯皮，一些不规范网站便以种种借口拖延办理甚至不予退款，所有交易风险都被转嫁给消费者，极易引发纠纷。

以网络团购为例，团购网所提供的产品折扣力度非常大，有些商户一方面希望借团购所提供的折扣吸引消费者，另一方面又对这类低价促销方式心存芥蒂或者不具备相应的承受能力，致使商户在兑现服务时服务质量大打折扣，服务内容大为缩水，质量也难以保证。而团购网站因规模及资源的局限性，在与商户的合作中议价能力低，一旦发生此类消费纠纷，就会让消费者利益受到损害。

根据易观国际的分析,在用户选择最经常使用的参团网站的原因中,商品和服务经常能满足用户需求占 55.07%,退款方便、售后服务满意占 44.44%,用户使用惯性占 34.78%,网站品牌影响力占 33.33%。可以看出商品和服务是否能满足需求、退款等售后服务是否方便和健全是用户选择参团网站的首要原因。特别是"退款是否方便和健全"对于用户来讲更是一个痛点。

2014 年 3 月,百度糯米在其官方微博上宣布在全部城市全部团购券未消费都可以随时退。美团很快应声,宣布即日起可以"全场退"、"提现退"。百度糯米这一举措直击消费者痛点,很可能会加速颠覆团购行业。

您最经常选择的这个团购网站的原因是什么?(单选题)
有效样本量 n=760

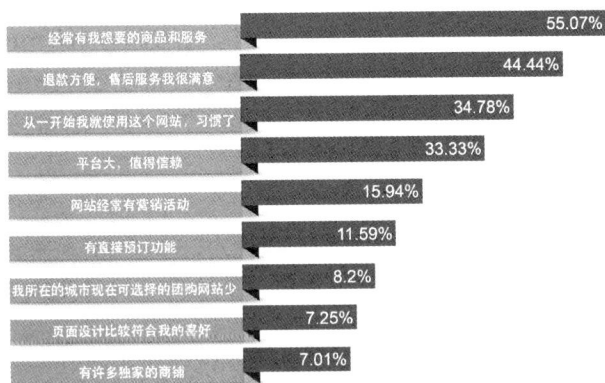

经常有我想要的商品和服务	55.07%
退款方便,售后服务我很满意	44.44%
从一开始我就使用这个网站,习惯了	34.78%
平台大,值得信赖	33.33%
网站经常有营销活动	15.94%
有直接预订功能	11.59%
我所在的城市现在可选择的团购网站少	8.2%
页面设计比较符合我的喜好	7.25%
有许多独家的商铺	7.01%

图 10-6 用户选择参团网站的原因

资料来源:易观国际,《中国生活服务 O2O 市场专题研究报告 2014》。

你知道你的用户在哪里吗?

团购作为 O2O 的重要形式,通过它的数据变化可以让我们对 O2O 整体的用户迁移有所了解。

在物理空间上,用户从一、二线城市开始向三、四线城市转移。2014 年上半年,三线城市团购市场份额同比增长 3 个百分点,四线及以后城市增长 2 个百分点,一、二线城市趋于饱和,三、四线城市开发潜力巨大,为团购市场主要阵地。三、四线城市的用户消费习惯、消费行为与一、二线城市是否一样? 服务模式是否需要进行本地化的调整? 这些是 O2O 平台在拓展三、四线城市时需要考虑的。

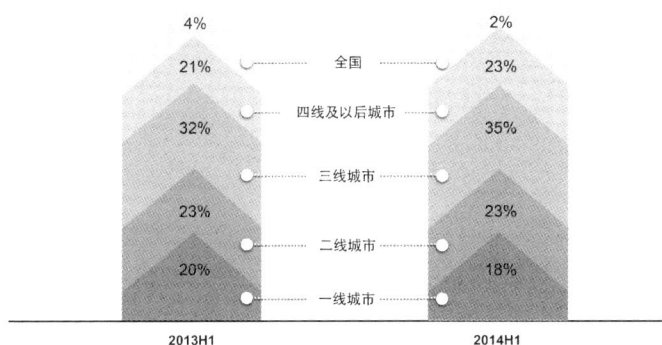

图 10-7 2013H1-2014H1 团购市场城市份额构成对比

资料来源:易观国际,《中国生活服务 O2O 市场专题研究报告 2014》。

在虚拟空间上,用户从 PC 端向移动端转移。随着移动互联网的发展,尽管由于移动端覆盖人数还不及 PC 端,访问总时长 PC 端仍高于移动端,但移动端的深度和活跃性都已超越 PC 端。在代表移动端用户访问深度的指标——中国团购用户月人均访问时长上,移动端已超越 PC 端。2014 年上半年,美团移动端月人均访问时长 14.5 分钟,大众点评 11.5 分钟。在代表移动端用户活跃度的指标——中国团购用户月均访问量上,移动端高于 PC 端。2014 年上半年,美团移动端月均访问量 10 289 万次,是 PC 端的 2 倍(见图 10-8)。随着移动互联网的发展,移动端是未来团购市场的主要战场,未来生活服务应用将朝场景化演进,更具人性化和即时性。

2014年上半年中国团购PC端、移动端月人均访问时长对比　　2014年上半年中国团购PC端、移动端月均访问次数对比

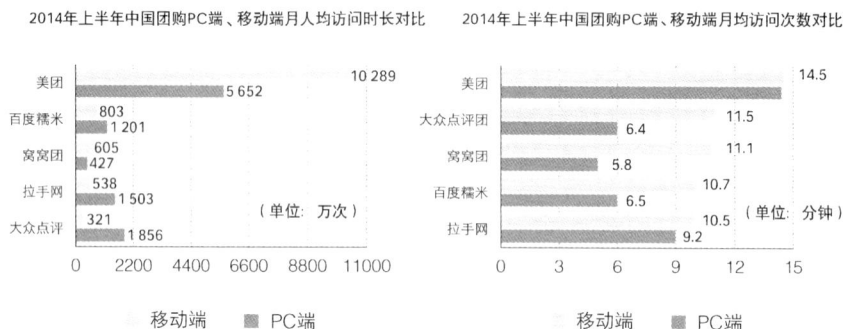

图 10 - 8　团购 PC 端与移动互联网端对比

资料来源：易观国际，《中国生活服务 O2O 市场专题研究报告 2014》。

基于此，如何发展移动端用户，把用户在体验服务过程中各个环节各种场景下的消费需求、消费行为均变成一种随身的应用服务，将移动端流量变现；如何挖掘三、四线城市的巨大用户潜力，把蛋糕做大，是未来 O2O 市场的重要课题。

你找到自己的短板了吗？

O2O，顾名思义，Online to Offline，线上到线下。Groupon 招股书里有一张图片，一半是芯片，一半是人的肌肉、肌理。美团网的王兴认为这张图直接传达了团购甚至整个 O2O 的模式，即必须将技术、规范的体系与鲜活的人结合。换言之，O2O 平台企业应该学会线上线下两条腿走路。可惜现在不少企业是一条腿长一条腿短。

线下短板。O2O 模式并非简单的互联网模式，此模式的实施对企业的线下能力是一个不小的挑战。可以说，线下能力的高低很大程度上决定了这个模式能否成功。做惯了轻模式的互联网公司在基因上就与 O2O 的重模式不兼容。O2O 市场未来向三、四线城市的下沉，则会让互联网公司的线下短板进一步凸显。美团的业务已覆盖 300 多个城市，大众点评希望将覆盖城市扩大到 200 个，这是传统的互联网公司依靠自己的直营队伍根本无法企及的一个数字。

如餐饮美食和休闲娱乐都是标准化程度相当低的行业。美团、大众点评无不是拥有数千人的地面队伍，与众多分散的商家进行联系和维护，而这正是BAT不懂或者不屑于做的苦活、脏活与累活。

举个例子，百度收购糯米之后，就没有增加直营团队，而是延续百度搜索的代理商模式，由各地的代理商在极短的时间里组建了一支地面推广团队，结果造成这两支团队矛盾重重，甚至出现不肯在同一饭店就餐的情况。

线上短板。互联网和电子商务的快速发展摧残着一个个传统企业的神经，所以"互联网思维"、"小米模式"大热，背后反映的是传统商业在这个时代生存的极度不安全感。很多企业秉持着"不变革等死"的理念，却非常容易地踏上了"乱变革找死"的境地。有的自建O2O平台，有的则与第三方O2O电子平台打通。

值得提醒的是：建成或打通以后，有没有根据用户行为即潜在需求不断迭代更新、改进服务和产品、提升用户体验的用户思维呢？有没有基于O2O平台上产生的行为数据、交易数据、位置数据进行分析挖掘，从而实现精准营销、精准资源配置、精准产业链重构的大数据思维呢？这些都是线下企业在发展O2O模式之前需要深入思考的问题。

结语

现今无论是电商还是传统零售商，一个个都在探索O2O更有效落地的方法。O2O很美，但只有适合自己的才是最美的。因此企业必须从自身实际出发，遵循商业的本质规律，尊重用户的个性化需求，找到企业活在当下的自身优势与核心价值。

正如宜家首席执行官Peter Agnefjall所说：对于宜家来说，寻找的并不是在短时间内一次爆发性增长的机会，而是能够持续带来产业价值链提升的方法。

O2O模式对于企业而言，同样如此。

11 精准把握创新机遇

    "十大商业趋势"至此告一段落,在本章中,我们想告诉读者的是:第一,不同的国家、地区,不同的行业、企业的商业趋势不尽相同。不过,本书描述的十大商业趋势有普适性。第二,也许不啻十大趋势。预测趋势的目的是把握机遇,规避不确定性。

    2014 年 6 月 18 日,新科诺贝尔经济学奖获得者拉尔斯·皮特·汉森(Lars Peter Hansen)来"中欧大师课堂"做演讲,他演讲的题目叫"不确定性的后果"(Consequences of Uncertainty)。当时我也做了一个演讲,题目是"商学院:讲精彩故事,讲精辟原理",讲了本人用过的多个数学模型。论坛上我曾向汉森提了一个问题:"当下互联网时代,非结构性数据的量远远大于结构性数据,如何做好风险控制? 如何区分 systematic risk 与 systemic risk 这两种风险?"我之所以问这个问题,是由于近年来出现了支付宝、余额宝等众多的金融创新产品,人们会担心随之而来的风险。

    拉尔斯·皮特·汉森告诉在座的听讲者:systematic risk 是那些日常市场风险,是金融机构每天都会面对的风险;而 systemic risk 是那些招致整个市场或系统崩溃的风险,是真正的"系统风险",如 1998 年、2008 年的全球性金融危机。新产业、新技术会给未来经济发展带来许多可能性,不确定性将成为常态。因此,在谈论宏观经济对金融市场的影响时,在选择可行的经济政策时,都要考虑到不确定性的影响。

● 预测趋势,把握机遇

想象力,人类的最美妙之处

想象力恐怕是人类所特有的一种天赋,是一切"发明、发现及其他创造活动的源泉"[1],是人成其为"一个有思想的人、一个理性的生物、一个真正的人的特质"[2]。它比知识更重要,因为"知识是有限的,而想象力概括了世界上的一切,推动着进步,并且是知识进化的源泉。严格地说,想象力是科学研究的实在因素"[3]。人类的各种创造发明不是别的,而是想象力结出的最美妙的果实。

在今天的数字化时代,我们正经历着前所未有的变化。其速度之快、程度之深、波及范围之广超过以往任何时候,与之相伴的是更大的不确定性与更多的选择困惑。我们也因此比以往任何时候都更需要尽可能地对明天做靠谱的想象。换言之,即对各种趋势,特别是商业趋势做精心的预测。

今日的科技预测点燃明日的科技创新

在科技发展日新月异的今天,任何我们觉得不可能的事物,都有可能变成现实,就像在 100 年前,当时的人们无法想象到如今繁荣的互联网一样。让我们对1959 年出版的《科学家谈 21 世纪》这本书作个回顾,看看当年数字化技术的想象实现了几个。

"当 21 世纪到来的时候,人人口袋里都有一架袖珍电视机,你和你的朋友,

---

[1] 哲学家亚里士多德。
[2] 哲学家狄德罗。
[3] 科学家爱因斯坦。

不论相隔多么遥远,都能面对面谈话。"——这不就是现在的手机么?

"在商店里看不见算盘的踪迹,当营业员把顾客购买的各种物品放在一块装有计算机扫描器的玻璃板上时,计算机不但会计算出各物品的价格,同时还会开出一个详尽的账目清单。"——这不就是今日的收银机吗?

甚至当年"无人驾驶的电子自动车自由自在地驰骋在高速公路上"、"从工人、技术员到工程师的工作全是由电子机器人操纵的工厂"等等这些看似不可能的大胆想象也都正在逐一成为现实。

让人更惊讶的是,鲜活的O2O、电子支付、LBS等应用的预见性商业趋势,居然出现在微软2004年制作的视频里,要知道那时候还根本就没有iPhone那样的移动终端! 无数事例都在告诉我们:昨天的科技预测会点燃今天的科技创新!

再看《精准创新》

2014年10月份我们翻译并出版了一本全球著名科技咨询公司Gartner撰写的关于科技预测、科技创新的英文书籍,书名叫"Mastering the Hype Cycle"(Jackie Fenn, Mark Raskino著),中译本书名为"精准创新"。

我们之所以翻译并出版Gartner的《精准创新》,理由有三:第一,这是一个充满梦想的年代,创新是主旋律。科技创新是实现梦想的一种重要的驱动力。第二,我曾担任过国家级研究中心——中国服务外包研究中心的首届主任,并连续七年担任《中国服务外包白皮书》的主编,而研究服务外包的学者们(包括我在内)多年来必读与Gartner的Hype Cycle相关的研究资料。第三,多年任教,我和学院的其他老师一样,乐于向学院奉献知识之新锐。我给EMBA、MBA、高级培训班、创业营的学员授课时,常引用每年公开发布的"新型技术成熟度曲线"资料,讲演企业的转型、创新以及数字化时代的商业趋势,历时三年多了,有时还辅之以精彩的影音视频。目睹"技术成熟度曲线"上一项又一项精准的科技预测,学员们无不叹为观止。

就在最近一年中，我深切地感受到，中欧学子已经绝非止于在课堂中动容的一闪念，那些倾心于科技创新、活跃在创业群体中的企业家们正在迅猛增长，而其对创新领域知识的渴求也在迅速增长。今天，中欧的教授们正在尝试向学员提供成熟的有关科技预测、科技创新的研究框架及其方法论，也许其中之一就是《精准创新》一书中所介绍的技术成熟周期/曲线。

科学家的创造发明是企业家创新灵感的源泉，但是如何在合适的时机选择合适的创造发明常常是困扰企业家的难题。本书介绍的技术成熟度曲线就是破解这类难题的根本性思想方法，可以引导企业家走向更大的成功。2013 年，Gartner 的 53 条"科技成熟度曲线"的预测与分析涵盖了七大领域、97 个行业，揭示了 Gartner 是如何从众多复杂的前沿科技中挑选出最有价值、最能代表未来的科技发展方向的项目的。

Gartner 以科技预测向全球昭示科技创新的未来，这种独特的研究框架本身也是一种创新，它几乎与精细观察所得出的科学曲线完美拟合，或许也是总经理捕捉效益的超值秘籍。其核心是向商界提供了研究科技创新影响商业趋势变化的最前沿的方法论，教我们懂得 How to choose the right innovation at the right time.（如何在合适的时间选择合适的创新。）所有的投资、兼并、转型、创新的企业家们必须认真理解这两个"right"，预测科技创新趋势，预测商业发展趋势。

Gartner 对 2015 年十大科技创新的预测

Gartner 每年都会公布对科技创新的预测，他们将战略性技术趋势定义为在未来三年内可能对企业组织带来重大影响的技术。构成重大影响的因素包括：极有可能颠覆现有的业务模式、最终用户使用习惯或 IT 结构，必须投入大量资金，或可能较慢才为市场采用的风险。这些技术还会影响企业组织的长期规划、方案与举措。Gartner 认为 2015 年十大战略性技术趋势为：

- 无处不在的计算；

- 物联网；

- 3D打印；

- 无所不在却又隐于无形的先进分析技术；

- 充分掌握情境的系统；

- 智能机器；

- 云/用户端计算；

- 软件定义的应用程序和基础架构；

- 网络规模IT；

- 基于风险的安全与自我防卫。

尽管总经理不是这些科技创新的实操者，但掌握趋势，利于决策。

把握商业趋势已不可弃离把握科技创新趋势

这一观点我们在第一章中已经有所阐述，其重要性无论如何强调也不为过。最近，央视纪录片《互联网时代》热播。从农耕时代到工业时代再到信息时代，技术力量不断推动人类创造新的世界。互联网，通过改变信息获取的方式，改变着各行各业的市场结构，推动着诸多商业模式的创新，以改变一切的力量在全球范围围掀起了一场影响人类所有层面的深刻变革。

互联网时代，超越和被超越都将是常态。以电动车的充电电池为例。过去锂电池并联技术改变了电动汽车行业，然而，2014年新加坡南洋理工大学的研究人员宣布，他们研制出一种超快的充电电池，能够在两分钟内充电70%，并且使用寿命可达20年。这种电池的原料是一种新型凝胶材料，由二氧化钛制作而成。二氧化钛俗称钛白粉，是一种储量丰富、廉价并且安全的材料，通过让电池中的化学反应加速，以达到快速充电的效果。若这项研究成果确如其所言，那么未来电动汽车只需要数分钟就能充好电，比去加油站加油都省时。随着使用方便程度大大提升,则必将给整个电动车乃至其他类型的汽车行业带来巨大改变。

《IT 不再重要》一书中有一段话至今让我印象深刻:"所有的技术革命都是涉及两代人的变革,一种新技术的全部力量和后果,要等经历过它的第二代人长大成人并开始将落伍的父母挤到一边时,才完全释放出来。技术的进步就是这样逐步发展的。它总是造成一种假象,好像我们今天的进步是理所应当的。"今天的科技创新不需要间隔两代人那么久远,一些新技术两年就刷新了。越来越多的企业家理解到:洞悉科技创新的趋势,有助于把握商业模式创新的趋势。

多元组合运用商业趋势

虽然本书的十大商业趋势是分章叙述的,但在商业实践中,多元组合地借"势"而行已大行其道,苹果便是这方面的典型例子。如果仔细研究苹果的商业模式与经营战略,可以看到全部十大商业趋势的影子。

大数据:相对谷歌、亚马逊公司而言,苹果在大数据方面的优势并不明显,但苹果公司显然已经认识到了这一点。2013 年 12 月,苹果公司以 2 亿多美元的价格收购了社交媒体分析公司 Topsy,这是少数几家能分析 Twitter 完整信息流的公司之一;2014 年 7 月苹果和 IBM 宣布,两家公司已经达成一项排他性的合作协议,未来双方将依据各自的市场领先优势,创造一种新类别的商务应用,把 IBM 的大数据和分析能力带给 iPhone 和 iPad 平板电脑。

云计算:苹果 2011 年推出 iCloud 云服务平台,实现跨设备的同步备份功能,用户每天通过登录 iCloud 的账户和密码,就可以实现自动的同步备份,支持音乐、电子书、图片、视频、设备设置、应用数据等多种格式。

平台:App Store 是连接开发者与用户之间的平台,通过与 iPhone 终端相结合，App Store 一方面向用户提供持续的互联网内容或应用服务，另一方面为软件开发者提供了一个软件售卖的平台。苹果通过吸引更多的用户和更多的软件开发者到这个平台上，以收入提成的方式盈利，从而实现用户、开发者、苹果公司三方共赢的局面。

移动互联网：苹果的 iPad/iPhone/iTouch/iTunes 是有史以来增长最快的新科技产品。苹果凭此在移动互联网大战中处于"领跑位置"，成为大赢家。甚至在某种程度上可以说，iPhone 的出现是移动互联网发展的一个分界线，让移动互联网找到了一个合适的载体。苹果在 2014 年 9 月的发布会上同时推出 iPhone6 和 iWatch，这也标志着苹果正式进军穿戴设备领域。

软件定义一切：苹果的核心竞争力也在于围绕 iOS 系统打造的软硬一体化封闭模式，实现了从纯粹的消费电子产品生产商向以终端为基础的综合性内容服务提供商的转变。2014 年 6 月，苹果发布会展示的新 Mac 系统优胜美地（Yosemite）、智能家居 Homekit、编程语言 Swift、Safari 浏览器、"连接汽车"的 CarPlay、"连接健康"的 Healthkit 等等，都是寄希望以软件平台来绑定用户，不断扩展增值服务的边界。[1]

外包和众包：除了 A5 处理器外，大部分苹果产品的部件是外包给海外工厂生产制造的；2014 年 10 月，苹果公司推出了一项名为"苹果地图连接"（Apple Maps Connect）的服务，通过众包模式让企业主自行验证和提交与自己的企业有关的信息；苹果自主开发 20 个左右的软件，其余超过 99％的软件都是由第三方开发，而且苹果对软件开发者没有任何资金或资质的限制，任何人都可以成为开发者，这为"创客"创造了良好的环境。

需求驱动：App Store 拥有海量精选的移动 app，均由 Apple 和第三方开发

---

[1] 苹果公司的 CEO 库克宣称："正因为我们不是一家硬件公司，我们才有其他方式获取营收，回馈股东。和其他硬件公司不同的是，我们并未将产品销售看做是与客户关系的最后一环，而是第一环。"

者为 iPhone 用户度身设计。苹果公司经常会公开一些数据分析资料,帮助开发者了解用户最近的需求点,并提供指导性的意见,指导开发者进行应用程序定价、调价或是免费。甚至相当一部分的软件开发者本身就是软件发烧友,根据自己的需求设计软件并发布在 App Store 平台上。

长尾市场:根据苹果公司的数据,截至 2014 年 6 月,iOS 应用商店现有的应用数量已超 120 万,用户的应用下载量达到了 750 亿个,苹果应用商店的每周访问量达到了 3 亿次,iOS 有 900 万位注册开发者。多元化的开发者和各种不同软件满足了各种受众的应用软件需求,一个长尾市场由此应运而生。App Store 从中获益颇丰——2013 年用户在 App Store 的全年消费总额超过 100 亿美元。

数字金融:2014 年 9 月 10 日,苹果发布移动支付系统 Apple Pay,已与美国运通、万事达和 Visa 达成合作,并与美国银行等 6 家银行达成合作。这意味着苹果将覆盖约 80% 的美国信用卡用户。苹果还公布了 Apple Pay 的初期合作伙伴:除苹果商店外,还包括赛百味、麦当劳、迪士尼、沃尔格林、丝芙兰和梅西百货。这意味着苹果向数字金融正式进军。

O2O 模式:2014 年,苹果在地图方面收购的创业公司包括 Locationary、Hopstop 和 Embark,所有这些公司均有望改进苹果地图服务;2013 年 9 月,苹果发布 iBeacon,目前关于 iBeacon 技术的精度可以达到一米以内,在室内导航、商铺促销等方面都有着较大的想象空间(详见趋势十);2014 年 9 月最新发布的 iOS 8 增加了一个"应用建议"的功能选项,能根据用户的地理位置推荐相关的应用,通过"应用建议"将用户和商户在线上线下都连接起来。加上上面提到的 Apple Pay 的发布,这一系列举动显示了苹果布局 O2O 的决心。

当然,十大商业趋势的组合运用应当因时而异,因业而变;因地制宜,因域而变。2013 年 11 月 1 日,曾于 2012 年申请破产保护的柯达重返纽约证券交易所。它已决定致力于成为一家"专注于为企业提供影像服务的技术公司"。假如你是柯达,你会如何把控商业趋势,顺势而行,东山再起呢?

🌐 制造业新趋势：工业 4.0?

尽管在我们的生活中,智能手机已经普及,智能家居迈开了脚步,网络社交、电子商务、互联网娱乐、在线教育已经渗透到生活的方方面面,但在工业领域,这一场虚拟与现实融合的制造业革命才刚刚开始。

如果说工业 1.0 是机械化生产的"蒸汽时代",工业 2.0 是大批量生产的流水线模式和"电气时代",工业 3.0 是高度自动化的"电子信息技术时代",那么工业 4.0 就是建立于信息物理融合系统(CPS)之上、虚实融合的"网络化生产时代"。

无论是德国提出的工业 4.0[1],还是美国 GE 提出的"工业互联网",其关键词都是"智能":智能化产品、智能化服务、智能化设备、智能化流程,其背后的原动力都是软件和互联网的发展。换言之,互联网、软件与工业的融合正在颠覆人们印象中传统的工业世界。

在讨论商业世界的十大趋势时,研究工业 4.0 的意义何在? 以工业 4.0 时代的基础——信息物理融合系统为例,在未来的智能工厂中,产品信息都将被输入到产品零部件本身,它们会根据自身生产需求,直接与生产系统和设备沟通,发出下一道生产工序指令;智能设备之间也可以相互交换信息,并借助**大数据**提供的"经验"逐步发展出"模仿"、"学习"能力,进行自主生产,对生产中复杂的

---

[1] 在 2011 年德国汉诺威工业博览会上,"工业 4.0"一词首次出现,2013 年同样在汉诺威工业博览会,德国"工业 4.0 小组"正式提出"工业 4.0"的概念。中德双方在第三轮中德政府磋商后发表的《中德合作行动纲要》中宣布,两国将开展"工业 4.0"合作,该领域合作有望成为中德未来产业合作的新方向。

《德国工业 4.0 战略计划实施建议》对此有详细描述:在一个"智能、网络化的世界"里,物联网和服务网将渗透到所有的关键领域。智能电网将能源供应领域、可持续移动通信战略领域(智能移动、智能物流),以及医疗智能健康领域进行融合。在整个制造领域中,信息化、自动化、数字化贯穿整个产品生命周期、端到端工程、横向集成(协调各部门间的关系),成为工业化第四阶段的引领者,也即"工业 4.0"。

状况做出精准判断。这种自主生产模式能够满足每位用户的**"定制需求"**。

以虚拟生产为例,通过云计算、自主控制和互联网,人、机器和信息互相联接,融为一体。现有的技术和创新将被全部整合到一个数字化企业平台中。生产还未开始,产品开发流程和生产流程中的所有环节都可以在虚拟世界通过软件被设计、仿真以及优化,并可以并行模拟操作。

以网络化生产为例,所有工厂被连在一起,生产价值链中的供应商获得并交换实时的生产信息,供应商所提供的全部零部件都将在正确的时间以正确的顺序到达生产线,而这一切的起点只是个体消费者的一个**需求**。

可以说,通往工业革命 4.0 的路上处处可见本书中提到的"商业趋势"。对于中国企业来说,由互联网引导的新工业革命既可能意味着巨大的机遇,也可能是关乎生死的严峻挑战。[1]

传统的制造企业和一批具有互联网基因和思维创新的制造企业已经开始行动。格力用机器人装备空调,把互联网技术应用到商用空调领域,实现了对客户产品的实时监控;海尔家电制造商布局智慧城市,并积极倡导让用户参与到产品设计中去;以鼠标、键盘代加工起家的雷柏为整个工厂建立了一整套虚拟的系统平台,每个机器人都有量身定制的软件;小米用包括软件、硬件和生态系统的组合,在创造全新用户体验的同时,颠覆了中国制造业公司的传统做法。

在 2014 年 PTC 全球用户大会上,PTC 全球 CEO 贺普曼(James Heppelmann)阐释了未来产品价值变化的三大趋势:"原先硬件创造的价值正在被软件创造的价值所共享;网络连接让我们在软件创新方面有了新的选择,价值正在从产品向云转变;商业模式从产品转向了服务。"中国企业,特别是制造类企业在工业 4.0 时代仍需好好把握商业趋势,并将之与自己企业的发展阶段与行业特点结合起来,在新制造革命中才能够迎头赶上。

---

〔1〕参见福布斯中文网 http://www.forbeschina.com/review/201410/0038044.shtml。

● 跨国经营和投资的新趋势:创新更受关注?

华为为什么要在以色列创建研发中心?

华为的科技创新在国内居于前列,它为什么会在以色列建立研发中心呢?其实,不止华为,全球 500 强大概有 250 家在以色列建立了研发中心。以色列现在有 5 000 多家 IT 公司,每年新增的创新公司有 200 家。许多有影响力的创新的科技,包括芯片行业、处理器、即时通讯技术等等,也都是以色列的创新结果。

以色列始于 20 世纪 80 年代的高科技立国策略不仅催生了一大批高科技创业企业,也带动了以色列创投行业的活跃。投资以色列初创企业成为了世界一流高科技企业完成产业多元化和提升公司研发能力的重要手段。目前以色列有四十几家当地的 VC,二十几家 PE。如谷歌董事长施密特通过谷歌旗下创投平台 Innovation Endeavors 在 1 年内投资了 8 家以色列初创科技型企业。

俄罗斯为什么要建全球第二硅谷?

2008 年的全球金融危机使得俄罗斯经济受到重创,摆脱国家对于石油天然气出口的依赖再次受到俄政府战略层面的重视。他们把突破点放在了高新技术产业上面。2009 年 11 月,素以喜爱高科技产品闻名的时任俄总统梅德韦杰夫提出在莫斯科近郊斯科尔科沃地区建立类似美国"硅谷"的高新技术创新园区的设想,计划用 5 年时间将其打造成一个新技术研发和商业化的超级科技综合体。

2014 年 1 月,俄罗斯风险投资公司 CEO 伊戈尔·阿加米尔齐亚在接受新华社采访时表示,俄罗斯风险投资市场是近年来欧洲发展最快的市场。按照绝对数额计算,2012 年俄罗斯风险投资总额位居欧洲第 4 位,2013 年投资数额更高。俄罗斯蓬勃兴起的风险投资业也创造了新一代"资本家"的传奇。

特斯拉为什么开放其技术专利？

2014年6月，美国电动汽车生产商特斯拉创始人伊隆·马斯克宣布，将开放所有专利给其他公司和个人使用。特斯拉目前有160余项美国专利，包括电池组保护系统、过量充电以及电动马达中改革的转子结构等，这些专利都会开放给"善意"的用户无偿使用，可以说这是制造业领域的一次"开源造车"。马斯克究竟"意在何为"？

有业内专家认为，马斯克在寻求一种全新的商业模式，以实现特斯拉加快对传统燃油汽车的颠覆。开放专利，如果有一大批追随者，特斯拉可能会建立起一种行业的标准，或者使特斯拉成为电动汽车技术平台。届时，特斯拉同其他公司都将从一个共同的、迅速发展的技术平台当中受益。如果"开源"撬动了电动汽车的市场，特斯拉可能成为最大的受益者。此外，当越来越多的生产商进入这个领域，所有的配套零部件价格将会下降，供应链将会改善，从长远来看有助于解决特斯拉产能不足的问题。另外，开放专利的决定也有助于为特斯拉吸引人才。一言以蔽之，"做产业内最佳的产品，而非唯一的产品"，而在做"最佳"之前，先拥有一个这样的"产业"才是最重要的。

以上三例说明了无论是当前生产领域还是投资领域所共有的特点，那便是对科技创新与模式创新的关注以及更加开放的心态。有科技媒体曾刊文评价特斯拉开放专利的行为，认为这不仅不会威胁特斯拉当前的先锋地位，反而还会巩固它的领导优势，"让外界和对手感受到更强大的自信心和优势"。

⚫ O2O模式还能看得更远吗？

2014年10月16日消息，支付宝母公司——浙江阿里巴巴电子商务有限公司宣布以其为主体，筹建小微金融服务集团"蚂蚁金服"。蚂蚁金服旗下拥有支付宝、支付宝钱包、余额宝、招财宝、蚂蚁小贷及筹备中的网商银行。其主要业务目标是:以小微企业和普通消费者为主要用户,建立以数据、技术、交易这三个开放平台为核心的金融生态,支持和帮助合作伙伴,共同为用户创造价值。[1]

单从字眼上看,我们从上面这句话可以读出"大数据"、"平台"、"数字金融"、"需求驱动"、"云服务"等趋势,似乎维持互联网金融霸主地位或试水做网上银行是"蚂蚁金服"的抱负所在,但有人则解读为这是马云在其金融事业版图背后布局的"O2O"生态圈大战略。

蚂蚁金服的高层也并不隐瞒这一点。有人问蚂蚁金服与阿里集团如何区分职能,划定业务边界? 蚂蚁金服国内事业群总裁樊治铭回答说:"我们与阿里集团一直做着不同的 O2O 市场,满足不同的生态需求,未来我们还会一直走下去。"具体来说,阿里集团偏重于服务线下的实体商店,实现线上和线下品牌店之间的数据打通,提供一体化的会员服务;而蚂蚁金服更专注于生活中的衣食住行等"微场景",例如未来公交、未来医院、便利店、自动售货机等。

蚂蚁金服的行动已经开始。支付宝钱包推出了"未来商圈"、"未来医院"、"未来生活广场"、"未来公交"等计划,以后可能会有更多的应用场景出现,而且这些线上线下结合的服务正在从城市转向农村,从国内向国外延展。这也让我们不禁感叹,阿里对于商业大趋势的把握是其成功的内因所在。

发力 O2O,蚂蚁金服并不是阿里的第一次。早在 2014 年 8 月,阿里巴巴就与银泰合作在杭州武林商圈打造了全国首个"未来商圈",提供 O2O 服务。在这个商圈里,仅凭一部智能手机,消费者就可以在逛武林时享受搜索、定位和支付等多种服务,体验虚拟与现实的深度融合。而这一切都可以由支付宝钱包轻松完成。

传统地产商万达也加入了 O2O 战局。腾讯、百度、万达(腾百万)的合作,把

---

[1] 出自蚂蚁金服 CFO 井贤栋。

拥有 8 亿活跃在线用户的腾讯、国内互联网流量之王百度以及最大商业地产集团万达结合起来,把上半环与下半环连接,线上线下融合,实现大型体验式商业地产转型为 O2O 综合体。

潘石屹则为我们带来了互联网思维的 O2O 短期租赁办公室的服务。你不必租下一整层的楼面进行办公,最低价格甚至低到 500 元,租赁时间也灵活到最短可租一周,即使你只租一个办公桌也完全没有问题,并且所有租赁的流程都可以在线上完成,然后带上手机和电脑去办公即可。

不仅是互联网与传统行业的大佬,越来越多的后起之秀也看好 O2O 模式。比如"好屋中国"从原来做线下房屋中介到现在转型做国内首家房产全民众销平台 O2O,比如驴妈妈融资 3 亿欲打造 O2O 一站式旅游集团,等等。

有人把腾百万与阿里的较量戏称为"腾百万赛马"或者比喻为"三英战吕布"。最后,无论是谁胜出,都能让我们看到,不管是哪种行业与业态,未来 O2O 是大势所趋,也可能会是十大商业趋势中走得最远的趋势。

● 结语

这是一个数字化改变传统行业的好时代,一个创业的好时代,一个风险投资人的好时代。十大商业趋势向我们展示了一幅令人振奋的画面:**数据可以挖掘,资源可以共享,信息趋于对称,从而成本得以降低;长尾可以捕捉,蓝海可以抢滩,企业借以整合,从而市场得以重构。**

无论未来的商业趋势是什么,创新是永恒不变的主题:跨界创新是常态,科技创新是动力,模式创新是趋势。

《世界是平的》的作者弗里德曼宣称:"当今世界只有两种国家,HIEs 和 LIEs,即高创想型国家(high imagination enabling countries)和低创想型国家(low imagination enabling countries),因此区分世界的关键,已不再是发达国家和发展中国家,而是看哪个国家更能够促进创新火花。"这个预言不仅适用于国家角逐,同样适用于企业和城市间的竞争。

数字化时代的商业大趋势向我们展示了更具趋势性的变化:不远的将来,我们会看到更具竞争力的城市有望从产业中心走向"产业中心＋创新中心",更具竞争力的企业有望从产品中心走向"产品中心＋创新中心"。

根本出路就在于创新!

创新驱动是大势所趋!

参考文献

1. 朱晓明：《中国服务外包白皮书》，上海交通大学出版社，2012 年。

2. 朱晓明：《平台，赢在服务》，《中欧商业评论增刊》，2012 年。

3. 朱晓明：《中国第三方电子支付发展报告》，《中欧商业评论增刊》，2011 年。

4. 马梅、朱晓明、刘胜军等：《支付革命》，中信出版社，2014 年。

5. 中欧国际工商学院：《中欧大师课堂辑录》，财富出版社，2014 年。

6. 中欧国际工商学院：《中欧名师讲坛录》，财富出版社，2014 年。

7. 杰姬·芬恩(Jackie Fenn)、马克·拉斯金诺(Mark Raskino)：《精准创新》，中国财富出版社，2014 年。

8. 吕廷杰、李易、周军：《移动的力量》，电子工业出版社，2014 年。

9. 克里斯·安德森(Chris Anderson)：《免费》，中信出版社，2012 年。

10. 徐晋：《平台经济学》，上海交通大学出版社，2013 年。

11. 迈克尔·塞勒(Michael J. Saylor)：《移动浪潮》，中信出版社，2013 年。

12. 尼古拉斯·卡尔(Nicholas G. Carr)：《IT 不再重要》，中信出版社，2008 年。

13. 杰夫·豪(Jeff Howe)：《众包——大众力量缘何推动未来》，中信出版社，2009 年。

14. 亚德里安·斯莱沃斯基(Adrian J. Slywotzky)：《需求——缔造伟大商业的根本力量》，浙江人民出版社，2013 年。

15. 布莱恩·阿瑟(W. Brian Arthur)：《技术的本质》，浙江人民出版社，2014 年。

16. 周晨光(Timothy Chou)：《云——7 种清晰的商业模式》，机械工业出版社，2011 年。

17. W. 钱·金(W. Chan Kim)、勒妮·莫博涅(Renée Mauborgne)：《蓝海战略》，商务印书馆，2005 年。

18. 埃里克·布莱恩约弗森(Erik Brynjolfsson)、安德鲁·麦卡菲：《第二次机器革命》，中信出版社，2014 年。

19. 车品觉：《决战大数据——驾驭未来商业的利器》，浙江人民出版社，2014 年。

20. 克里斯·安德森(Chris Anderson):《创客——新工业革命》:中信出版社,2012年。

21. 戴夫·柯本(Dave Kerpen)、特蕾莎·布朗（Theresa Braun):《互联网新思维——未来十年的企业变形记》,中国人民大学出版社,2014年。

22. 朱岩、须峰:《网聚天下——互联网商业模式的进化》,清华大学出版社,2014年。

23. 基思·威利茨(Keith Willetts):《数字经济大趋势——正在到来的商业机遇》,人民邮电出版社,2013年。

24. 陈威如、余卓轩,《平台战略》,中信出版社,2013年。

25. 张波:《O2O:移动互联网时代的商业革命》,机械工业出版社,2013年。

26. 凯文·凯利(Kevin Kelly):《新经济、新规则》,电子工业出版社,2014年。

27. 米奇·乔尔(Mitch Joel):《重启——互联网思维行动路线图》,中信出版社,2014年。

28. 克里斯·安德森(Chris Anderson):《长尾理论》,中信出版社,2012年。

29. 唐·泰普斯科特(Don Tapscott)、安东尼·D. 威廉姆斯（Anthony D. Williams):《维基经济学——大规模协作如何改变一切》,中国青年出版社,2012年。

30. 胡锡江:《新经济学》,中国时代经济出版社,2012年。

31. 埃里克·托普(Eric Topol):《颠覆医疗:大数据时代的个人健康革命》,电子工业出版社,2014年。

32. 涂子沛:《数据之巅:大数据革命,历史、现实与未来》中信出版社,2014年。

33. 维克托·迈尔-舍恩伯格（Viktor Mayer-Schönberger）、肯尼思·库克耶（Kenneth Cukier):《大数据时代:生活、工作与思维的变革》,浙江人民出版社,2013年。

34. 冯国经、冯国纶:《在平的世界中竞争》,中国人民大学出版社,2009年。

35. 安娜贝拉·加威尔(Annabelle Gawer):《平台领导》,广东经济出版社,2007年。

36. 琳达·S·桑福德(Linda S. Sandford)、戴夫·泰勒(Dave Taylor):《开放性成长》,东方出版社,2008年。

37. 史蒂芬·贝克(Stephen Baker):《当我们变成一堆数字》,中信出版社,2009年。

38. 艾伯特-拉斯洛·巴拉巴西(Albert-László Barabási):《爆发:大数据时代预见未来的新思维》,中国人民大学出版社,2012年。

39. 李耀东、李钧:《互联网金融框架与实践》,电子工业出版社,2014年。

40. 汤姆·海斯(Tom Hayes)、迈克尔·马隆(Michael S. Malone):《湿营销:最具颠覆性的营销革命》,机械工业出版社,2010年。

41. 克莱·舍基(Clay Shirky):《未来是湿的》,中国人民大学出版社,2009年。

42. 柳永镐:《亚马逊经济学》,电子工业出版社,2014年。

43. 中国管理模式杰出奖理事会:《云管理时代:解码中国管理模式》,机械工业出版社,2013年。

44. 托马斯·弗里德曼(Thomas L. Friedman):《世界是平的》,湖南科学技术出版社,

2006 年。

45. 吴昱:《大数据精准挖掘》,化学工业出版社,2014 年。

46. 姜奇平:《后现代经济:网络时代的个性化和多元化》,中信出版社,2009 年。

47. 埃里克·莱斯(Eric Ries):《精益创业:新创企业的成长思维》,中信出版社,2012 年。

48. 亚历山大·奥斯特瓦德(Alexander Osterwalder)、伊夫·皮尼厄（Yves Pigneur):《商业模式新生代》,机械工业出版社,2011 年。

49. 迈克尔·于戈斯(Michael Hugos)、德瑞克·哈里斯基（Derek Hulitzky):《赢在云端:云计算与未来商机》,人民邮电出版社,2012 年。

50. 瑞顿(Peter Renton):《Lending Club 简史》,中国经济出版社,2013 年。

51. 迈克尔·梅内里(Michael Minelli)、米歇尔·钱伯斯(Michele Chambers):《大数据分析:决胜互联网金融时代》,人民邮电出版社,2014 年。

52. 卢峰:《服务外包的经济学分析:产品内分工视角》,北京大学出版社,2007 年。

53. 迈克尔·波特(Michael E. Porter):《竞争战略》,华夏出版社,2005 年。

54. 迈克尔·波特(Michael E. Porter):《竞争优势》,华夏出版社,2005 年。

55. 彼得·德鲁克(Peter F. Drucker):《创新与企业家精神》,机械工业出版社,2009 年。

后记

（一）

商学院"在商言商"吗？似乎我们用了 200 多页与读者（包括商学院的 MBA、EMBA）分享的仅是商业趋势，但当你读完这本书之后，也许你会惊呼，所有这些商业趋势竟多源于科技创新！

这绝非巧合。因为当今世界，科技创新已经成为提高综合国力的关键支撑，成为社会生产方式和生活方式变革进步的强大引领。谁能占领科技创新的先机，谁能率先部署创新链，谁就能获得久盛不衰的竞争优势。这可以解读为什么要把上海建成具有全球影响力的科技创新中心。

大众创业、万众创新的时代已经来临。数字化与互联网让我们和科技前辈、商界前辈站在同一起跑线上。洞悉未来商业趋势，精准把握创新机遇，你和你的企业就是下一个成功者！

（二）

2014 年我们迎来了中欧国际工商学院建院 20 年的庆典，也迎来了中欧教学、研究的许多丰收之喜。

年初我们出版了《支付革命》，10 月份我们出版了译著《精准创新》（*Mastering the Hype Cycle*），11 月份我们已经看到了《数字化时代的十大商业趋势》一书的成稿。

　　我想特别感谢对本书做出贡献的曹雪会、王丹萍、张羽、范晶晶、朱叶子、肖颖君、姜浚哲、马蓝、林纭、汪承德、施天瑜、刘毅、罗清亮、程千里等人。也要特别感谢上海交通大学出版社的前总编韩正之及汪俪编辑，中欧出版社的胡峙峰主编及李扬；感谢中欧案例中心的梁能、许雷平、朱琼等老师，感谢 EMBA、FMBA 课程部的老师们，感谢许多校友企业无私的支持。

　　希望本书出版后，能与更多企业家携手编撰案例，丰富商学院的教学与研究。